U0562474

Ther

理解他者　理解自己

The Other

文弱书生

前现代中国的男性气概

The Fragile Scholar

Power and Masculinity in Chinese Culture

宋耕——著
周睿——译

上海书店出版社
SHANGHAI BOOKSTORE PUBLISHING HOUSE

本书赞誉

《文弱书生》以其深度和广度，在历史与理论之间进行敏锐与多层次的协商……在宋氏敏锐的协商中，历史不仅是现实的记录，更是关于现实的持续性话语，不断邀请我们进行重塑。

——邱加辉，《中国文学》(*Chinese Literature: Essays, Articles, Reviews*)

本书所达到的成就，不仅是通过一种另类的男性气质来弥补中国传统文化中的“缺失”，而且是对基于男/女性别差异的规范化的现代/西方性别话语进行系统性的重新审视。

——肖慧，《东亚研究杂志》(*Journal of East Asian Studies*)

本书文笔优美，是对中国男性气质话语的一个很好的介绍，适合普通读者。由于本书包含很多中文文本及其翻译，加上它简明扼要、论述得当的方式，因此适合在课堂上作为明清文学以及男性气质跨文化比较的读物。

——鲁道夫·菲斯特(Rudolf Pfister)，《中国信息》(*China Information*)

在前人研究成果的基础上，此书运用西方文学批评理论，从权力关系、意识形态等角度，把才子作为一个文化话语进行解读，由此进一步诠释古代中国社会中特定的文化传统及其特征。这对于本研究领域来说，堪称新的贡献。

——周建渝，《汉学研究》

《文弱书生》包含大量富有启发性的见解，涵盖中国文学的众多杰作。在中国艺术中，浪漫故事的男主角长期被“阴柔”的书生占据，这无疑是一个引人注目的现象。在当今性别研究的时代，这种现象更是引发人们浓厚的兴趣。宋氏的研究得出了一些发人深省的结论。

——尤金·奥古斯特(Eugene August)，
《男性研究期刊》(*The Journal of Men's Studies*)

简体中文版序言

1995年底，我从北京外国语大学英语系毕业，蒙乐黛云教授大力推荐，获得香港大学奖学金到比较文学系攻读哲学硕士（MPhil）学位，一年后直接转读博士，师从布莱希特研究专家安东尼·泰特罗（Anthony Tatlow）教授，最初的想法是从文化人类学的角度研究中国戏曲。港大的博士学习，沿袭英制，以学生自主阅读和撰写论文为主，自由度较大。在研究的过程中，我逐渐对传统戏曲中的小生形象产生了浓厚的兴趣：为什么在今天看来如此女性化的形象，却成了传统社会中“才子佳人”爱情故事的主角？现代社会的“男性气质”又为何发生了如此大的变化？当然，这个课题的提出也与当时系里的师生多从事性别研究有关。性别研究多关注女性，那么有没有关注男性的性别研究？这也是我当时感兴趣的问题。1998年夏天，我到康奈尔大学参加批评理论的暑期课程，我的这些想法得到了很多性别研究学者的肯定和鼓励，这更坚定了我从理论角度探讨前现代中国社会男性气质的决心。当时，涉足这一领域的研究者尚少。因此，误打误撞之下，我的博士论文成为这一尝试的开端。2000年博士毕业后，我将论文修改整理成书，蒙香港大学出版社不弃，于2004年出版了《文弱书生》英文版。一晃整整20年过去了，关于中国社会男性气质的研究方兴未艾，几乎成为一门“显学”，而相关的英文论文和专著对拙著的观点多有引用。

今年初，在《文弱书生》英文版出版20周年之际，香港大学出版社邀请专注于海外汉学的译者周睿博士将拙著译成中文，出版了繁体中文版。现在，上海书店出版社又引进了内地版权，出版简体中文版，我对此感到非常荣幸，也从中可以看到学术界乃至一般大众对这一课题的兴趣。今天看来，这本不成熟的著作仍有许多可以改进之处，主要是可以将文本更加历史化——更加注重具体的历史语境，从而避免一些流于肤浅的泛论（generalization）和西方、中国的简单二分法。尽管如此，我仍然认为本书的基本思路和观点在今天依然适用，因此愿意将其翻译出来，与中文读者分享，并以此就教于中文学界的方家学者。

简单来说，一方面，将男性作为性别个体的研究打破了“性别研究”等同于“女性研究”的窠臼，从而可以加深对性别的相对性和建构性的认识。另一方面，对非西方、前现代的男性气质话语的研究，有助于我们从全球的角度对霸权男性气质（hegemonic masculinity）进行批判和解构，从而加深对性别与其他身份建构（例如阶级、国族）之间互动关系的认识。前现代中国文化中的性别与男性气质在这方面提供了一个绝佳的案例，且尚有巨大的发掘空间。通过“阴阳”性别话语和“才子”这样的男性想象，我们可以窥探到一个迥异于“男/

女”“同性恋 / 异性恋”等二元对立的文化世界，并进一步探讨性别与现代性之间的复杂关系。同时“阴阳”话语所揭示的中国古代具有流动性的性别身份和性别关系又与目前西方最前卫的性别理论有惊人的暗合之处。对文弱书生的文化解读再次证明了，霸权男性气质既不是与生俱来的，也不是放之四海而皆准的，它是一定历史时期、一定意识形态的产物，并为父权制和男性在社会中的主导地位服务。任何文化中的男性气质都是话语的建构并存在于特定的空间之中。了解这一点，我们就可以从一个去西方中心化的、更加多元的角度来看待与我们息息相关的性别问题。

与此同时，西方的性别研究和文化研究理论为我们重新阅读传统文学文本提供了丰富的理论资源。这种跨文化的“对话式阅读”可以揭示在单一文化语境中被忽视的文本潜在意义和价值。本书的一个重要观点是，传统中国社会的男性气概主要是在男人的“同性社交”（homosocial）世界中，通过同性之间的纽带和认可来确立的，而非在“男 / 女”二元对立中以女性为他者，通过女性的认可来构建。即使是“才子佳人”这样的异性恋文学艺术母题，也是男人写给男人看的，反映男性的幻想与焦虑，以及男性世界的权力关系；往往带有政治隐喻或儒生对身世飘零的感叹。“同性社交欲望”（homosocial desire）的理论，可以很好地解读这类文本以及中国语境下的男性气质。我认为，直到今天，这仍然是中国男性气质的一个突出而有趣的特点。

在这方面，20 年来有关前现代中国文化中男性气质的研究提供了进一步的佐证和更加深入的探索。例如，本书引用的雷金庆（Kam Louie）的著作认为，“文”“武”作为男性气概的话语将女性排斥在外，只有通过同性间的认可才能确立“文”“武”的成就。[1] 黄卫总（Martin W. Huang）在《中华帝国晚期的男性构建》（*Negotiating Masculinities in Late Imperial China*）中则认为，女性和阴柔（the feminine）往往作为明清文人政治化的男性气概想象的参照物。例如，明亡后的文人通过赞颂贞节烈妇，表达对没有骨气的降清士人的鄙夷和缺乏男性气概的失望。[2] 魏浊安（Giovanni Vitiello）的《风流浪子的男友》（*The Libertine's Friend*）以同性情欲和同性社交为主轴，侧重总结 16 世纪到 19 世纪文学作品中男性气质和男性形象的演变，并认为这是前现代中国男性气质的主要特征。[3] 此外，比较有影响力的英文著作还有韩献博（Bret Hinsch）的《中国历史上的男性气质》（*Masculinities in Chinese History*）。该书以断代史的形式系统性地总结了从周朝到当代中国男性气质话语的发展演变，特别是男性气质与公共领域意识形态的关系。[4]

我本人在本书出版以后的研究方向，主要侧重在当代流行文化和媒体中的男性气质。[5] 我认为，随着全球化的深入，单一而纯粹的“中国男性气质”（Chinese masculinity）只能是一种想象。当代中国社会的男性气质与男性形象日益多元化，既受到商业文化以及西方、日韩流行文化的深刻影响，也与复杂的政治、经济和社会因素相互作用。但与此同时，传统文化，尤其是儒家文化，仍然对性别话语有根深蒂固的影响。近年来保守主义思潮和父权制的回归就是这方面的印证。因此我尝试贯通传统与现代，倡导对男性气质这一课题进行跨学科、跨历史、跨文化的研究。

近年，我探索了一些新的研究方向，其中一个是男性气质与空间的关系。性别理论将男性气质看作是一种空间的建构，而不是固定不变的属性。社会学界有大量研究探讨男性气质在不同空间环境中的变化。想象的空间或者虚构的空间也同样重要，因为它们能够让我们超越现实世界的限制。在中国文化中，"江湖"作为一种虚构空间，一直承载着塑造男性气质，特别是非精英男性气质的重要意义。我对"江湖"作为文化概念在古今的演变及其与男性气质的关系进行了初步研究，期望能引发更多关于此话题的探讨。[6]"江湖"从地理意义上的空间，演化成为全男性、"同性社交"的法外空间，与传统社会的精英意识形态和男性话语进行协商、抗衡。在武侠小说和影视作品中，"江湖"变成一个超越历史和性别界限的异托邦（heterotopia），为消费主义式男性气质提供了想象的空间。

另外，一个我认为具有开拓空间的研究方向是儒家文化对东亚男性气质的影响。例如现在流行的"小鲜肉"和源自韩国的"泛东亚阴柔男性气质"（Pan East-Asian soft masculinity）是否与本书所讨论的文弱书生之间存在某种继承、影响和流传的关系？韩国的一些学者对此持否定态度。但我认为，儒家文化在东亚的历史影响，例如韩国历史上的"两班"文化，是研究 K-pop（韩国流行音乐）所代表的男性气质不可回避的因素。同一男性形象在中日韩三国的演化与流变可能是很有趣的课题。我最近发表的一篇论文分析了玄奘形象的儒生化以及在韩国、日本流行文化中的变异。从佛教的高僧长老，到中国通俗小说中唇红齿白、眉清目秀的“妙龄聪俊风流子”，再到日韩流行文化中酷儿化，甚至是女性的形象，玄奘可以说是东亚“小鲜肉”的始祖。这一形象的变化反映了佛教、儒家文化、大众想象以及商业利益之间的交叉互动关系。[7]

这两项研究都涉及中国历史与古典文学，但最终关注的兴趣所在都是解决当前社会中男性气质和性别建构的问题。一言以蔽之，我希望能够在“熔古铸今”这个方向上继续努力前行。近年来，随着网络流行文化的兴起和叙事媒介的多元化，一些传统的男性形象被赋予新的阐释和含义，例如最近兴起的“赘婿文”和“太监文”。

“赘婿”在中国传统社会中一直处于被鄙视、被嘲笑的地位，因其无法履行儒家所推崇的传宗接代的义务。从元杂剧（如《破窑记》）到明清小说（如“三言二拍”），赘婿的形象往往突出其通过科举考试一朝跃龙门，从而改变周围人鄙视态度的励志意义。这一传统在近来流行的网络文学“赘婿文”及其改编的网络剧、短视频中得到继承和发挥。这类故事往往按照“先虐后爽”的叙事模式，表现“赘婿”如何咸鱼翻身、屌丝逆袭，让那些原来看不起他的女方亲戚转而恭维巴结他。这种情节特别适合在现实生活中男性气质方面受挫的草根阶层男性读者 / 观众，他们通过投射赘婿的形象得到共鸣和宣泄，从而舒缓其男性气质的焦虑。典型的例子如之前大火的网剧《赘婿》。与传统文学相比，科举的“金榜题名”在这类故事中被替换成财富上的“暴富”和权力上的“逆袭”，但其男性幻想的本质似乎没有改变。

相比之下，“太监文”则具有更加明显的颠覆传统的意味。一直以来，太监的形象在文学和影视作品中都是非常负面的，因其“不阴不阳”的性别特征而被普遍赋予“阴险”“变态”等特点。然而，近些年来网络文学中，太监往往代表一种欲望客体的男性气质，成为宫女甚至公主、王妃的追求目标，即使在太监表明自己被阉割的身份后，这些女性角色也表示毫不介意。这些以年轻女性为目标读者 / 观众的“太监文”，反映了女性主义思潮影响下，女性白领的择偶观和青睐的男性气质的变化——身体被阉割的太监代表了一种安全和从属的男性客体。总之，这些新的男性形象有助于我们理解和批判日益平面化的历史观和消费主义的性别建构。

以上简单梳理了我从事中国男性气质研究的历程以及未来发展可能的方向。在本书简体中文版付梓之际，我要再次感谢在人生道路上给予我教诲并改变了我人生轨迹的各位前辈恩师！除了汤一介先生、乐黛云先生和泰特罗教授外，还有在港大读书时的老师慈继伟、王小莹教授、黄德伟教授、杰里米·谭布宁（Jeremy Tambling）教授和利大英（Gregory Lee）教授，以及博士论文的校外考委王瑾（Jing Wang）教授。我在新加坡和澳大利亚工作期间的领导周清海教授和闵福德（John Minford）教授也给予了我极大的支持。此外，这些年来亦师亦友、与我两度共事的雷金庆和李木兰（Louise Edwards）伉俪也对我的研究帮助良多。当然，还要感谢我在港大中文学院的同事们。本书因为涉及一些理论问题，翻译起来具有一定难度。Masculinity一词在中文中的对应表达至今仍是一个难以准确翻译的术语。本书的译者周睿博士不仅用优美典雅的语言准确生动地翻译了原文，还校正了原书中引用的中文文献中的一些错误，并补充了一些新的中文文献。因此，从这个意义上来说，呈现在您面前的这本中文著作是我们两人合作的成果。在此谨向所有支持和帮助过我的人表示衷心的感谢！

宋　耕

2024年12月于沙湾径

英文版序言

对西方人而言，传统中国戏曲中的柔弱小生已经成为中国文化 vii
中“缺乏男子气概”的标志。在京剧和其他地方剧种里，由“小生”
角色扮演的青年男子多着色彩鲜亮的衣服、不留须髯，宾白唱腔都用
激越嘹亢的假嗓高音。一位欧洲的观剧者玛丽–路易丝·拉奇（Marie-
Luise Latsch）曾记录下“小生”这一角色是如何不受西方观众待见而
被误解的轶事趣录：“《白蛇传》在国外巡演时，原本由‘小生’饰演
的男主不得不由‘老生’取而代之，因为‘小生’桃腮杏脸、举止妩
媚、假嗓吟唱、高音造作，这些对于非中国的观众而言显得太过阴柔
雌媚，这让扮演‘小生’的演员经常受到莫名其妙的哄堂大笑。”[1] 事
实上，这一形象在中国本土的观众中也早已失去市场。在今天的中国
文化语境中，“小生”几乎成了“娘炮”（sissy）的代名词，长相女性
化、举止阴柔化的青年男子被称为“奶油小生”，带有“缺乏男子气
概”的强烈蔑视意味。“小生”是中国传统才子佳人故事中的“才子”
的舞台形象表现，我们或许可以管中窥豹，看到在中西方文明碰撞交
汇之前中国文化性别观念的一些特点。

这些浪漫传奇中的男主角——“才子”（英译为 fragile scholar）—— viii

就是本书研究的核心主体。尽管这一形象令今天的中西读者联想到柔弱女气，但“才子”却代表了传统中国理想型异性恋文学话语中所有被期许的男性特质。而在历来被奉为“恋人圣经”(bible for lovers)、开才子佳人浪漫传奇文学主题流行先声的元杂剧《西厢记》中，这些特质在男主角张生身上体现得最为淋漓尽致。张生诗笔甚妙、文才颇高，有时也显得迂阔呆板；体质弱不禁风，面容姣好、精致俊俏，俨有女色之美；用情至真，但也懦弱敏感、易受挫败。

才子如何体现前现代中国性别建构的特征？在何种程度上代表着中国传统文化中的男性特质气概典范？才子话语是如何产生的？与传统中国的主流意识形态之间的关系如何？与西方模式有哪些方面的差异？造成这些差异的原因是什么？为什么过去的读者或观众能接受才子作为理想男性而今天的人们却觉得像油头粉面的娘娘腔？为什么在中国的历史叙述与文学作品里，如关羽这样的硬汉猛男很少涉及性维度？兰博(Rambo)还是张生，谁更具男性气概？这些是激发我对这个课题进行研究的一些问题。

本书旨在通过考察其文化构成因素来对作为话语的才子形象加以重新解读，并试图从跨文化的角度找出前现代中国的某些典型男性气概特征。这些特征在当代依然与中国和中国人的自我形象建构息息相关。通过这种解读，本书论证了不同于主要源起西方的现代男性特质话语的另一种概念。然而，本书并不打算把传统中国文化中的所有男性特质一网打尽，而是专注于“才子”这一类话语。特别是当我们把它与几乎同一时期的欧洲骑士气概、宫廷爱情相比较，才子话语显得妙趣横生，极富启发意义，因此可能会是一个很好的切入点。

才子话语绝非中国传统文化中男性气概的唯一模式，也并非主导 ix
形式。正如本书所示，在帝制中国晚期，围绕着“才子佳人”展开的男性特质类别还有不少其他的文化话语，比如儒家正统话语中强调男人在公共领域对国家尽责效忠的“君子”，以及性的维度被完全隐匿消除了的英雄主义历史和文学建构。与才子相比，这些男性形象在某种意义上来说都是“去性化的”（desexualized）。尽管本书仍会将其作为语境背景略加论述，但分析重点主要放在“才子”身上。换言之，本书主要就性的表征（representation of sexuality）来讨论男性特质问题，并探讨性别（gender）、性（sexuality）与政治是如何在中国的文化场域中相互作用、彼此交叠来相生相克的。

本书是我在香港大学攻读比较文学专业的博士学位论文基础之上不断修改完善而成的。我要衷心感谢我的前任导师王小莹，她在文化研究上的专业素养以及对中国文化的敏锐识见对我影响至深。没有她，就没有《文弱书生》的问世。同样要诚挚致谢的还有在离任前一直担任我导师的安东尼·泰特罗与黄德伟（1946—2022）教授。我要感谢杰里米·谭布宁教授的悉心指导和宝贵批评，还要感谢阿克巴·阿巴斯（Ackbar Abbas）教授、夏爱仪博士、利大英博士、莫琳·萨比娜（Maureen Sabine）博士以及在各种学术研讨会、交流讨论、博士答辩等场合启发我的所有同人。

我还要由衷感谢我的论文外审专家，麻省理工学院的王瑾（1950—2021）教授，感谢她阅读了我的博士论文及本书初稿，提出了诸多宝贵有益的修改意见。特别感谢雷金庆教授拨冗就拙著中的几个问题与我进行深入讨论。感谢康奈尔大学批评与理论学院的师生们，其中要特别致谢帕特里夏·帕克（Patricia Parker）和多米尼克·拉卡普拉（Dominick LaCapra）细读了本书部分章节初稿并与我详细讨论。另外，我也要感谢欧阳桢（Eugene Ouyang）、伊维德（Wilt Idema）、李欧梵、吕彤邻、毛思慧、商伟、孙崇涛、乐黛云、张京媛（1955—2020）诸教授在本书写作各个阶段给予我的精辟建议与鼓励。

x 我不会忘记要感谢香港大学出版社的编辑，尤其是米娜·塞尔尼·库玛（Mina Cerny Kumar）和何舜慈（Clara Ho），她们令人钦佩的热情与效率，使本书得以顺利付梓。本书的三位匿名评审者耐心通读全稿，提出了许多让我受益匪浅的改进意见。毋庸多言，如仍有任何错漏之处，皆应由我本人负责。

本书部分章节的早期版本曾以两篇论文的形式刊载于《淡江评论》(*Tamkang Review*)，[2] 真诚感激该刊编辑允许我将拙文修订后整合进这本书中。本书亦竭尽全力提供参考文献的版权资料，如仍有遗漏之处，祈请方家不吝赐教。

最后要说的总是压轴谢幕。我要向家父宋柏年（1941—2022）、家母牛国玲致以最为真挚深情的谢意，感谢他们从小培养我对中国文学的浓厚兴趣。此外，也要感谢爱妻李国芳在我专心致志面对压力工作之时，让我的生活充满愉悦。

宋　耕

2003 年 10 月

目录

简体中文版序言 001

英文版序言 001

导　　论 001

第 一 章 | 作为文化话语的“文弱书生” 027

第 二 章 | 从屈原到张生：雌柔“士”的谱系流变 055

第 三 章 | 文本性、仪式和“驯柔身体” 087

第 四 章 | 才子对君子：反讽、颠覆与遏制 109

第 五 章 | 唇红齿白、面如冠玉：同性情爱与男性身体 155

第 六 章 | 同性社交渴望：英雄气概、厌女表现与男性间纽带 195

注　　释 240

参考文献 305

索　　引 333

译后记 358

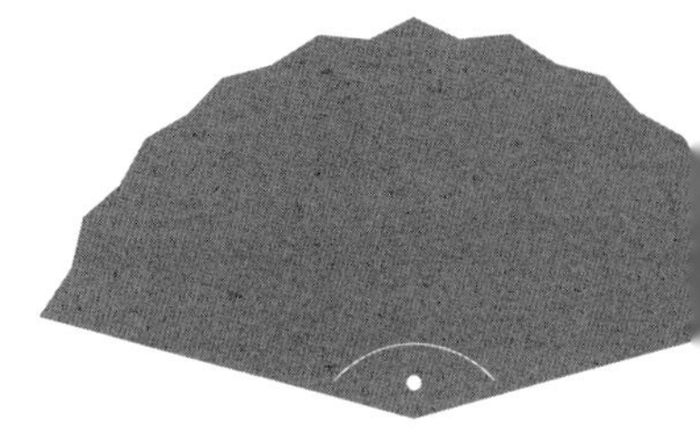

导论

文学不是任何人的私有之地，而是属于所有人的共享之域。……让我们自由无畏地驰骋其间，为自己寻找自我之路。 1

——弗吉尼亚·伍尔夫（Virginia Woolf, 1882—1941）

性别既是建构性的，也是表演性的。

——朱迪斯·巴特勒（Judith Butler）

时至当下，用符号学方式解读“性别”（gender）的社会学家和文化批评学者越来越多。他们把“女性气质”与“男子气概”视为两性差异（sexual difference）这一所指的随意性的、约定俗成的能指（signifier）。特瑞莎·德·劳拉提斯（Teresa de Lauretis）指出：“将性别归纳为两性差异，是语言的效果或是纯粹出于想象，总之它并非存在的实体（the real）。”[1] 很多学者认为两性差异本身也是一种社会建构，并不一定取决于男性和女性的身体体征。[2]因此，性别话语（gender discourses）在本质上是文化性、历史性的，而归根结底来说是意识形态性的。依据性别认同（gender identity）与性别意识形态的建构主义观点，作为西方性别话语和整个符号系统核心观念的男 / 女、异性恋 / 同性恋的概念二元对立论，我认为在古代中国几乎不适用。
2 在中国传统文化中，“性别”的含义与西方明显不同，其特点是与政治话语桴鼓相应；甚至现代（西方）意义上的男、女性别身份也是伴随着殖民主义和“现代化”进入中国的。

本书研究最基本的阅读策略是福柯（Michel Foucault, 1926—1984）关于性与性别的文化建构性和政治投资性的认识。米歇尔·福柯认为，性别既不是个人身体属性，也非人类史上固有，而是“从某种复杂的政治技术中衍生出来呈现作用于身体、行为和社会关系中的系列影响的效果总和”。[3]性别的文化建构可以通过诸多领域如生物学、医学、法学、哲学或文学的各种话语和制度来实现，其中，文学对男性特质（masculinity）①和女性特质（femininity）的表现（再现）起了重要的作用。人们曾将文学作品中的性别理解为性别话语在某个特定文化中的反映，但其实文学也可以是性别建构的

---

① 英文中的masculinity一词目前未见标准译法，可译为“男性气概”“男性特质”“男子气概”“男子气”“大丈夫气概”“英雄豪气”等。本书一般译作“男性气概”，但在具体的文本语境中亦可使用“男性特质”“男子气概”等译法。（如无特别说明，本书页下注均为译注。）

过程。朱迪斯·巴特勒谈及此点时说：“在性别表达的背后并不存在性别身份，这种认同身份是由被称为其结果的‘表达’所操演构成的。”[4]

在通俗小说与戏剧中，“才子”与“佳人”这一对文学话语是展现性别表现与建构的绝佳例子。它们参与塑造中国传统文化中男性特质和女性特质的典型修辞，时至今日仍然是广为流传的惯用措辞。本书试图通过对“才子”的文本阐释来寻求古代中国男子气概的独特特征。

然而，本书并没有重建/重现历史的野心，而是运用当代（西方）批评理论与历史展开对话式阅读。对任何阐释而言，我们在某个文本中看到的，很大程度上不过是我们自己文化构建视角的表达而已。从这个意义上说，用任何方法重建历史都是不可能的。本书主要关注的是一个与当代迥然不同的文化历史时期，通过将文本置于特定历史语境中加以处理。我自身的历史性视角恐怕无可避免，而且在时代与文化的特定空间来批评文本，亦难免会被制度和话语所局限。然而，正是身处历史语境之外，我们或许可以发现其他文化与历史时刻上的文本全新而潜在的意义。

在本书进入正论之前，有一点值得特别留意，即考虑到文化呈现（cultural representation）的支配属性，有个问题需要先行厘清——
“我们讨论的是谁的男性气概？”文化呈现总是政治性的，而儒家文 3
化又尤以“修辞暴力”（violence of rhetoric）著称，掩盖了性别和社会经济阶级的差别，在大多数话语实践中，只容许父权一种声音存在。今天，我们别无他法，只能通过这种带有偏见的声音去理解中国历史。然而读者须了然于心的是，“才子”话语是中华帝国晚期士绅阶层男性成员构建的文化幻境，而完全“失声”的凡夫俗子和城市平民对男性特质的理解可能会有天壤之别。正如伊维德和汉乐逸（Lloyd Haft）所说，“无论是精英文学还是市井文学，中国古典文学反映的都是男性幻想、男性恐惧以及社会与文化中的男性观点”，[5]而女性则几乎完全被排除在这一意义体系之外，以至于我们无从得知她们对男性特质的期望。尽管在本书讨论的世情文学里，才子往往被刻画成女性最为渴望的“完美情人”，但其实他所反映的是男性自己而非女性对理想男子气概的看法，因此，才子代表的是从男性视角发出男性声音来阐述的理想男性气质。此外，地域性也是另一个不容忽视的因素。“才子佳人”可被认为是南方文化的产物，本书第五章将就此展开论述。

需要指出的是，本书的一些核心术语，比如意识形态和主体性，其本身就是西方工业化和现代化的产物，而男性特质的概念又让人联想到启蒙运动对现代性和主体性的观点，将它们应用于本书所讨论的中国古代文本上很容易混淆视听。然而，由于缺乏更精确的对应术语，本书仍不得不通篇使用这些术语，但会赋予它们在中国语境中的特殊意蕴，并具体说明在什么意义上使用这些术语。

男性特质：无所不在又无迹可寻

研究中国传统世情文学里男性特质的建构，首先须对“男性气概”一词加以界定。从社会学的角度简而言之，男性气概就是在某种文化中男性在与他人（男性和女性）进行符合礼仪的交往时所期望遵守的规范、准则和模式。肯尼斯·克拉特鲍（Kenneth Clatterbaugh）指出男性气概的内涵应包括三方面：男性的性别角色（masculine gender role）、男子气概的刻板印象（stereotype of masculinity）以及 4
性别理想（gender ideal）。根据他的说法，首先是男人是什么的问题，“在可识别的男人团体中，通常可以找到一整套的行为、态度和条件”；[6] 第二是人们认为所谓的男人是什么的问题，“刻板印象是多数人认为男性性别角色是什么的笼统概念。……男人都是这副德行的刻板印象和它们实际上扮演的角色不一定吻合”；[7] 而性别理想是人们认为怎样才算是男子汉的问题，“是关于男人应该扮演什么样的性别角色的普遍观念”。[8] 然而，这三者之间存在互动关系，很难在彼此之间划出泾渭分明的明确界限，因为“刻板印象有一部分是通过对角色认知而形成的，而理想和刻板印象又充当发展性别角色的前导”，[9] 故而男性气概的概念是三者的有机辩证结合。

性别的建构主义理论认为一个在任何时代和地域都适用的普世性男性气概模式并不存在，因为作为一种文化建构的男性气概是不断变化的。[10] 迈克尔·基梅尔（Michael Kimmel）指出：“男子气概在不同时代对不同人群意味着不同的解读，我们在自己的文化中通过设立一系列的‘他者’（诸如少数族裔、性少数群体以及最为重要的——女性）对立面的定义来知晓‘男人’的意义。”[11]作为一个关联式概念，男性气质的存在是与“女性气质”唇齿相依的。因此，“反娘炮”是西方主流男性特质的核心价值，即作为一个男人就意味着“不该像个女人”，可见男性气质的定义更多是由“他不是什么”而非“他是什么”来判定。所以，男性气质不是一种本质存在而是一种倾向于为男性支配统治辩护的“意识形态”。它本质上是历史性的，它的形成和再现是一个政治过程，影响了社会中的利益平衡和变迁方向。伯特霍尔德·舍内-哈伍德（Berthold Schoene-Harwood）认为主流话语中的支配性男性气概不仅是一种意识形态，而且是一种迷思：

> 这种支配性男性气概的构建注定只是一种不可能实现的虚幻，没有任何人能真正符合标准，因此，所有血肉之躯的凡夫俗子都必然尴尬地置于某种共谋、边缘或从属的位置上。[12]

近来社会学和文化人类学研究也进一步证实了男性气概在不同的
5 文化中存在着显而易见的差异，比如，伊丽莎白·巴丹德（Elisabeth Badinter）就以一些个案说明在经历了西方化和殖民化进程之后，有些地方男性气概的观念仍然与西方世界大相径庭。[13]

即使在同一文化中，男性特质的概念也不是铁板一块，在任何一种特定文化中，社会中的性别、种群、阶级、年龄等相互影响，会让多种男性特质共存。以美国当代社会为例，黑人和白人、工人阶级和中产阶级、年轻人和老年人等等，他们对男性特质的认知是千差万别的。瑞文·康奈尔（R. W. Connell）将特定社会中的男性气概分为支配性、从属性和边缘性等类别，认为“这两种类型的关系—— 一方面是霸权或支配与从属和共谋的关系，一方面是边缘与权威的关系——提供了一个可以分析特定男性特质的框架体系”。[14]尽管多元化的男性气概的确存在，但在当今的西方文化中，白人、中产阶级、青壮年、异性恋的男性气概是支配性的且被认为是规范化的，用以衡量和评判其他形式男性气概的标准。支配性的男性气概是属于手握权力（即社会中的主导群体）的男性的，社会中不同男性特质之间的关系其实是权力关系的反映，正如迈克尔·基梅尔所论，“男性特质的支配性是定义给当权（in power）、秉权（with power）、掌权（of power）之人的”。[15]因此，男性气概就与财力、威力、权力和性力表里相依，罗伯特·布兰农（Robert Brannon）用四条简洁口号巧妙地概括出当代西方文化中对男性气概的支配性定义：

> 一、“别娘炮！”（No Sissy Stuff）一个男人绝不能做一丁点带有女性化意味的事儿。男性气质意味着对女性气质的绝对否定。
>
> 二、“做个大人物（巨轮）。”（Be a Big Wheel）男性特质由权力、成功、财富、地位决定，正如一句流行谚语所说，“死时坐

> 拥最多玩具的才是赢家”。
>
> 三、“青松（橡树）挺且直。”（Be a Sturdy Oak）阳刚之气反映在危机面前保持冷静和可靠的品质，管控情绪——事实上，证明你是否男人取决于你能否深藏不露。男孩子不能哭！
>
> 四、“让他们好看 / 难堪！”（Give'em Hell）营造大丈夫勇往直前、迎难而上的形象。前进，冒险！[16]

这四条规则涵盖西方世界的男人以此为准绳的男性气概支配性话语的主要内容。如果男人达不到这些要求的话就会感到焦虑、羞辱
6 和痛苦，因为他们会被贴上羸弱、女性化、娘娘腔之类的标签。本书在后面将详细阐述这种焦虑是西方文化中“恐同”（homophobia）的原因，而“恐同”也是男性气质支配性话语的另一特征。显而易见的是，这种理想化的男性气质模式是很难实现的，所以男性气质成了需要实现的标的。男人对自己能否达到他们所在的文化为其设定的严苛言行标准而备受煎熬，终其一生都在为此目标而孜孜矻矻，对他们而言是相当残酷的。为此，他们还不得不以强壮、刚健、可靠的外表来掩饰自己内在的软弱和恐惧。

出现于20世纪末的男性研究（men's studies），是由男性对女性主义针对传统男权和男尊女卑提出疑问的反应引发的。女性主义为当前男性特质研究提供了语境和假设，然而，女性主义远不限于女性的研究。将女性作为性别研究唯一对象的行为本身，其实是将男性置于

"神圣不可侵犯"（untouchable）的中心地位，反映出两性之间权力分配的失衡。因此，西方女性主义研究和性别研究近年越来越关注男性特质而非父权制度的研究。[17]由此可见，男性特质并不是什么与生俱来的不刊之论，男性和无性别的人类之间的传统等价关系，既使女性湮灭无闻，也令性别化的男性隐介藏形。特尔玛·芬斯特（Thelma Fenster）的评论很好地反映了把男性定位为性别化的物质实体之意义：

> 女性一直被看作是物质化、在地性的，而男性则始终高高在上地享有极少现身参与日常的"天父"特权，因此女性主义可能无意中强化了女性自居其（次等）位的二元对立的观念。[18]

正如约翰·托什（John Tosh）所言，"西方思想中深刻的二元论使得男性从未真正成为关注焦点，在历史记载中的男性气概仿佛'草色遥看近却无'"。[19]就算在今天，展示和讨论男性身体仍属禁忌，显然，因为存在对既有社会秩序的颠覆性，作为性凝视客体对象的男
性肉身仍然被禁止在大多数文化展演形式中出现。女性一直与性和肉 7
体联系在一起，而男性则代表思想、文化和理性，换言之，他们的身体是隐形的。当然，这也可被视为是维持父权秩序的一种策略，正如巴特勒极富洞见地指出在父权制话语中"普适的人和男性这一性别是等同的，因此女性是以她们的性别来定义，而钦敬称扬的男性则承担

着超越身体的普遍人格”。[20]因此，女性主义对男性的细致审视与再度诠释的目的之一就是要重新定位男性的性别化地位，或者借用后结构主义和后现代主义的概念来说，就是要“去中心化”或“解构”无身体性的男人。

女性主义者对男性气概问题的关注，也增强了男性对性别秩序的意识并促成西方的“男性运动”，其参与者都认为男性必须反省自己的性别问题。此外，在男尊女卑的传统性别秩序受到女性主义的质疑和挑战后，男性身份认同的传统形式对许多男性来说已不再适用，他们对如何做个男人的意义感到捉摸不定和无所适从，这就是当今西方社会所谓的“男性特质危机”。因此，从社会学研究到文学批评，男性气概日渐成为各学科性别研究的主要对象，而以颠覆既定规范的性与性别概念为目标的酷儿研究（queer studies）渐受追捧，也增强了这一研究兴趣。

本书正是在上述学术趋向和社会运动的影响下，尝试探讨中国文化中的男性建构问题。伴随着越南战争的结束和亚洲财富的积累，在后殖民语境下西方对亚洲男性的看法日新月异。不过，尽管学术界对中国性别话语的关注度与日俱增，但对古代中国男性气概系统而细致，特别是基于理论和比较角度的研究，仍是一个有待填补的空白。[21]曼素恩（Susan Mann）认为把“性别研究”等同为“女性研究”在中国语境下所导致的问题会比在欧美史研究的情况更为繁复：

> 在性别隔离（sex-segregated）这一点上，由于中华帝国晚期的明清社会比西方或东亚其他地域当代社会的情况更为严重，因此任何一位中国史学者，如果其研究对象在家庭范围之外（譬如在官僚行政、贸易商业、秘密结社、宵小叛乱、太学书院、科举考试等等）的话，就会发现自己的研究几乎完全限于男性及男性之间的关联。然而至今无人讨论这些形形色色性别隔离的社交网 8
> 络产生了什么样的男性同性社群纽带关系（homosocial bonds）或该如何解读。[22]

迄今为止，关于中国男性建构的研究主要集中在历史学和人类学领域。尽管已有雷金庆的他山之石以为先驱之作，但在文学研究中作为性别化实体存在的中国男性的研究仍有诸多璞金浑玉等待开采。将上述男性当作“男人”来解读，同时把古代中国司空见惯和至关重要的男女异性情爱关系与男性同性社交关系考虑进来，应是一种卓有成效的方法。本书是第一本关注性与爱文学作品里的中国男性建构话语的专著，旨在揭示“才子”的男性气概，并尝试将其置于男性同性社交渴望和身份纽带的语境下进行研究。

本书所论之“男性气概”与现代欧美文化意义上的性别化个性特征迥然有别。康奈尔认为“男性特质”是“建立在早期现代欧洲的个人主义观念之上。这一观念是伴随殖民帝国和资本主义经济关系的发展而萌芽的”，[23]“似乎是相当近代的历史产物，至多也就几百年”。[24]本书试图对西方殖民主义侵入之前的中国男性特质进行重建，在正文数章中通过研究中国文化中被视为“男性气概”和理想男性身体代表究为何物，进而探索中国男性气概的意义与内涵，以及比较其与现代欧美文化中的阳刚之气有何差异。

对中国男性气概的后殖民解读

后毛泽东时代中国社会出现的“阴盛阳衰”是一个经久不衰的讨论话题。当代中国的“男性特质危机”以20世纪80年代的“寻找男子汉”的文化风潮为绝佳例证。在1979年以后的文学图景中，中国男性一度被失望地刻画成软弱、幼稚、自私、无能的形象，而真正的男子气概只有在“兰博、高仓健和西北黄土汉子（如电影《红高粱》
9 中的乡民）”身上才能找到。[25]按钟雪萍（Xueping Zhong）的说法，对弱化的男性身份的焦虑反映了中国知识分子对阳刚化的现代男性的追寻，同时也和“共产党想象话语中的集体阳刚身份”重合。[26]对中国男性素质的关注亦与对中国人“民族性格”的本质主义批评遥相呼应，像孙隆基（Sun Lung-kee）就断言，中国男性的“去势化”是一种普遍现象。中国男性在中国文化的“深层结构”上表现出雌柔化倾向。孙隆基还借助弗洛伊德的精神分析法把中国男性描述成“未断奶”。[27]

显而易见，对中国男性的批判是以西方主流的男性建构概念为普适标准的内化为基础的。与西方阳刚男性神话对比，中国男性按照西方标准被贴上阴柔女气的标签。因此，“奶油小生”的形象就成了当代中国“痿男”的虚弱化身，同时也象征和证明了中国文化传统中“阳刚之气”的缺失。颇具讽刺意味的是，中国知识阶层出于民族主义情怀对自身文化历史的“阳刚化”重塑，恰与将中国男性塑造成阴柔女气、怪诞邪恶的“他者”的东方主义建构“不谋而合”，而这两种话语都忽略了“典范化男性气概”的支配属性。

如前所述，男性气概的建构是历史性和意识形态性的，在权力争斗的场域里发挥作用。认为中国男性在男子气概上逊于西方男性的刻板印象乃是殖民话语的产物，据爱德华·萨义德（Edward Said）所说，“西方和东方之间存在着一种权力关系、支配关系、霸权关系，之所以说东方被‘东方化’，不仅是因为它是被……认定为‘东方的’，而且因为它可以被制作成——也就是说，被驯化成——‘东方的’”。[28]因此，女性化的中国男性不过是出于西方想象的策略式建构。殖民话语普遍使用男性特质/女性特质的二分法来指称殖民者/被殖民者的关系，例如，罗伯特·扬（Robert Young）就注意到英国在其殖民地建构男性特质的殖民者形象的话语策略：

> 随着帝国在18世纪的扩张，英国发展出的一种特殊基督新教模式化的阳刚气概越发清晰可辨，其被视为英国政治和社会经

> 10 济统治的基础。伴随着殖民征服的推进与暴力，这种父权制的支配优势地位，是在一种同样日益受限的“宗主国与殖民地”对于女性与女性特质的意识形态之上运作的……帝国文化在19世纪也借由各种种族理论来推而广之，这些种族理论把欧洲人描绘成具有男性特质的种族，非欧洲人则是具有女性特质的种族，对男性特质的崇拜风靡一时、占尽优势。[29]

利拉·甘地（Leela Gandhi）也从后殖民主义的角度讨论了英国对印度男性的蔑视。[30]英国人对印度劣质男人的殖民主义建构支持“没有硬汉的印度是可被殖民的”的意识形态。[31]弗朗茨·法农（Frantz Fanon）在他的《黑皮肤，白面具》(*Black Skin, White Masks*)一书中总结说，对白人殖民者而言，被殖民的黑人是真正的“他者”。[32]从某种意义上说，性别话语已与种族及民族话语交横绸缪、纠缠难辨。殖民主义的男性特质崇拜是一种政治话语，它将殖民者刻画成“超级阳刚”(hyper-masculine）的男人形象，把被殖民者描摹成雌柔化的形象。阿希斯·南地（Ashis Nandy）将此策略描述为“性别和政治宰制支配的殖民本质同构逻辑（homology）”。[33]男性/男性特质之于女性/女性特质的毋庸置疑、“与生俱来”的支配地位被挪用到西方人对非西方人的强取豪夺的合法化说辞上。因此，男性特质象征权力，西方世界通过支配性的男性气概话语体系保持对“古怪”东方颐指气使的优越感，这种占有优势的西方男性特质话语已经基本内化在后殖民语境之中。哀叹本国文化中阳刚之气丧失殆尽的中国知识分子对“国民性”的批判就是一个颇具启发的事例。

面对日渐激烈的西方化和全球化的现实，重新审视自我文化遗产对中国来说已迫在眉睫。在后殖民主义语境下重新阐释中国的性别话语应该说是行之有效的方法，它不仅能让人更好地理解中国文化，而且也能从跨文化的角度对男性气概进行更深刻的解读，例如雷金庆就发现前现代的中国男性气概的概念“使得比当代西方文化更为多样化的男性建构成为可能”：[34]

> 因此，不能说和（西方的）“正常”标准相比，中国男人就是女性化的、缺少“阳刚之气”的，也不能将这种中西文化的差距简单地归因于中国文化中阴柔的、孩子式的（更容易被压迫） 11
> 女性建构的主导地位。中国的男性建构是在独特的历史和文化背景下发展起来的，简单地将它同西方比较是没有什么意义的。此外，当前所谓中国男人“无能”的观念同时也是20世纪末“新东方主义”（Neo-Orientalism）的产物：金钱代表权力，而没有经济能力的男性就是“（性）无能”。在以西方为“标准”的思维框架中，所有“东方的”东西都是“劣等的”，充其量也不过是“带有异域色彩的”猎奇对象。我们不难理解，“文”和“武”作为男性自我的建构标准，是完全存在于这种框架之外的。近代以来，定义、描述和命名完全成了西方的文化特权，但这种情况也

并不是一成不变的，在两百年以前就不是这样，谁又知道一百年以后是不是这样呢。[35]

本书希望呈现的男性特质，迥异于西方现代普遍模式，为此，首先要做的是厘清在殖民主义和西方化侵入前中国文化传统中的性别话语特征。其中最根本的特征在于没有占据西方性别话语核心位置的男人/女人、男性特质/女性特质、异性恋/同性恋的二元对立。白露（Tani Barlow）就这一点提出了一种假说，即前现代的中国人的性别特质似乎并不只是男/女两种对立的选择：

> 性别化——将经验、对象和主体赋予男性身份或女性身份的社会与文本策略——在中国现代性中的地位可能与之前帝制时期截然不同。我并不是说过去的中国人对自己的性别性属就比现在的中国人更为混淆，只是说在资本主义文化和殖民主义侵入之前的前现代时期（欧亚皆同），人们的生理条件特征对他们的性别——这里可以说是社会性别——并不能黑白立判。[36]

白露另撰他文指出，传统中国不存在一个通用的女性类别，而只有“女”“妇”“母”的具体指称。[37]

可以说，当代的男女二元分类和“现代”性别话语不过是近百年从西方挪用过来的。[38]白露认为性和性别（生理性别/社会性别）的

“再发明（re-invention）”是自20世纪初以来中国文化现代化和西方化的环节之一：

> 中国的主体建构在过去百年里发生了翻天覆地的变化。现 12
> 代中国以自身“传统”的重塑抗衡资本主义世界的多元“传统”。知识阶层，特别是作家，是这一改造大计的直接参与者。文人接过“国际性”经验化真理的武器——诸如阶级、种族、性别、现代性、科学客观性等——洋为中用地把西方现代主义的宏大叙事变成非西方文明现代性的有机部分。现代性的某些方面与半殖民主义的斡旋妥协，改变了诸如男性气质和女性气质这类与个性私密相关的概念。[39]

一般而言，一系列充斥着“暴力”等级关系的二元对立是西方文化的显著特点，其中，男/女的二元性具有至关重要的意义，是诸多社会关系和身份认同的根本源头。性别是一个人出生以后重要的社会身份，重要到若无该项参照标准我们将无从界定自身。[40]

然而在中文场域中，不仅儒家经典和官修史书里的人物基本上是无性别的，而且许多通俗小说与戏曲中的英雄在一定程度也被去性别化了。换言之，他们被着力刻画成德厚流光、高风亮节的一面，却从未表现为物质性、性别化的男性身体。正如郝大维（David L. Hall）和安乐哲（Roger T. Ames）所述，这反映了女性被完全排除在这一表意系统之外：

> 在中国，尽性“完人”内涵充盈，人类的各种特质性情在他们身上达到完美和谐。性别区分为男为女，轻易地将女性排斥于人性的实现过程之外，其结果是男性支配地位的形成。因此，男性可以“雌雄同体”的双性化特征自由地追求自我人格的实现。[41]

与本书研究相关的中国式表征的另一特点是心 / 身二元对立的缺失。这里自我的概念可借用郝大维的说法叫“无躯体的自我（bodiless self）”，[42]物质化的身体在叙事中是缺席的。在中国古典文学中，社会性别和生理性别主要以阴 / 阳二分法来界定，但“阴 / 阳”的指涉面要比“男 / 女”更为宽泛。在儒家文化中，尤其是汉代之后，儒家
13 被尊为官方意识形态，阴阳常用以阐释权力等级中的不同地位。“阴阳”是高度政治化的概念，所指的是决定人的社会关系，甚至内在意识的政治文化中不同的主体地位。在帝制中国的政治结构中，阴和阳并非固定不变的，而是具有流动性的关系。从这个意义上来讲，前现代中国的性别话语是基于权力关系而非基于性别差异，性别和政治权力往往相互交织、密不可分。在这种性别建构的话语中，“女性气质”和“男性气质”是在等级秩序中建构出来的空间，并且必须从儒家化的政治角度予以解读。在多数的中国传统文学叙事中，性与性别

常常是缺席的。这就使得它们在“才子佳人”题材中的呈现特别值得注意和分析，也是本书选择“才子”作为研究前现代中国性别起点的理由。

在雷金庆研究男性特质的先驱力作中，作者尝试运用“文武”二元体系为范式来让中国男性特质概念化。他注意到在前现代中国，“人们对理想男性的期望是文武双全”。虽然“无论是‘文’还是‘武’都是可圈可点的男子气魄”，[43]但大多数历史时期“文”优于“武”，并认为“文武”范式“构成了所有关于中国男性特质讨论的核心”，[44]并与古代中国的权力关系密切相关：

> 历朝各代、信仰不同宗派教义的人君魁首都在努力展现他们允文允武的双向实力。也就是说，所有壮志凌云的男性都要努力向“文武双全”靠拢，而真正能兼备二者的就成了伟人。稍逊一筹的男性或只可举其一端，无法兼顾；但即便如此，有这样的成就也能赋予他们男性特质光环以及在某一领域的宰制权，无论是多么的不足称道、不过尔尔。[45]

毋庸置疑，“文武”范式在中国男性特质的讨论中具有重要意义，能带给我们很多启发并有助于我们更好地理解男子气概的多元本性；但是如果说“文武”范式是用来阐释中国男性特质包罗万象可能性的万能钥匙，那就未免有简化论之嫌。比如，雷金庆曾指出：

"'文''武'是男人专有的**公共**空间领域。"[46]本文将在第四章详述"文"和"武"都是公共领域的素养和成就，它们在官方话语体系中界定了男性特质的标准；然而，"文武"的二元体系却不适用于如性的私人领域，
14 雷金庆在其著作中主要以《三国演义》和《水浒传》故事演绎"文/武"男性特质，这两部小说都侧重描写中国古代的政治舞台和公共生活层面。[47]

其次，把前现代中国男性特质的话语建构分成"文""武"两类，可能会把问题过于简化，还需要考虑文类和意识形态层次等因素。"文"或"武"都不是铁板一块的概念，例如同"性"相关的方面，"文"类既有风流倜傥的才子形象，也有束身自好的君子形象。在不同的表现形式中，文人对待性和女人的态度是大相径庭的，这一点本书第四章将展开论述。因此将孔子和张生置于同一类型下来讨论会显得有点奇怪，特别是将他们都作为"性化的男性"来考察。同理，在"武"类中，不仅有像张飞、李逵这样从来不会被女人看上的五大三粗的糙汉，也不乏像关羽、燕青这样让女性心荡神迷但能自我把持的剑眉星目的俊男。因此，单凭"文武"二元体系并不能充分诠释在爱和性的表现中不同类型的男性特质。在不同的历史时期，性别关系取决于权力和类型。

再次，雷金庆提出以"文武"范式取代"阴阳"二元对立，认为"阴阳学说对性别差异的表现是无法完全阐释的"，[48]"摒弃阴阳学说显得至关紧要，因为阴阳生生不息内在互动的潜力，会对认知性别的

特异性产生障碍”。[49] 因为“阴阳”二元论不能很好地把男性特质概念化，所以雷金庆（在书中）“会单独考虑那些充当男性定位坐标点的一般类别”。[50] 换言之，“阴阳”二元论因不适用于不可通约的两种性别而不能不被束之高阁。在此，西方性别范式仍是判断和比较东方话语的可行准则，正如前文所提，中国古代性别话语的最为典型的特征是不存在男女二元对立，这不意味着作为性别分界的“男/女”在传统中国形同虚设，而是这一组二元论在中国性别的思想体系中不能跟“阴阳”等量齐观。“阴/阳”在文化表意系统中的功能等同于西方的“男性特质/女性特质”二分法，然而吊诡的是，在前现代中国 15
的性属是“阴/阳”，但与此同时，含义涉及更广深、更多元的象征语域的“阴/阳”又不是“男/女”。由此可见，西方意义上的“男性特质/女性特质”二元论的缺失，使得作为文化建构的 masculinity 或 femininity 二词在汉语中找不到对应的准确表达。[51] 包苏珊（Susan Brownnell）和华志坚（Jeffrey Wasserstrom）极富洞见地指出中国文化中社会角色远比生理性别重要：

> 西方倾向于把男性/女性视为一种根深蒂固、始终如一的对立概念。这可能使学界误以为女性/男性的分野是所有文化象征系统中的核心组织原则，但在中国可能并非如此。……在中国，性别符号往往是等而下之的，更重要的是原则来自道德和社会生活。……与其说生理性别是中国传统宇宙论中不可化简的两极，

> 倒不如说性是交织于其他更为基本概念的网格中的一环。生理性别只是决定一个人家庭地位和社会地位的诸多要素（如亲属关系、代际体系、年辈阶层等）之一而已。[52]

因此，本书认为，“阴 / 阳”并不仅限于“男 / 女”的性别内涵。它对中国文化中的性别差异的解释仍然具有难以取代的重要意义，能彰显古代中国性别认同的流动性和政治化。反观“文 / 武”二元体系尽管在公共领域的男性特质建构研究中诚然称得上是一个重要概念，但本书仍采用“阴 / 阳”理论为基本范式来解读基于权力多过基于性别的中国式性别话语。

将“阴阳”方法运用在性别上有助于在后面的章节中更准确细致地解释中国文学与文化中的“阴柔之气”。根据儒家化的阴阳学说，“阴”或“阳”都不是生命实体，而是社会和政治权力等级秩序中的一个可浮动交替的位置。一位朝臣在与自己夫人的关系上处在“阳”位，但在朝廷上觐见皇帝之时却处在“阴”位，由此不难理解中国文学中禀告圣上、前辈、尊者之时采用女性代言体的传统了。在与皇权
16 的关系上，“士”被话语实践安置在了阴柔、驯从、恭顺的“阴”位。第二章通过福柯式的知识谱系学梳理“文弱书生”从屈原到张生再到中国戏曲中“小生”的文学表现，并为解读“才子”的阴性化和柔弱性提供概念化的框架体系。

“阴 / 阳”二元体系亦对解释文弱书生为理想男性身体的确立不无

裨益。身体纤弱跟学识与文雅息息相关。第三章检视儒家的崇文抑武之倾向，特别是宋代的文化崇拜，探讨男性特质如何通过文本性来建构，基于文本性的男性特质如何被社会规范，以及通过士的身体性如何巩固男性特质等问题，把福柯的“驯柔身体”(docile bodies)理论应用于中国历史研究，引申出更为广泛的论题，如中国现代性早期发展可能性等。

男性特质权力导向型定义的特点是性维度/女性的缺席，这使“才子佳人”话语中出现的“性”变得饶有趣味。第四章比较才子型和官方话语体系中“君子”的男性特质，二者之间的张力意味着文人类型中私人与公共之间的冲突。或许可以这样认为，才子是“待实现”的君子，因此，才子话语既体现了儒家士绅阶层的男子气概，同时也在很大程度上背离了儒家的正统观念。本章重点讨论才子话语对官方意识形态的逾矩之余，也留意才子佳人小说中的颠覆性要素为父权秩序收编之举。

“阴阳”体式还能解释众所周知的中国同性情爱传统。第五章考察才子佳人模式中男性身体的表现，以及古代中国同性情爱和行为之间的关系，追溯同性情爱中阴柔面的男性特质话语修辞在文学和戏曲中的差异类型，研究其作为想象的男性特质模式的支配地位如何形成，并影响小说和戏曲中的男女关系。诸如宋玉、潘安等文化偶像一直被视为异性恋叙事的才子佳人世情文学中男性美的典范，然而，这些历史人物的“真实”故事却揭示了这种身体性修辞同性情欲的本

源。古代中国对同性行为持有相当宽松的包容态度，因为表达同性相
17 慕只是强化性别等级结构而不会威胁社会秩序。“阴 / 阳”是一种权力等级制度，在上位的一方占据阳性 / 丈夫 / 性主动的位置，而在下位则是处在阴性 / 妻子 / 性被动的一方。这种关系是否涉及（异性）性行为，其实并不那么重要。

政治化的“阴阳”二元体系还可深化对中国男性特质中同性社交本质的理解。本书并不打算巨细靡遗地涉及中国男性特质的方方面面，而只是择取其中一种类型，即文弱书生 / 才子。尽管在提及中国古典文学中其他男性特质的模式化形象时也确实给出了简要介绍，《水浒传》《三国演义》等历史小说与英雄小说中对男性特质的界定就判然有别。虽然才子佳人这种异性恋话语体系表达了对主流叙事（即同性社交和厌女表现的男性文化）的某种抵抗，但它也必须被吸纳至主流话语之中，这从《西厢记》中的三角恋关系和莺莺被视为同性社交竞争中的战利品两点上即可管窥。同性社交渴望的共谋本质及在中国文化中扮演的角色牵涉层层问题，本书只是抛砖引玉，对这一复杂问题作初步的思考。不过本书认为中国男性特质最为显著的特点必须置于同性情谊、雌雄同体和同性社交渴望的语境下考察，因此最后一章既可充作全书附录，也可当作本书渐强的高潮部分来读。

第一章

作为文化话语的『文弱书生』

本章向对中国文学文化不甚熟悉的读者简要介绍“才子佳人”类 19
型的渊源流变，并对“文化话语”(cultural discourse)加以界定。对才子佳人叙事的研究已是汗牛充栋，不过鲜有学者把“文弱书生”视为一种文化话语，更遑论通过男性气概建构的视角加以检视。借助这一相对新鲜的研究方法，本章试图在传统上各家解读文本意义之外另辟蹊径、再出新见。

才子佳人类型

在中国古典文学里，最能彰显情爱和性征中的男性气质和女性气质的代表，莫过于“才子”和“佳人”之说。这组术语通常英译为scholar和beauty，其实远未能表达词语的本意。[1]广义上讲，二词似适用于中国传统婚恋书写中的任何男女主角；狭义来说，“才子佳人”

则专指盛行于中华帝国晚期通俗戏剧和小说中的罗曼史题材类型。本
20 书把研究范围限定在元明清三代。[2]这一类型呈现出程序化的故事情节、高度套路化（越后期越陈腐）的叙事风格、主题、角色，以及最为人诟病的是对上层社会阶级的性别建构恪守成式，因而饱受争议、声名狼藉。

才子佳人的罗曼史由一系列模式化的“配方”连缀而成。据胡万川的总结，一个模式化的“才子佳人”故事理应包括如下主题要件：

一、情爱故事必在才貌双全的青年才子与闺秀佳人之间展开。二人都拥有特殊禀赋的“诗才”和“文才”，又以“诗才”最为重要；

二、男女主角皆出身不凡。他们不是世家子弟，就是名宦之后，十有八九都是独生子女，有趣的是他们多是遗孤，或至少失怙或失恃。（这一情节主线除了避免舞台上繁杂角色的关系，也可彰显“才子佳人”特异卓绝的形象与佳偶天成的姻缘）；

三、才子佳人不期而遇，本是注定邂逅且一见钟情；

四、二人成亲路上会出现阻碍，通常是女方父/母会因才子未取功名而反对；

五、佳人身边有时会有一位俏丫鬟在二人相遇相恋之间代为穿针引线、撮合好事；

六、故事总是以大团圆结局，通常不只是有情人终成眷属而已，而且多半是才子金榜题名、高中状元。[3]

在本书中，这些主题都是适用于定义“才子佳人”类型的条件。

这一模式最显著的特点是将这对佳侣进行理想化的处理，才子和佳人必得遵循个中若干套路化的“规定”：才子既要有旷世文学奇才，又得兼具年轻俊秀；同理，佳人不仅只是貌赛天仙，同时还必须兼备玉洁松贞之品性、名门望族之出身，以及重中之重的是——诗文捷才之修养。正如最广为人知的才子佳人小说《玉娇梨》序中所言，“郎兼女色，女擅郎才”。[4] 由此可见，尽管“才子”“佳人”的说法很早就出现于中国古典文献中，[5]“才子佳人”类型母题至少可 21
以追溯到《史记》，但模式化的才子佳人故事情节是伴随着 13 世纪元杂剧的兴起而繁盛，特别是《西厢记》的演出和流传才逐渐定型和流行的。

从寡妇到处女

传统中国戏剧最重要的特点之一是惯于采用民间传说、讲史话本或前人小说作为故事素材。剧曲作家几乎不会自己另起炉灶、原创故事，因此很少有故事情节是由单一作家独立创作的。《西厢记》的“本事”通常认为系出元稹（779—831）的唐传奇《莺莺传》，不过剧情中的几大主题至少可追溯至《世说新语》(公元 430 年前后编纂于刘义庆门下)。才子佳人的理想原型可能来自司马相如和卓文君之间的故事，是中国最古老、最知名的中国古典爱情传奇之一。

这一源远流长的爱情故事初载于司马迁（前145—前90）[①]的《史记》“列传”中。[6]司马相如（前179—前117）文才冠世，临邛富商卓王孙以相如为贵客，相邀赴宴，“令前奏琴……是时卓王孙有女文君新寡，好音，……（相如）弄琴，文君窃从户窥之，心悦而好之，恐不得当也。既罢，……文君夜亡奔相如，相如乃与驰归成都”。无心于仕的司马相如“家居徒四壁立。卓王孙大怒曰：‘女至不材，我不忍杀，不分一钱也。’”后“相如与俱之临邛，尽卖其车骑，买一
22 酒舍酤酒，而令文君当垆，……卓王孙闻而耻之，……不得已，分予文君僮百人，钱百万，及其嫁时衣被财物。文君乃与相如归成都，买田宅，为富人”。此后，司马相如官拜高位，“卓王孙喟然而叹，自以得使女尚司马长卿晚，而厚分与其女财，与男等同”。

这个家喻户晓的故事流传南北古今，为人喜闻乐见，历久弥新地被后世各类文学形式改编和改写，对本书所要讨论的才子佳人类型的形塑具有毋庸置疑的深远意义。司马相如作为一个重要的才子形象的原型，在《西厢记》和其他才子佳人小说中被反复引征，但是这一故事的人物角色和情节模式与后来的才子佳人类型大相径庭。正如海诗纳（Richard Hessney）所说，“司马相如初遇卓文君时，既不年轻也不俊秀，说话口吃，又有消渴之疾”，[7]更为关键的是，卓文君倾心相如时是“新寡”之身，这在女主角定是玉洁冰清的处子之身的

① 原文如此，目前史学界就司马迁生卒年尚存争议。——编注

后世爱情故事中绝不会出现。“凤求凰”男女主角的“缺陷”意味着人物角色尚未被后世浪漫传奇“理想化”，对女性的贞操节烈的强调要到宋代以降理学成为官方正统意识形态之后才成为一种霸权话语（hegemonic discourse）。

《世说新语》根据德行高下的主题来分类排列，其中一类曰“惑溺”，记载妒妇、谬恋等轶事。“惑溺”意即受性欲或妒忌驱使而难以自持之人所做的愚夫蠢妇之事，其中一则故事被认为是汉语成语中“偷香窃玉”的“本事”：

> 韩寿美姿容，贾充辟以为掾。充每聚会，贾女于青琐中看，见寿，说之，恒怀存想，发于吟咏。后婢往寿家，具述如此，并言女光丽。寿闻之心动，遂请婢潜修音问。
>
> 及期往宿。寿蹺捷绝人，逾墙而入，家中莫知。自是充觉 23
> 女盛自拂拭，说畅有异于常。后会诸吏，闻寿有奇香之气，是外国所贡，一著人则历月不歇。充计武帝唯赐己及陈骞，余家无此香，疑寿与女通，而垣墙重密，门阁急峻，何由得尔？乃托言有盗，令人修墙。使反，曰：“其余无异，唯东北角如有人迹。而墙高非人所逾。”
>
> 充乃取女左右婢考问，即以状对。充秘之，以女妻寿。[8]

《西厢记》有诸多主题在此轶事中找到似曾相识的端倪：

其一，情人间以吟咏赋诗来表情达意；

其二，女主角的丫鬟充当恋人间的媒介；

其三，男主角逾墙赴约幽会；

其四，女方家长发现女主角的异常，通过拷问仆婢而知晓原委；

其五，女方家长为了平息谣言而将女儿嫁与男主。

然而，严格来说，这则轶事算不上是才子佳人传奇叙事，不仅因为男女主角的形象太过单薄，还因为它被当成是通奸的淫邪谣传而非高贵的爱情故事。列名于“惑溺”目下反映编纂者其实对这对情人的行为抱持否定态度。

24 在唐（618—907）传奇的传世作品中，《莺莺传》《李娃传》和《霍小玉传》三部小说对“才子佳人”类型的形成流变有着格高意远的影响。

《莺莺传》，又名《会真记》，是董解元［活跃于金章宗（1190—1208 年在位）时期］《西厢记诸宫调》之本，又被王实甫（活跃于 13 世纪）改编成用于舞台表演的《西厢记》五本杂剧。故事讲述张生与神秘女子崔莺莺之间的情事。张生游于蒲，“有僧舍曰普救寺，张生寓焉；适有崔氏孀妇（及其女莺莺），将归长安，路出于蒲，亦止兹寺”。是时蒲州驻军兵变扰民，“张与蒲将之党有善，请吏护之，遂不及于难”。崔夫人“厚张之德甚，因饬馔以命张，中堂宴之”。张生与莺莺初遇并一见钟情，为赢得她的芳心费尽心机，却为莺莺面斥不雅，“愿以礼自持，无及于乱”。张生绝望于相思之苦。然而随后事情发生了戏剧性转变，一夜莺莺悄然而至西厢房下，“朝隐而出，暮隐而入，同安于曩所谓西厢者，几一月矣”。后来，张生进京赶考，莺莺致以长信表达爱意思慕，随笺附有“玉环一枚……兼乱丝一絇，文竹茶碾子一枚”，然而张生对她“始乱终弃”，最后双方各自嫁娶。

与传统才子佳人传奇总是积极礼赞理想化的爱情不同，这则故事的主旨是要箴谏读者提防妖孽尤物的性欲危险，因此作者在文末提及张生抛弃莺莺，“时人多许张为善补过者”。[9] 此外，《莺莺传》和才子佳人类型传奇最为本质的差别在于，前者没有后者最典型特征的“大团圆”结局。

白行简（776—826）的《李娃传》和蒋防（活跃于9世纪前期）的《霍小玉传》都是士子和娼妓之间的爱恨纠葛。在元曲中，这一主题常常因富商搅局而变得更为错综复杂，陷入无休无止的三角关系。
尽管这类故事也能在广义上算作是“才子佳人”类型，[10] 但其实并 25
不与前述“配方”要件严丝合缝。具体来说，“佳人”应是身出名门的童贞处女，像《西厢记》中的崔莺莺，或明清盛行的才子佳人小说类型中所有的女主角，无一例外都是如此。简而言之，唐传奇虽为后世的才子佳人故事提供了丰富的素材，但尚未套路化。

董解元《西厢记诸宫调》是我们现存已知最早对张生和莺莺的人物形象进行套路化处理的作品。诸宫调（in all keys and modes）[11] 是一种盛行于12、13世纪的说唱文学，是以韵散结合来叙述的长篇叙事诗体。唱词韵文部分以曲子构成，若干属于同一宫调的曲子联成套数，再把分属不同宫调的套数缀成长篇，杂以说白散文部分，用以承上启下或背景概述，帮助听众理解情节。诸宫调兴起于宋室南渡之前，在金代（1115—1234）治下的1200年左右臻于顶峰，至13世纪逐渐为杂剧取代，是伴随着宋金时代城市经济繁荣而兴盛的一种传统民间曲艺，其受众群体主要是市井诸众，海诗纳就曾指出：“观众群体包括鸿商富贾、百工诸匠、兵士走卒和低阶官吏，他们的品味与偏于保守的上流阶层不同，也能负担这种新娱乐的花销。”[12]由是，诸宫调就很能反映市民阶层的品味与喜好。它的语言从宋元口头白话到精炼文学习语，风格从讽刺嘲弄到诙谐幽默，不一而足。可惜的是，这一文类仅有三个文本传世，其中董解元《西厢记诸宫调》(“董西厢”）保留得最为完整。

海诗纳还提到说：“从很多方面来说，正是董解元首创了在后世发展为爱情传奇的‘才子佳人’罗曼史的类型。”[13]这表现在董解元不仅着力于扩充情节，令其成为一则标准的“才子佳人”故事，而且更重要的是对男主角张生的性格塑造献力尤著。

26 被赋予了一个全新结局的故事情节几乎被彻底地改头换面：“唐时这个书生，姓张名珙，字君瑞，西洛人也。……父拜礼部尚书，薨，五七载间，家业零替。”张生“有大志”，“收拾琴书访先觉，区区四海游学”，至蒲州，游名寺普救，一觑莺莺，“五魂悄无主”。莺莺是故相崔大人之女，恰与其母其弟权寓于此。张生遂“假一房”，希望能多多撞见莺莺。然而，孙飞虎率屯军叛兵围寺，“若使莺莺靓妆艳服献之”，要掳掠而去。张生在崔家陷入绝境时施以援手，“恁时节，便休却外人般待我”。他给他的“故人”、时“守镇蒲关”的杜确将军修书求救。杜确赶到，击溃叛军。后崔夫人设宴谢恩，叫取弱子孤女拜见张生，“以仁兄礼奉”（以示不忘旧恩的许诺）。张生请结良姻，却被告知莺莺已许配给故相之子、莺莺的表兄郑恒。张生自此相思成疾。不过，某夜莺莺携“红娘抱衾携枕而至”张生书帏，与之私成暗约，一宵风流。崔夫人终于发现此事，要张生以“远业功名为念”。张生遂上京赴考，蟾宫折桂、殿试及第，但在京城染恙，令仆使传信蒲州。郑恒趁机哄骗夫人说“珙以才授翰林学士，卫吏部以女妻之”，崔夫人乃依前约令莺莺嫁与郑恒。张生与莺莺私奔投奔旧友，杜确太守热情接待。次日，郑恒走入衙门寻妻，为杜确怒斥，羞愤自尽。张生与莺莺终得美满团圆。①

“董西厢”在中国文学史，尤其是爱情浪漫传奇发展历程上，应该拥有崇高而独特的地位，不过其价值和影响至今未见足够的批评关注。陈荔荔（Li-li Ch’en）在“董西厢”英译本的导论中对其不吝溢美之词：“个中呈现有出色的人物刻画、繁复的叙事技巧、妙绝的修辞运用、动人的抒情自然诗、适宜的幽默感，以及不类其他作品里自 27
持、委婉风格的奔放性描写。”[14]就此书主旨而言，作品的独特价值在于通过对张生的性格塑造界定“才子”的定义。张生的个性特征为

① 董解元：《西厢记诸宫调》，载霍松林编：《西厢汇编》，济南：山东文艺出版社，1987年，第23—130页。

后世的“才子佳人”戏剧小说中的男主角所承继，历经数世纪而被定型为中国南方精英文化中的典型男子气概话语。海诗纳对这一点颇有洞见，他认为“(董解元)把张生刻画成一个自负自大、轻率鲁莽、多愁善感的恋人形象，这为才子原型的演变开辟了新方向”；[15]“在他身上，我们发现了婚恋故事中的才子固有的诸多性格特征，譬如充分自信、勃勃野心、诗学才力、渴慕佳侣、走极端的感情趋向以及缺乏常识，诸如此类”。[16]

然而，由于诸宫调流世时间不长、存世作品不多，因此从很大程度上来说，元杂剧才是“才子佳人”类型得以全面发展的最早文学体裁。

元杂剧在中国文学史上的意义有两方面。它不仅是最早的成熟戏剧形式，也是中国中古时期精英文化和大众文化之间交流与调和的产物。由于元杂剧的大多数观众都是城市民众，迎合他们审美趣味的元杂剧被精英阶层视为粗鄙低俗。原本为精英文化所排斥遏制及边缘化的两性情欲，自宋代以降理学成为官方意识形态以来情形尤甚，却能在作为一种民间通俗大众文艺的元杂剧中找到容身之所。学界普遍认为这一特征的形成，应与入主中原前是游牧民族身份的蒙古统治者实施相对宽松的思想控制，以及13世纪宋元城市经济的繁荣不无关联。由于缺少相关的文献记载，这些杂剧的作者是谁我们知之甚少，但据现存剧本和文献推断，大多数剧曲作家都是受过朝廷官僚体制教育的儒士。由于蒙古征服宋朝并一度取消科举，儒士不得不以写戏营生。[17]因此，元杂剧被视为是文言文学传统和口头文学传统的混杂体，扮演着主流话语和边缘话语之间在意识形态上的重要中介者角色。

近年来奚如谷（Stephen West）和伊维德的研究对传统上称为 28
“元杂剧”的文本本质深表怀疑。正如二人在弘治本（1498年）《西厢记》的英译本导论中指出，明代此版中的插图重在演绎故事而非表演，由此可见杂剧与表演的功能已渐行渐远。[18]事实上，除了元代刊行的三十种剧本（即“元刊杂剧三十种”）之外，我们今天称之为“元杂剧”的其他所有杂剧文本，都或多或少是为明代宫廷演剧钞本或晚明文人汇集编辑的明刊本。[19]不过应该强调的是，尽管仅把元曲视为元代社会的产物来研究可能远远不够（拙著后文还会阐释），但这些杂剧毕竟盛行于元代，仍与本书所要讨论的元代社会情境息息相关。现存明刊本基于“商业性”表演的原初脚本改编而成，基本保留“原”元杂剧大部分的情节、人物和风格。

元朝的社会情状是才子佳人婚恋小说成为当时主导性主题的部分原因。罗锦堂的《现存元人杂剧本事考》一书将二十种剧目列于“恋爱剧”下，八种归于“风情剧”。他认为“（风情剧）俱为描写艳情，但务带潇洒诙谐之趣，若以庄雅之态度、热烈之情感出之，则为恋爱剧而非风情剧矣”。[20]此外，列名于“家庭剧”的几种剧也有“才子佳人”传奇的一些特征。因此，根据他的分类，以爱情为主题的剧本几乎占到现存一百六十一种元杂剧的五分之一强。冯瑞龙研究元代爱情剧的硕士学位论文亦把三十五种元杂剧列为“爱情剧”。[21]

在元代的爱情剧中，有十五种剧可谓是严丝合缝地按照上述“才
29 子佳人”定义写就的，除《西厢记》，还包括《墙头马上》《倩女离魂》《东墙记》《㑇梅香》《拜月亭》《碧桃花》《萧淑兰》《留鞋记》《金钱记》《符金锭》《玉镜台》《鸳鸯被》《竹坞听琴》和《举案齐眉》。

十五部作品中，《西厢记》是举世公认的代表作，自其首演之后便迅即备受好评，以至于名垂青史。这一点，我们可以从许多同时代剧本和曲目中对该故事本事和主要角色的频繁征引得到印证。有悖于元杂剧的惯用形式，《西厢记》由五卷 / 本构成，每本四折，① 篇幅是寻常元杂剧（一本四折）的五倍。关于该剧的作者一般来说有四种说法：

一、全剧由王实甫所作；

二、全剧由关汉卿（13 世纪人）所撰；

三、王实甫作前四本，关汉卿续作第五本；

四、关汉卿作前四本，王实甫续作第五本。

目前元杂剧学界倾向于认为是王实甫独创，因此本书也将此剧归于其名下。[22]

王实甫主要以诸宫调为蓝本加以改编，只是对个别情节略加修

---

① 外加一楔子。

改：首先，王实甫大幅削弱了对围寺平乱的描写，诸宫调中冗长的战事场景几近隐匿；其次，“董西厢”中的张生在提供解决围寺危机方案时有意提出先决条件，实际上是挟令崔夫人承诺“祸灭身安，继子为亲”，[23]而杂剧改为崔夫人主动承诺“但有退得贼兵的，将小姐与他为妻”，而后她变卦拒认张生为婿则是出尔反尔；再次，“王西厢”剧本中不是张生自己要赴京赶考，而是崔夫人要他“上朝取应”，中举得官，方允成婚；最后也是同样重要的，王实甫删略了私 30
奔的情节，当郑恒向莺莺索亲时，杜将军到场见证，揭穿了郑恒的诡计，令其羞愧自裁，使崔张婚礼如愿进行。这些改编有些是出于针对两种文类（叙事诗和戏剧）的差异做出的技术处理，有些则是为婚恋主角的理想形象塑造服务（例如，杂剧作者通过崔夫人先说把崔莺莺许配给退贼解围者而后又反悔食言之举，来陪衬张生在道义上的优势），实际上《西厢记》两个版本之间最为显著的差别之一在于，“董西厢”中的张生是作者大多数插科打诨桥段的笑柄所在，而“王西厢”中张生虽然仍然被调笑打趣，但人物形象却更趋理想典型和道德规范。[24]

《西厢记》杂剧为同一类型戏剧和小说的情节书写以及人物塑造提供了范本，此后的才子佳人浪漫传奇逐渐定型，在主题、人物和情节上鲜少变化：才子通常容貌清秀、气质优雅、举止得体，也耽于思慕、溺于情爱，并写得一手好情书；佳人则是娴静优雅、温婉动情、仪态端庄，适时亦能敏思笃行。

从文弱书生到侠义英雄

我们再来检视元杂剧之后的才子佳人戏剧与小说的发展简史。明清时期兴盛的戏剧样式“传奇”经典中，汤显祖（1550—1616）的《牡丹亭还魂记》无疑是最负盛名的爱情剧，也是才子佳人类型发展的重要一环。这部长达五十五出的长剧讲述的是太守之女杜丽娘在一个明媚春日造访后花园之后，于梦中与书生柳梦梅邂逅相恋。她自画写真，后因相思而亡，葬于后院梅树之下。柳梦梅上京赶考，途经杜
31 宅，恰好发现杜丽娘的写真像，丽娘魂返人间、委身于柳，并教他掘墓见尸，令自己复生如初，二人遂喜结连理。待到柳梦梅高中状元，终与杜氏高堂相体认。

《牡丹亭》标志着才子佳人类型的进一步发展。尽管它的基本情节模式符合才子佳人故事的界定条件，但较之《西厢记》,《牡丹亭》“更复杂的情节、更多样的场景情境”更显繁复精妙。[25]然而就本书所讨论的男性气质的建构主题而言，《牡丹亭》的启示意义无疑稍逊于《西厢记》。前者较之后者所关注的重心在于女主角而非男主角，贯穿《牡丹亭》全剧的杜丽娘始终占据主动性——她在临终前描画自己倾国之貌，吸引了书生，她的魂魄死后从冥界复返阳间找寻爱人，并教书生掘坟获尸得以复生，使二人生死重逢。在《牡丹亭》中，男主则显得相对被动和稚气，故而在剧中仅是一个次要角色。这一点与《西厢记》的情节大相径庭。《西厢记》中，张生占据主动位置，而莺

莺在大多数时仅被当作是情欲客体。这种差异可以归因于杂剧与传奇不同的文体差别。如前所述，杂剧多由沦为职业剧作家的贫寠文士所撰，他们必须考虑剧作的商业利润，迎合绝大多数由男性构成的观众群体的情趣口味，因此，像《西厢记》这类以爱情为主题的杂剧，无一例外地都是从男性视角来书写的，从“男性凝视”（male gaze）视角来刻画女性身体和性爱场景。而明传奇多是知名文士表情达意、抒写性灵的消遣之作，在《牡丹亭》中，在某种意义上来说，杜丽娘扮演的是汤显祖借由其口表示对“情”的自我态度的“角色”而已。本书第二章将会详论古代中国的儒生文人在诗歌及其他文类里借女性身份代言久成传统。[26]

《牡丹亭》之外，明清传奇中还有诸多剧目同样是采用“才子佳人”模式主题，其中最引人注目的或许是吴炳（1648 年卒）的《绿牡
丹》。该剧在风格上近于后世的才子佳人小说，由对“假名士”的嘲 32
弄，巧合串起妙趣横生的喜剧故事，这一主题后来在清代天花藏主人的系列小说中备受追捧，海诗纳因此定性此剧为早期才子佳人传统和后期才子佳人小说之间的关键转折点。[27]

“才子佳人小说”是围绕着标准化的书生与闺秀恋情展开的五十多部中篇通俗小说的概称，在中国文学史上素来颇受贬斥，[28]不过近来学界开始把它视为一种亚文类，并特别关注其社会和政治的影射意义。[29]这一亚文类在 17 世纪下半叶臻于顶峰，余绪延至 18、19 世纪仍不乏创作问世，代表作品包括《玉娇梨》《平山冷燕》《两交婚》

《画图缘》《醒名花》和《好逑传》等。伊维德和汉乐逸评论说："在这些小说中，写得最好的多有频繁乔装改扮和误会巧合，让人想起18世纪的法国喜剧；而写得最差的则是迂腐浅陋、枯燥乏味的中国式廉价的'一角钱'小说（the dime novel）。"[30]

几乎所有小说都以化名写作，其中"天花藏主人"的名字对这一亚文类而言具有无可比拟的重要性。他是十五部小说的作者、编者或序跋作者。才子佳人小说是文人的消遣之作，读者也多来自士绅阶层，亦涵盖女性读者。跟或多或少有助于凡夫俗子表达欲望的元杂剧不同，才子佳人小说是精英文化的产物，并未纵笔于露骨的性描写。而与如《西厢记》这样的早期爱情传奇相比，这些小说的文体特征将在下文细论。

这类小说在道德观上偏于保守，婚恋故事多基于理学力倡女性贞洁的正统观念，因而很少出现婚前性行为。不少小说的作者都声言写
33 书目的在于宣扬"名教"，即儒家伦常礼法。这一意识形态倾向在后期作品中表现得更为突出，如《好逑传》女主角把男主角迎至家中调养。二人即便同处一室，因无夫妇之"名"而未有一丝"邪念"。后来他们奉旨成婚，要先验明处子清白才肯重结花烛。因此，关于二人有伤礼教的暧昧性关系的谣传旋即不攻自破。

小说通常也着意刻画一个书生与两位才女的三角关系恋情而不囿于一对情侣间的爱情故事，二女互称姐妹，结尾时携手合嫁书生，其乐融融。这种"二美团圆"的多妻模式被马克梦（Keith McMahon）

总结为是从浪漫传奇到情色小说的转折点：“如果一个男人拥有妻妾超过两位，或者在婚前与她们或他人发生性关系，那么这种小说就是情色小说了。而姻亲家庭成员超过四位或更多的话，‘二美团圆’三人关系之间的互换性就会被打破。在这种情形中，男人回到了中心位置，而女人则成为他挨个临幸的离宫驿站。”[31]

早期爱情传奇重“情”，即男女之间的超凡情欲；后期婚恋故事重“才”，视其为青春男女最珍视的秉性；这也与这些作品出自精英士绅消遣娱乐之作的本质属性有关。

最后还值得一提的是，在才子佳人文学题材的后期作品里，比如《好逑传》《金石缘》《水石缘》和《西湖小史》等，出现了一种判然有别的才子形象。他们不再是弱不禁风、迂腐疏阔的书生，而是表现出文武双全的禀赋。[32]以《好逑传》为例，男主角铁中玉（字面意为“玉在铁中”）被塑造成一位侠士，不仅是文才横溢的诗人，也是武艺高强、身强力壮、丹心侠骨的武林高手。据周建渝的研究所示，男主角性格特征的转变当与清朝统治者的尚武精神有关。[33]这一形象在中国传统戏剧舞台上也很流行，京剧中的“文武袖”就指这样的青年儒将，三国吕布便是一例；粤剧中最重要的行当既非旦角也非小生，而是“文武生”。不过，即使是后出的男主角也依然未脱才子话语体系的诸多基本特性，从某种意义上说，他们的武艺亦被视为其超凡 34
“才学”的构成或延展而已，本书稍后将会详述。

“才子佳人”类型在中国文坛上的影响源远流长，譬如旷世杰作

《红楼梦》不能算是一部才子佳人小说，但“才子佳人”式的人物和主题对它的影响却是毋庸置疑的。[34] 从某种程度上说，《红楼梦》的确吸纳了才子佳人故事的特定素材，却在主题、情节和人物的繁复性上远胜于彼。此外，清代一些情色小说也被认为是对才子佳人文类的戏仿（parody），何谷理（Robert E. Hegel）就认为《肉蒲团》意在对“才子佳人”类型的滑稽仿作来批判科举制度。[35] 对颠覆儒家的象征秩序而言，从《西厢记》到《红楼梦》中间，存在着一种颠覆—收编—再颠覆的循环，这一点将在本书第三章详论。“才子佳人”类型时至现代也数见回响，最为典型的例子当属 20 世纪初叶的言情小说流派、背负骂名而屡被鲁迅（1881—1936）视为靶子痛斥的“鸳鸯蝴蝶派”。

本书正是置于“才子佳人”传奇类型与作品的语境中来讨论古代中国男性气概的建构问题，或许此时应该对 romances 这个术语多交代几句。本书使用的是其最常用的义项，即爱情浪漫故事，用 romances 代指明清时期异性恋爱和自由求偶主题的戏剧与小说。然而，在文学批评的术语体系里，尤其是置于欧洲文学传统的语境时，词源来自拉丁语和法语的 romance 也意指“关注情节活动多于人物形象、大多出自杜撰想象的虚构性大于传奇性、读起来更像是想要逃避生活而非关联现实人生的那一类小说”。[36] 而本书所用的 romances 通常也符合这些参数，一般来说包括了戏剧与小说，主题上也仅限于异性恋爱。一部才子佳人传奇就是一对理想化的恋人之间的浪漫故事，男女主角为彼此容貌才华心倾神驰、一见钟情；他们矢志不移、排除万难，有情人终成眷属。

从上述才子佳人类型发展史的简述中可知，“才子”的性格特征 35
并非僵化固化，而是与时俱变的；换言之，才子类型也是千差万别的。如果把明初与明末的爱情剧加以比较的话，我们不难发现，越往后的才子，越具英武之气。周建渝把这一变化归结为清朝上层倡行尚武的社会环境，然而这一解释不足以令人信服的地方在于，才子形象上文武双全的趋向，事实上自晚明就已出现。比如，刘兑（活跃于 1368—1398 年）的爱情名剧《娇红记》杂剧中的男主申纯就是典型的贫弱书生，[37] 而晚至孟称舜（活跃于 1629—1649 年）的同名南戏，申纯自称“八岁通六经，十岁能属文；鞍马弓箭，亦颇谙习”。[38] 显然，尽管才子的基本素养品性仍是一脉相承，但“能武”已成为才子不可或缺的技能了。魏浊安分析说晚明文化特点具有“融合”（syncretism）倾向，先有知识阶层试图融合儒释道三教学说，再以“这一视角运用于性别领域，这有助于解释‘雌雄同体的中性化典范’何以在晚明流行”。[39] 我认为，这一倾向在某种程度上亦有助于融合浪漫主义和英雄主义两种极端，并孕育出后世武侠题材“侠”的流行话语。[40]

迄今为止，学界关于“才子佳人”类型的主题研究，主要集中在明清才子佳人小说上，而本书则对早期文本投以特别关注。因此，本书讨论的才子典型始自张生而非铁中玉，以为早期文本对形塑才子男子气概的意义至关重要。前文已有论及，标准化的“才子佳人”故事随着元杂剧的兴起而定型并流行。为了探索“才子”话语是如何形成的，本书格外倚重宋元时期的社会语境与元杂剧爱情剧的文本，也会
36 旁涉中国古代史上其他相关文献。《西厢记》就是本书涉及的主要文本，这一特定关注点值得深入的文本细读。

“文弱书生”的话语：一种文化解读

本书借助米歇尔·福柯对权力、知识与真理讨论时所使用的“话语”这一术语，[41]来仔细审视作为“话语”的文弱书生形象及与之相联系的社会准则。相比于意识形态等观念体系，话语的概念与能动性（agency）问题的联系较少，不过通过福柯的权力理论来关照的话，话语并非中性，也可以政治化。福柯指出“话语散播和生产权力，既强化权力也破坏并揭示权力，令权力削弱也可使其失效”。[42]大卫·布赫宾德（David Buchbinder）把话语置于权力关系研究中，提出了更实用的概念界定：

> 话语……在文化中设置界限并建立权力关系，每个人都在习得它，尽管其在某些人某些方面会被阻止或剥夺，但每个人都在习得话语。话语有助于我们在文化中如何塑形，言谈举止如何恰

如其分，也为人们看待、阐释和“思考”世界提供最优方式。[43]

权力是讨论话语的关键要素。在福柯看来，权力并不只是一些人拥有侵犯另一些人权利的消极性、压制性的力量，而是一种“行使运作而非占有”的策略。[44]它广泛分布在整个社会关系中，既产生也制约着潜在的行为方式，而不必归结为特定主体“有意为之”。福柯认为话语不是一套亘古不变的静态言语系统，在他看来，言语是不断变化的，其源头可以追溯至历史上某些关键转折点上。通过这种“话语考古学方法”，福柯对历史是延绵不断地迈向更文明理想社会阶段的传统提法加以质疑，认为历史是断续的，并不完全受控于人类。在福柯看来，权力既不产生于人类主观意识的能动性，也不来自生产方式等潜在力量，通过勾勒历史演进的权力关系网络，以及确定话语结构发生剧变的各个时刻，福柯认为可以此来解释人类文明的发展。 37

我们正是在这一框架体系内讨论不同话语的体制地位及其之间的关系，并根据它们在某一社会权力系统中的差异地位区分主流话语和边缘话语。支配式主流话语反映的是主流文化的要务和焦点，所以看起来“自然而然”；[45]而与主流话语相对的话语则是许多不为所在文化所钟爱或尊崇的，我们称之为反对式或边缘性话语。主流话语和边缘话语之间存在错综变化和辩证统一的关系，包括冲突对抗与协商斡旋。一方面，主流话语试图巩固自己的地位，压制反对声音，使之噤口卷舌，而边缘话语则是对主流话语的颠覆和反制；另一方面，主流话语和边缘话语之间又存在同生共谋和相互遏制的关系，前者有时甚至“制造”边缘话语或反对话语来围堵规训后者。话语很少独立存在而往往交叠渗透、相生相克。比如说，性别话语多与诸如阶级和种族等其他社会层面话语唇齿相依。从这个意义上说，文本绝非由一种话语单独创造，在某一特定文本的构建中，可能会采取数种不同，甚至是彼此抵牾的话语体系。

本书重点检视以文弱书生作为传统中国社会中理想男性气概“话语”的形成和表现过程，注意其根植于社会的属性，探索其与明清阶层和家族等其他话语之间的关系。这一方法的优点在于文弱书生的话语能被视为组织建构社会关系的基础，通过对此的具体运用，我们力图避免把话语阐释流于表面价值而强加于被动的主体之上，而希望将其作为权力斗争的场域和斡旋个人与社会关系的手段。

将文弱书生作为一种话语来研究还意味着我们所涉文本并不限于“才子佳人”这一亚文类之中，尽管这类作品确是才子形象的主要来源。事实上，女性化的“男色”美学不仅可以在浪漫爱情传奇中的
38 才子形象中找到，而且几乎分布于小说与戏剧中所有男性角色。吴存存将之概括为明清社会的一种“社会风气”。[46]文弱书生话语的“标配”如下：一、身体和情感都偏于纤弱柔顺、敏感易损，看似不堪一击，在一定程度上使得才子呈现出在主流化西方性别话语中的“阴柔女化”形象；二、“才”性主要是指赋诗文才，间涉抚琴鼓瑟，而非对有志于仕所必需的儒家正统经典文本和官方正史的熟稔；三、俊秀

外貌，多有比之于珠玉的阴柔之美，当代读者很容易联想到同性恋的因子；四、游离于关于情与性的正统话语之外。不过，才子的多愁善感、耽于情爱同时也隐藏着男性焦虑，其对道德准则的逾矩亦从未超越主流话语所能容忍的底线。本书后文会对这些作为文化意符的“标配”从不同角度详加阐述。

暂将对“才子佳人”的类型阐释或文本阐释搁置，本书着力于对才子话语加以文化阐释。所谓“文化阐释”，这里是指将文本当作文化产物来对待，须借助福柯理解历史和文化的策略。这一研究首先把文本当作权力的角力场来阅读，并从权力关系而非主观理念的角度来分析文本；不把文学文本看成个体作家的心态表现，而是更关注于古代中国的权力结构、意识形态及其反制的可能性与限度。因此，本论即跨越了文学话语与历史、经济、政治、宗教、法律乃至医学等其他话语之间的藩篱，所有话语共同构建出一个特定的文化场域。研究话语之间互渗交错的边界，能够深入地理解更广泛的意识形态规范准则在特定文化里如何让每一话语体系井然有序。从这个意义上说，被称为“文学”的传统研究领域已经被“文化”取代，当然，这受益于当代西方文学批评从具体文本到“文化研究”的重大转向。特雷·伊格尔顿（Terry Eagleton）在他的《文学理论》（*Literary Theory*）中提出
“政治批评”一说，认为文学不过是一个名称而已，是“置于福柯称 39
之为‘话语实践’整个场域内某些种类的作品。值得成为研究对象的不妨涵盖整个话语实践场域，而不必限于那些有时被笼统地贴上‘文

学’标签的东西”。[47]因此，把这一更为广泛的文化领域应解读为话语实践，亟须将人类主体作为历史上的能动者来保证效能。此外，本书还会特别关注修辞手法和策略，研究内容涉及很多中国古典文学里文弱书生女性化的身体修辞意识形态印记。

更重要的是，本书关注的并非个别文本或文类，而是“思想体系”和“话语实践”，从中国传统文化语境中解决这一问题。在尝试“揭秘”才子话语的文化配方时，本书并未局限在才子佳人叙事文类一体，而是广泛涉猎中国古代历史长河中各时段、各文类的诸多文本，从《楚辞》到《红楼梦》，不一而足。

关于中国文学史的传统学术研究，尤以中国内地学界为代表，多将文本阐释为对特定作家思想及创作时代的社会情形之反映。这一方法论曾在中国内地被大力推行，从中至少看到一个问题，即这种研究法忽略了中国文学和文化的延续性。[48]改编、修润、重写前代文学原作素材是中国古典文学最显著的传统之一，故中国古代文学典籍中很少能找得到所谓保持原初样貌的“原木”文学文本；这对白话文学与通俗文艺而言尤为适当，它们往往没有书面定本，而是由后世的表演者和说书人反复改编和修润，因此很难判定一个文本是专属于某一具体时代的产物。可惜迄今为止，对中国文学的研究仍然蒙上一层伊维德称之为“朝代错误”倾向的阴影，即“将一种文学体裁的全盛期等同于政治历史的分期”。[49]这种“历史性”解读法的缺陷与局限是显而易见的。例如，正如我们前文提及“元”曲之名本身就经不起推敲，因为不仅很多“元曲”家在元明易代后在新朝继续创作，而且更关键的是传世至今的元曲文本大多是明刊本。伊维德和奚如谷认为当今最权威、最“标准”的元曲选本——臧懋循《元曲选》——显示出 40
元曲从商业公演“场上曲”到明代文人书斋“案头剧”的重大转变，而这些剧本直到明代才有了书面定本。因此，仅仅把元曲研究限定在蒙元时期社会语境中显然是以管窥天、以蠡测海。此外，大多数古典白话小说都是基于已有故事和素材改写的，比如《水浒传》和《三国演义》一般认为是明代文学作品，但其实《三国演义》中的大多数情节都摘自前朝正史，而小说《水浒传》可在元杂剧现存的几种“水浒戏”中找到故事雏形。把这两部小说仅视为明代的文化产物，把它们从更为广泛的历史视野中抽取孤立出来，这显然是不合时宜的。

不过，本书把“才子”放在中国传统文化的语境下加以解读并不意味着一种超时空的“中国文化”的存在，恰恰相反的是，为了避免非历史主义（ahistoricism）和泛泛而论，我们必须在历史性具象化中把中国文化视为异质化、动态化和历史化的。中国传统文化并非一成不变的铁板一块，在两千多年的历史沧桑中日新月异、不断变化；像儒家思想这样的概念，不可简单视为一种抽象的理念教条或静态的钳制体制，因为它们在不同历史阶段的体貌样式皆有不同。然而不容否认的是，在中国文化传统深层结构中，确实存在一个连绵未绝的内质基础，或者说是最根本的共性特征。本书尝试将历史的特殊性与关注中国历史和文化的连续性熔为一炉，因此在解决核心论题上兼顾历时性和共时性。为避免“只见树木，不见森林”的窠臼，本书尝试从整体上探究中国传统文化中男性气概建构的一般特性。儒生的自我“去势”可上溯到“士”阶层的集体无意识，女性化的身体修辞则应置于中国通史上对男性身体的政治操控中来加以研究，尤其是与西方性别文化相对照的时候，中国古代的男性气概话语要以整体之姿去发掘其中的独有特征。然而，学界只是对才子话语在舞台上初度定型和风靡流行的宋元时期社会背景予以格外关注，而本书则把言情故事中的“才子”看成儒家文人的自我表征，额外重视儒生焦虑与自恋的社会与政治缘由，并且努力构架基于文本构建的男性气概和宋代科举制度化之间的关联，将文学批评嵌入社会制度和特定历史语境之中。对性别文化再现（cultural reproduction）进行这种社会性、历史性分析，或将有利于打破中国男性建构研究中根深蒂固的既有类型对立（如“文武”）。

第二章

从屈原到张生

雌柔“士”的谱系流变

本章借助互文性理论来对士的“雌柔化/去势化”(emasculation) 43
进行解读。术语“互文性”最早由朱莉娅·克里斯蒂娃(Julia Kristeva)提出，[1]指的是“任何文本都不能完全脱离与其他文本的关联”的阐释策略。[2]正如迈克尔·沃顿(Michael Worton)和朱迪斯·斯蒂尔(Judith Still)指出，对这一理论的基本理解应该是，(狭义上的)一个文本[3]“不能自足完整地独立存在，故而无法运作于封闭体系中”。[4]

王瑾认为这种互文研究方法与传统的“影响研究”(influence study)和“源流批评”(source criticism)的区别在于其“意义赋予的重心从作者/主体(author/subject)为主，让渡给文本/读者(text/reader)为主的重大转向”。[5]杰伊·克莱顿(Jay Clyton)和埃里克·罗斯坦(Eric Rothstein)则指出“影响研究关注的是能动性(agency)，而互文研究更侧重于文本间涉中超脱个体感情色彩的领域”。[6]互文性分析与“影响研究”的又一区别还在于前者注重诠释本身而非确立特定事实。尽管这一术语并不常现身于话语(discourse)

研究中，不过诺曼·费尔克拉夫（Norman Fairclough）借助强调联系社会语境中霸权与权力的福柯式知识体系（Foucauldian framework），而对其重加界定与运用，从而修正了克里斯蒂娃提出的纯文本概念：

> 互文性的概念指向文本的衍生力，揭示出文本如何改造先
> 44 前文本、重塑现有范式（文类、话语）以生成新貌。但是，这种衍生力作为文本翻新与创作的一种无限随心空间，事实上无从企及：它受制于社会性的限定约束，并以权力关系为条件。互文性理论本身并不能说明这些社会限制，因此需与权力关系理论相结合，探讨它们如何形塑（和被形塑）社会结构与社会实践。[7]

中国古典文学，尤以文人精英文学为甚，素有酷爱用典之习，对诗人文人而言，在自我作品中频繁自如地引经据典来矜奇炫博和逞工炫巧是一种传统。王瑾曾指出："从前代文学中的鸿笔丽藻中寻章摘句之举……常被（作者）化约为一种惯习而很少意识到其一体两面——渴望原创却践行模仿。"[8]把这些典故视为互文文本加以研究及对其语境的重构予以探究，应算是一种既有趣又有效的方法。滥用历史典故是"才子佳人"类型的突出特点之一，《西厢记》和其他才子佳人戏剧小说，无不充斥着"潘安般貌""子建般才"的陈词滥调，这些表述所指皆为中国历史上才貌双全的知名文士才子，包括宋玉（约

前 290—前 223）[①]、司马相如、曹植（192—232）、潘安（247—300）等。这些历史人物多被奉为“才”兼 / 或“貌”的经典代表，扮演着后世戏剧与小说人物塑造“才子”的角色原型。从某种程度上讲，他们的显赫名声也成了才貌品性的能指符号，而其“真实”的人生故事反而不那么重要，甚至被遗忘了。

本章将采用更为广义的“互文”术语概念，通过将之嵌入多元化的文化话语与意识形态话语中来解读才子形象。克里斯蒂娃指出“这种转变模式……会引导人们将文学结构置于被看作是一个文本整体的社会整体结构中”，[9] 而本书则把才子话语放在传统中国文化中雌雄同体的社会整体规范中，通过考察作为一种“文化无意识”（cultural unconscious）的有关话语与文本，来对更广泛的话语结构进行更细致的文本分析。

阴 / 阳和权力

把才子话语放置于中国传统文化语境整体关照之时不难发现，雌 45
雄同体人格话语在中国文化中的传统源远流长，可溯源至中国人对天地宇宙和人类社会的基本认知上，即“阴”和“阳”。根据儒家社会

① 关于宋玉生卒年存疑，一说其生于公元前 298 年，卒于公元前 222 年。——编注

关系层级结构，隶属于“士”（现任及未来的士大夫官僚）阶层的男性，在与君主的关系中，一直处于屈尊顺从和女性化象征的“阴”性地位。

作为中国文化史上独有的一个由意识形态定义的社会群体，一般而言，“士”既是学者也是官员，这两种职能又与“士”阶层坚守儒家意识形态息息相关。[10]《剑桥中国史》对“士”的定义是：“早自孔子的时代开始，‘士’一词就被用指在德行与文化上能够有资格担任国家官吏的人们。”[11]康纳瑞（Christopher Leigh Connery）除了注意到阉人和女性被排除在体系之外，还进一步阐述说，“如果我们将‘士’定义为在任的、预备的以及卸任的未遭净身的男性官吏的话——我认为这是一个最低限度上的定义——那么有一个客观资质似可描述整个‘士’阶层：能文善书”。[12]

有趣的是，胡适（1891—1962）从语源学上将“儒”定义为“柔（懦、弱）也”；[13]而叶舒宪在对《诗经》的文化人类学阐释中进一步将儒“士”的起源追溯到先周时期的“净身祭司”，[14]他认为这些被称之为“寺”的阉宦祭礼主持，是掌管占卜与祭祀的神职特权群体；“净身祭司”在庙堂之上担任叙述者、记录者或巫师、尹史的角色，甚至还进一步认为“寺”不仅是《诗经》的作者，更是后世“士”的前身。[15]叶舒宪将儒家“双性同体”的人格话语追溯到“寺”这个人类学源头上。这种双性兼具的理想气质在儒家文化诗教传统的“温柔敦厚”中表现得淋漓尽致，尤其是典范“君子”品格应为“温、良、恭、俭、让”。[16]君子话语与才子话语之间的辩证关系，本书将在第三章详论。从身体 / 思想的二元对立角度审视对士的“阉割”可见，最初是对身体的阉残，后来逐渐转变成了儒士思想上 46
的“去势”。与之相联系的“雌柔特质”(feminine)，不是烙刻在他们的身体上，而是植根于他们的思想上；在这之后，他们的行为举止也亦步亦趋、随之相应。

研究“士”的起源和发展是学界经久不衰的话题。人们普遍认为，士原属贵族阶层的最底层，仅略高于平民，有学者认为殷商甲骨文上刻录的“士”字意指“士兵”或“仆夫”。[17]最早的士民群体以其道艺服务于统治者，战时为兵卒，闲时为农夫；到了春秋时期（前770—前476)，该族群文武二分，即为士、侠。[18]为封建诸侯礼待的文士操持祭祀和仪礼、辅佐公子、为诸侯建言献策。在儒家思想于汉朝（前206—220）被奉为官方话语体系的基础上，文化精英士大夫制度化得以确立，“士”拥有稳固的晋升途径，参与意识形态建设，成为合法政治管理人选。[19]然而对“士”而言，科举制度的实施才让知识与权力“携手共进”。初设于隋朝（581—618）的科举制度是政府选拔官吏的主要手段，到宋朝（960—1279）日臻鼎盛，国家权力不再被几大豪门士族垄断。理论上来说，官僚体制招贤纳士的两个标准是品行与学识，因此，“士”的阶层属性已与昔日不同，其边界范围扩而充之，理论上任何受过教育、参加过科举的社群中男子，都有可能成为未来官吏而被视为“士”。

发展到这个阶段，士人群体最突出的特征是他们对儒家思想的循
途守辙，因此在汉代以后他们也被称为“儒生”。儒家的经典成为备战
各级考试和选士的核心内容。考试科目与细则在历朝历代各有不同，
但通常都要求举子对儒家典籍死记硬背、照本宣科，恪守“经典”注
47 疏，也并不奖掖独立思考。尽管并非所有的官吏都是经由应举一途脱
颖而出，但科举制度确实为那些非皇亲国戚、王公贵族出身的举子进
入官僚体制开衢辟径。穷书生凭其坚韧与才学蟾宫折桂而后平步青云
的神话，成为无数举子目不窥园、勤学苦背儒家经籍的强劲魔力。

从传说中古代寺人身体的物理阉割，到明清时才子男性身体的雌柔化表现，儒家的男性气概建构经历着意味深长的性别政治化。总的来说，“士”的社群性雌柔化可被理解成一种集体无意识，可溯源至中国人对天地宇宙与人类社会的基本认知——“阴 / 阳”——之上。阴阳模式不但是解读性（sex）和性征（sexuality）的锁钥，而且有助于梳理中国人生活的方方面面。前文已有提及，这里值得展开。

阴阳二字的词源并不神秘，分指山的北南之面——背阳坡面，晦暗荫翳；向阳坡面，光明普照。正如山之两侧，阴阳乃一物对立之两面，它们矛盾对峙又互依共生，既相辅相成又相反相成。哲学语境中的“阴阳”提法初见于《易经·系辞》：“一阴一阳之谓道。”[20]“道”生于阴阳交互。在中国古代的宇宙图式中，“阴”指向晦暗、月亮、寒冷、私域、受性、顺从意和女性气概，“阳”关联光亮、太阳、温度、公域、创造性、掌控力、男性气概，等等。世间万物皆由这两种

自然之力的辩证互动生成与发展。春秋战国时期（前770—前221），“阴阳学”主要由道家与阴阳家倡导，后者学说强调阴与阳之间的相互制衡、消长和转换。

不过，直到致力于把儒家学说推至官方意识形态高度的汉代硕
儒名臣董仲舒（约前179—约前104），“阴阳”术语才被借用以阐释 48
儒学如何通过维系社会等级制度来实现和谐秩序。冯友兰（1895—1990）在其《中国哲学简史》中提到汉儒将阴阳学说运之于现存社会制度上：

> （董仲舒）“君为臣纲，父为子纲，夫为妻纲”，于是臣、子、妻，即成为君、父、夫之附属品。此点，在形上学中亦立有根据。董仲舒以为“君臣、父子、夫妇之义，皆取诸阴阳之道”。《白虎通义》亦然。盖儒家本以当时君臣、男女、父子之关系，类推以说阴阳之关系；及阴阳之关系如彼所说，而当时君臣、男女、父子之关系，乃更见其合理矣。[21]

奚如谷和伊维德注意到，“表象世界中的万事万物都是阴与阳按照各自比例组合构建的，阴阳最初被认为是天地间万物化生的原初力量，并无高下之分。随着时间推移，人类语言对其不断润饰，那些与男/雄和阳性相关的价值成为主导，其宇宙学意义经由象征化的关联进程而被重塑为文化本身的构成基础”。[22]正是由于阴阳学说被儒

学化，才使得“阳”成为支配性主导，而“阴”降格为驯柔性屈从地位。

较之原初本义，阴阳的含义在儒家话语体系中发生了翻天覆地的变化。在董仲舒看来，“阴阳”指的是五伦——父子、夫妇、长幼（兄弟）、朋友及君臣之间——的主导方与附庸方所构成的基本人伦关系。通过践行五伦，内可使个体生活井然有序，外可延及社会整体和谐共处。每一纲常秩序中，前者应为“阳性”的支配型角色，后者则是“阴性”的顺从型角色。由此可见，每一男子都会兼具阴阳二性：在家的夫妇关系中是“阳”，在朝的君臣关系中是“阴”。因此，在家国同构观念中，担任或即将担任官吏的士人在面对君臣关系时，就如面对家
49 里夫妇关系中的女性一样，被降格到一种驯服、被动、依从的位置上。

郝大维和安乐哲曾指出：“个人实现‘成圣’的儒家模式并不主张伦常与政治、个体与社会、私人与公众之间泾渭分明、各自为政。”[23] 儒家把家庭视为社会的单元，国家只是家庭的延伸，因此社会秩序的建立应自家庭始。父权制通过一套渗透家里家外的单向等级关系来保持运作：父子、夫妇、君臣。社会秩序的维持有赖于“阴”对“阳”的绝对服从。所有社会等级准则都源自“天地之间，理一而已”的层级关系，彰显为“天人合一”。《周易·序卦》所言甚明：

有天地然后有万物，有万物然后有男女，有男女然后有夫妇，有夫妇然后有父子，有父子然后有君臣，有君臣然后有上

> 下，有上下然后礼义有所错。夫妇之道，不可以不久也。[24]

因此，君意就等同天意。人性本非纯善，故要建立王权制。董仲舒曰：“善皆归于君，恶皆归于臣。”[25]基于“臣”与“妇”的同构性，他可谓“士”的阉割手，并在理论上限定了“士”对皇权的驯服屈从。“相”字原义“辅佐、扶助”，这意味着丞相大臣扮演的角色只能是从属的、襄助的，无论他多么精明强干，也只是人君的臣属辅相而已，一切赞美都归于君主。地、妻、臣的从属驯柔地位在《周易》中称之为“地道”：

> 阴虽有美，含之以从王事，弗敢成也。地道也，妻道也，臣 50
> 道也。地道无成，而代有终也。[26]

因此，阴 / 阳代表的是等级制的社会性属话语，而不是生物学上男 / 女的性征分类。一个人的性别身份反映并取决于其社会地位。用托马斯·拉克尔（Thomas Laqueur）的话来说：“在社会性地位远胜于生殖性构建的社会里，生物性别显然不是合法的归宿。”[27]见微知著的例证之一莫过于中国古代的阉宦太监。太监近似于“第三性”，因为很难将其定义为两性的哪一种；然而显而易见的是，标志男性的身体“缺陷”并没有剥夺他们窃据要津、攫取权势的机会，换言之，他们亦能在社会与政治等级中身居“阳”位。纵观中国历史，不计其数的阉党利用皇室宠渥而青云直上、一步登天，甚至大权独揽、太阿在握，有时乃至于成为朝中秉政当轴的实际掌权者。[28]他们的“性别身份”对于博得皇帝宠遇与接受僚属谄谀来说根本不是问题。在私人生活中，他们可以娶妻纳妾、养子续脉，在父权制家庭中也扮演“阳”角。诚然，很少有太监会得到史笔正面评价，但他们被轻慢蔑视的理由主要是因为他们未能接绍香烟、延续家脉，因此归咎并非身体阉割的事实，而是儒家孝道的缺失。包苏珊和华志坚一针见血地指出：“阉割通常不会被认为有损于太监的男人本色，只是对动手阉割他的父亲而言是种伤耻。”[29]所以阉宦被认为“与现代西方观念有别的是，拥有男根‘最’重要的不是满足性愉悦，而是因其象征义”。[30]

51 借女性之口代言的诗人

如果说把夫妇与君臣之间的同构性放在中国古典文学某一悠久传统中最恰如其分的现象，就是用异性恋话语体系比喻男性之间的同性社交关系。尽管这一传统据称可远溯至中国现存最早的诗歌总集《诗经》中的一些爱情诗，但其话语传统最为瞩目也最受公认的起源当属流行于公元前 3 世纪到公元 2 世纪南方中国的骚体诗集《楚辞》。《楚辞》由汉代学者王逸（卒于 158 年）注疏辑录，被认为是屈原（约前 340—前 278）及其弟子所著。诗集中的第一篇也是最知名的一篇即

《离骚》，带有强烈的自传色彩，杰弗里 · 沃特斯（Geoffrey R. Waters, 1948—2007）说它是“一篇政治自辩式的寄情寓言之文”。[31]

屈原生活在公元前 4 世纪末到公元前 3 世纪初。根据《史记 · 屈原贾生列传》这一唯一记载诗人生平的文献所言，屈原出身楚国王室一系，“入则与王图议国事，以出号令，出则接遇宾客，应对诸侯”，是时秦、齐、楚国在战国（前 475—前 221）七雄中国力强盛，秦国为最强者。楚国的外交策略有两种选择：媚秦苟安或联齐抗秦。屈原是朝中极少数的“抗秦派”，最初甚得楚怀王（前 329—前 299 年在位）信任，但后来被朝中联秦派的政敌谗害，“王怒而疏”。怀王不纳屈原之言，贸然入秦会秦昭王，“秦伏兵绝其后……竟死于秦而归葬”。其子顷襄王（前 298—前 263 年在位）即位后不雪父耻，反与秦国议和结亲。屈原不愿杜口绝言，因此不获新王宠幸而被贬谪流放到偏远南疆，“自投汨罗以死”，表达对国家之忠诚和对君王之绝望。屈原离世不久之后，秦国于公元前 278 年攻破楚国都城郢并于公元 52
前 221 年统一了中国。[32] 从今天来看，很难确定这个家喻户晓的故事有多少历史依据，也难以确定屈原与那些归名于他的作品之间的关系。[33] 但自宋朝起，对屈原诗歌儒家正统化的解读，把他塑造成为“忠而被谤”的良臣典型，高度推崇其“忠君爱国”思想，时至当代，亦被奉为爱国精神的典范，以传承民族主义的理念。

《离骚》是一首 374 行长诗，推测作于屈原被疏远流放期间，抒发诗人对“方正之不容”的忧愁幽思：前半篇哀叹世衰道微、人心不古，“众皆竞进以贪婪”“余虽好修姱以鞿羁”；后半篇漫游天界四方、追寻所爱，“路漫漫其修远兮，吾将上下而求索”，却终归失望。

诗人采用象征手法，以夫妇（或情侣）间爱恋叙述及叙述者雌雄同体的身份，指代君臣关系。这一点与本书探讨的主题息息相关。诗人在与君王的想象对话中把自己置于柔顺与依赖的位置上，一方面宣泄自己的不满，埋怨君王不辨是非、听信谗言，另一方面表达对君王的挚情和忠诚，“亦余心之所善兮，虽九死其犹未悔”。尽管“信而见疑，忠而被谤”，也绝不去国离乡。颇足玩味的是，诗人有时是借女性之口代言，将“君王”视为男性，但有时也把贤君、明主喻作“美人”，追寻“她”的诗人则以男性身份进行天界遨游，表现出性别角色的混乱及诗人雌雄同体的属性。

中国内地当代学者刘毓庆以《离骚》与宋代弃妇王氏的一首诗之间做有趣的对比，由此来解读《离骚》表达的一种“弃妇心态”。他特别点出了两首诗中诗人/弃妇共有的“六个心理历程”：[34]

53 一、自我肯定：两位诗人都“从个己中寻找自我肯定的根据，……并从对自我价值的肯定中，获得一份安慰，故《离骚》开篇即言自己尊贵的世系、不凡的生辰、美丽的名字、优秀的才能、特出的品德、超群的志向抱负”。

二、回归母体：就像弃妇返归娘家以求须臾的解脱与安慰，屈原“在遭到种种打击之后，也将目光投注到了家庭”，寻求女媭的务实建议。在诗人遭遇不公和挫败时，女媭是作为诗人的姐姐、母亲和妻子出现的。

三、归依古贤：屈原把自己化身为古贤，“在先贤舜的住所得到临时的精神松弛”，而弃妇王氏“从班婕妤的身上看到了自己的影子”。①

四、结言通情：“放臣、弃妇……把希望寄托在君夫的觉悟上。……王氏也曾修书求通情于故夫：……却无人作伐。……（屈原）所通情的皆是古之一流美人——宓妃、娀女、有虞二姚，尽管做媒的有蹇修、鸩鸟、雄鸠，但却一次次地（因神女的鄙弃或媒妁的笨拙）遭到失败。”华兹生（Burton Watson）曾指出：“这似乎表明诗人求爱失败的神女们都用以指代顽钝固执且难以接近的君王。”[35]

五、卜求出路：对现实绝望，“（弃妇和逐臣）对自我失去信任之后，对神意的乞求”；刘著认为这意味着诗人“已为此丧失了主体意识”。

六、矢志殉情：在现实与幻境中奋争与追寻失望失败之后，他们都“共同发出了死神的呼唤”。

通过对两首不同主题的诗作题旨比较研究，刘毓庆的结论是：“专制文化的强大威力，粉碎了屈原的主体意识与堂堂男子的尊严，而使之降身于弃妇的角色。他的情感、思想、行为、心理，与被弃的

---

① 原文“班婕妤”作“班昭”（约49—约120），按刘毓庆原文出处引诗云：“振衣恣所适，偶入班姬祠。配享古烈妇，异代同贞姿”，当指刘文所指“在儒家思想体系中封圣的贤女”班婕妤。

54 天姿国色完全重合了！一种奴化的人格、一种失据的心态、一种委屈的心情，完全具象化了！”[36]当然，刘毓庆是从当代性别观念角度去解读屈原的“男子气概的缺失”以及封建势力对“士”纡尊降贵的贬抑。

从当今性别话语视角来阅读《离骚》，我们会发现，不管诗人是不是屈原本人，他都算得上相当女性化的形象。首先，在今天的读者看来，他用香花芳草缀饰衣装有种“易服癖”（transvestitism）取向，“扈江离与辟芷兮，纫秋兰以为佩”，[37]“制芰荷以为衣兮，集芙蓉以为裳”，在读者的脑海中浮现出的是雌柔化男子的典型样貌：眉绘蚕蛾弯曲，肩披香草缤纷，头插奇卉繁复，腰缠明珠璀璨……然而，诗的第二部分开始神女追寻之旅时，他的装束又突兀地变回大臣模样：“高余冠之岌岌兮，长余佩之陆离。”这表明了他雌雄同体的形象特质。

需要指出的是，屈原形象的雌柔化更多表现在自我身份认同上而非实际外貌特征上，在诗中表现为他对命运的自恋式伤悼和对时间的焦虑感。他把自己同香草（尤其是兰蕙）相联系，以奇卉意象来表露自己精神思想的纯洁与禀赋品德的高尚。对幻灭无常、世事短暂、人间脆弱的典型阴柔化哀叹，在全诗中反复流露、俯拾皆是，诸如“惟草木之零落兮，恐美人之迟暮”“老冉冉其将至兮，恐修名之不立”。①

---

①《离骚译注》，第 2、13 页；《楚辞补注》，第 6、12 页。

楚宫中屈原与联秦派为争取楚王支持的明争暗斗、阴谋暗涌，被屈原用讽喻（如果算得上讽喻的话）表现为女人们为一个男人夺爱争宠。他对楚国君王的不满与对自身命运的伤悼很容易让人联想起中国古代文学中的弃妇原型。例如，他把自己代入女性角色而将为君王疏远的原因归咎为妒“妇”毁谤、夺“君”之欢：“众女嫉余之 55
蛾眉兮，谣诼谓余以善淫”[①]，再泪眼婆娑地指责君王/男人的反复无常：

> 初既与余成言兮，后悔遁而有他。
> 余既不难夫离别兮，伤灵修之数化。[②]

最体现诗人女性化特质（womanish character）的是他泣涕涟涟、哀婉绵绵。在《离骚》中，诗人在哀悼不幸时数度凄然泪下：

> 曾歔欷余郁邑兮，哀朕时之不当。
> 揽茹蕙以掩涕兮，霑余襟之浪浪。[③]

就如弃妇所为，屈原反反复复强调他对君王之忠并吁天为证：

---

①《离骚译注》，第 19 页；《楚辞补注》，第 14—15 页。

②《离骚译注》，第 9 页；《楚辞补注》，第 10 页。

③《离骚译注》，第 33 页；《楚辞补注》，第 25 页。

"指九天以为正兮，夫唯灵修之故也"。① 他因君王不察其诚，反信其谤，深感挫败："荃不察余之中情兮，反信馋而齌怒。" ② 他竭力称颂自己的美貌、德行和能力，流露出强烈的自恋情怀，可被视为中国古典
56 文学中男子自恋传统的根源。值得一提的是周蕾（Rey Chow）在《男性自恋与民族文化》(Male Narcissism and National Culture）一文中对自恋与文化边缘化关系的论述：

> 我们注意到弗洛伊德（Sigmund Freud, 1856—1939）所认定的自恋者都共具一个相同情形，即都属于局外人的状态——被边缘化的、噤声失语的、弱势无权的——置于一定的距离之外被注视……从弗洛伊德定义的"摈弃者"(outcast）类别这一术语来看，"自恋"可被重新定义为文化边缘化甚至堕落化的结果。[38]

黄卫总在其《文人与自我呈现／再现》(*Literati and Self-Re/Presentation*）一书中，也将使用讽喻寓言传统归因于中国文人的边缘性。[39] 以屈原为例，其边缘性的事实来自从他被逐出政治活动中心而流放至偏远的江滨泽畔。屈原作为有记载的历史中被放逐的第一人，成为后世文学中流徙贬谪主题的象征；他在《离骚》中所使用的讽喻手法以及他的自恋格调，在后代诗人，特别是身处政治舞台边缘

---

①《离骚译注》，第 9 页；《楚辞补注》，第 9 页。

②《离骚译注》，第 8—9 页；《楚辞补注》，第 9 页。

文人笔下的作品里，参互成文、层见叠出。千百年来，“香草美人”一直是中国文学上“象征性”的杰出传统，正如魏理（Arthur Waley）在其《中国古诗一百七十首》(*A Hundred and Seventy Chinese Poems*）中所说，

> ……男性致献女性的情诗自汉代以后便戛然而止，但另一种以弃妇或妾侍口吻代言（性属不限）的情诗传统类型渐次风靡，而唐宋文人对此主题几近沉迷痴爱。这些诗作以一种隐晦的方式读起来有种寓言讽喻的意味。正如儒家集解《诗经》中情诗一样……以男女喻君臣，故诗人在这些古诗中以含蓄之道哀叹自我受挫于兼济天下之志。[40]

《离骚》中的情色意象可谓众说纷纭。一些学者把它当作是同
性情欲书写，认为屈原是与楚怀王有染的朝中弄臣，[41]然而大多数
学者还是将爱恋隐喻视为诗人用以刻画烘托其致力奉献的政治寓言
（political allegory）。本书的关注点并不在于重建作者真实身份和本初
意图，而在于审视身处皇权关系中的“士”是如何被置于雌柔的、被
动的、弱“阴”的位置上的。屈原其人其作正是这一儒家话语的根 57
源，因此对本书关于“士”的“去势”研究意义非凡。

在屈原的时代，儒学尚未取得正统地位，故屈原的思想、性格、作风与孔子及后世儒者有霄壤之别。然而，汉代以来，主要来自集成

古代圣王明贤诗文典故的儒家集解，在一定程度上是把屈原作品“收编”（co-opted）进儒家经典之中，基于阴/阳宇宙图式来把《离骚》中的爱情隐喻解读为君臣关系的政治讽喻就成为主流正统叙事。霍克思（David Hawkes, 1923—2009）在英译《离骚》的导论中指出：

> 《离骚》创作之时，寓言讽喻手法已始见于《诗经》诸作，故《离骚》也必以此法运之以象喻范式。譬如提升对《诗经》中情诗的敬重之义之一途，乃是以男女之情，喻君臣之事，那么《离骚》中的诗人借女子之口谈及其所慕之男子，我认为当然也是使用了这样的象喻之法。[42]

在《楚辞》最早的注释本《楚辞章句》中，王逸就已指明“众女，谓众臣。女，阴也，无专擅之义，犹君动而臣随也，故以喻臣”[43]。“君/夫”与“臣/妇”的类比话语甚至可追溯至比屈原更早的时代。[44]

从某种意义上说，这一隐喻传统成为儒家话语体系中男性身份的构成要件。根据德里达（Jacques Derrida, 1930—2004）的观点，所谓本义与隐喻，就如感性（sensual）与超验（transcendental）的关系一样，彼此依存、不可分割。因此，隐喻的概念，连同所有界定隐喻的意义与指代的表述，本身只是个哲学原理。而语言中的隐含义（metaphorical）与字面义（literal）之分，修辞与逻辑之别，会在把前者当作后者的构成时消失殆尽。正如"'文本'之外无他物"，隐喻之外亦无他物。[45]

在中国古典文学的传统经典中，借女性之口代言的男性不仅限于 58
精雅文士，也包括符合西方主流话语中更具"阳刚气"的威武将士和民族英雄。这里我们详引南宋爱国文人辛弃疾（1140—1207）的一首知名词作。辛弃疾被视为抗击胡虏的民族英雄代表之一，是时中国北方为女真人所据，宋廷偏安南方一隅。辛弃疾生于华北，22岁时便聚众起义，英勇抗金；1162年赴南宋都城临安奉表归宋，未竟其志。从1172年到1181年，辛弃疾在南宋治下任职，无从实现其抗击胡虏、收复失地的鸿鹄之志。他不断向朝廷上书进言献策、主战抗金，不但未获朝廷重视采纳，甚至接连被削官贬职。他的诗（主要是词）多反映个人挫败和失望，其中最广为人知的一首词作，是这首《摸鱼儿》：

> 更能消、几番风雨，匆匆春又归去。惜春长怕花开早，何况落红无数。春且住，见说道、天涯芳草无归路。怨春不语。算只有殷勤，画檐蛛网，尽日惹飞絮。
>
> 长门事，准拟佳期又误。蛾眉曾有人妒。千金纵买相如赋，脉脉此情谁诉。君莫舞，君不见、玉环飞燕皆尘土。闲愁最苦。
> 休去倚危栏，斜阳正在，烟柳断肠处。[46] 59

“伤春”是中国古典诗歌中一个源远流长的主题，常用以表达诗人对时光荏苒的忧心焦思。该词的下阕嵌入的三则历史典故，无不点明诗人身为“逐臣”和典故中“弃妇”之间的身份认同。“长门事”指汉武帝时陈皇后之事：陈皇后（失宠）“别在长门宫，愁闷悲思。闻蜀郡成都司马相如天下工为文，奉黄金百斤，……因于解悲愁之辞。而相如为文（《长门赋》）以悟主上，陈皇后复得亲幸”。[①] 辛弃疾以冷宫弃妃为代言，希望圣上亦能“复得亲幸”自己。下阕中另外两则典故事关杨玉环和赵飞燕。二位宠妃都以惊天美貌、善妒恶名以及不得善终在历史上声名狼藉，在这里被用以指代朝廷中谣诼诬谤的奸臣。这首词可算作《离骚》的后设文本（metatext），诗人以“蛾眉曾有人妒”一句明确运用了屈原之作（“众女嫉余之蛾眉兮”）。然而不言自明的是，就作者的自我呈现（self-representations）来说，二诗在风格上迥然有别。在辛弃疾的时代，以弃妇喻逐臣早已成为一种公认而定型的修辞传统，并对男性文人身份文化的构建具有潜移默化的功能。

尽管学界对“香草美人”的讽喻模式多有留意，但鲜有学者从中国文化中性别认同的流动性与阴阳模式的仪式化角度对其加以阐释。通过对这一有趣现象的政治化解读，我认为在传统中国社会，性别的界定更倾向于权力基础而非生理性征，故男性气概的建构并非对女性气质的全盘否定；更确切地说，男性的身份认同代表的是在权力

① 司马相如：《长门赋》序，载萧统编，李善注：《文选》，上海：上海古籍出版社，1986 年，第 712 页。

结构中的某种政治地位。只有从这一概念化的角度出发，我们才能充 60
分理解中国传统文化表现中何以没有“恐同”现象以及对雌柔化如此宽容。

一言以蔽之，屈原其人其作的传说以及君臣夫妇话语体系之于中国人的性别观念的启示在于——政治威权与性别话语之间密切持久的互动。一方面，“士”的“自我去势化”的话语业已成为中国文人的一种集体无意识，并且反映在后世文学男性气质的表现上。“士”在政治上“雌柔性”的臣服地位使得借女子之口代言的男性文人形象，与西方文学中多与同性间情欲纠葛不清的“娘娘腔”形象相比，可谓判若云泥。另一方面，对男女之别的政治解读是基于阴阳学关联的，按照郝大维和安乐哲的说法就是“反映解释性别差异的一种另样模式，或可为西方学者的研究和实践指明一条收获颇丰的道路”；[47] 艾莉森·布莱克（Alison Black）对中国文化中的性别话语有如下评论：

> 我们可以合理地接受这样一种可能性，即中国形上学和宇宙观的主要关注点超越了社会性别问题本身……或许可以这样说，两性之一都算不上两极观念，“阴阳”不指“男女”不仅在词源学上如此，而且也非恒常或首要之义。事实上，社会性别是取决于太多别的概念的形塑而变成的一种重要概念。[48]

银样镴枪头：才子的柔脆性

或许最能代表文弱书生的，当属《西厢记》里的张生。他纤瘦体弱、多愁多病、善感易殒；性格怯懦如鸡，情感挫败时六神无主，只是长吁短叹或自寻短见。简而言之，以当代西方男性气质的主流话语审视，他跟“大丈夫”毫不沾边。夏志清（C. T. Hsia）指出“他真是一点都不让人信服。对习惯接受更具主见的浪漫主义英雄的西方读者而言，他显得太过意志消沉、太易自我了结，剧末面对郑恒的横刀夺爱也表现得太庸懦无能”。[49]

61 对张生身体和个性的描述，主要通过崔莺莺的情人之眼，例如她在庙会遇见张生时就盛赞他“外像儿风流，青春年少，内性儿聪明，冠世才学，扭捏着身子儿百般做作，来往向人前，卖弄俊俏”。[50]饶有趣味的是，诸如“扭捏”“做作”“卖弄”这类放在清俊书生身上的词语，其实往往是用来描述妖冶媚骚的女子，这样描摹容易给读者观众留下张生雌柔化的印象。在下一折，莺莺重申她倾心张生是因为“他脸儿清秀身儿俊，性儿温克情儿顺”。① 这些溢美之词堆砌出一个容貌姣好、举止文雅的书生形象，很好地证明了“文弱书生”雌雄同体的身体修辞。

张生在整出戏中都看似孱弱不堪。他的健康状况如此差劲，莺莺

---

①《西厢记》，第二本第一折，第 15 页。

园中变卦几近令他一命呜呼："自从昨夜花园中吃了这一场气，投着旧证候，眼见得休了也。"① 他似乎对自己的身体状况自惭形秽，更要紧的是对自己的性能力亦妄自菲薄，例如他在寺中情迷于莺莺的花颜月貌时担心自己的身体："小子多愁多病身，怎当他倾国倾城貌。"② 此话无疑流露出他对男性焦虑和女性性能力的恐惧，指涉红颜祸水、"倾国倾城"的典故就代表着对女性性力的颠覆破坏能量的既有恐惧。此外后文将会详论，这里同时流露出自怜自艾、自轻自贱的心态，也是元代文人所独具的。

张生在剧中或乞怜或致谢，数度跪于莺莺、红娘二女之前（图
2.1），③ 这在儒家文化语境中是异乎寻常的。按照儒家行为准则来说， 62
除非对家慈或皇后一类的女性皇亲国戚，男性向女性跪拜是一种奇耻 63
大辱。当然，这种暂时性的性别角色颠倒是为了凸显张生对莺莺的魂牵梦萦、情深爱重，但也使得张生形象看起来纤纤弱质、力不能支。

他的性格中还蕴含着强烈的焦虑感。其自怜自艾、自轻自贱的个性，亦促成性别角色的逆转。如前所述，这与男尊女卑的儒家话语体系背道而驰。莺莺自荐枕席之后，张生跪在床前，心怀深挚感谢之意和菲薄自鄙之心向莺莺献曲一支：

---

①《西厢记》，第三本第四折，第 40 页。

②《西厢记》，第一本第四折，第 12 页。

③《西厢记》，分见第二本第四折、第三本第二折、第三本第三折、第四本第一折、第四本第一折，第 26、35、39、44、45 页。

图 2.1　张生室中迎莺莺。（乌程凌氏刊朱墨套印本《西厢记》，17 世纪 30 年代）

> 无能的张秀才，孤身西洛客，自从逢稔色，思量的不下怀；忧愁因间隔，相思无摆划。谢芳卿不见责。①

《西厢记》中张生的男子气和性能力常被红娘调侃。红娘是一个值得进行深入研究的角色。她不仅是两位情侣之间的主要撮合者，还是戏中粗词俚语的发声人。奚如谷和伊维德注意到“（红娘）在戏中扮演着为普遍常识和普罗情感代言的角色，而这些往往是卸下伪装或囿于社会地位的情感”，[51] 作为精英文化与通俗文化互动的共同产物，元杂剧须迎合市井民众的品味和欲求。戏中红娘充满性暗示的淫词秽语可视为是凡夫俗子性欲的反映和表达。她对张生的男性气概以及作为理想男性建构才子话语的嘲弄，意味着士绅阶层与平民阶层男子气质话语之间的冲突与对立，而后者的声音往往被表述的霸权性压制与消弭。尽管红娘对张生的才貌赞不绝口，却常拿他的迂腐孱弱来 64
取笑他，对“酸秀才”[52] 的总体评价是“秀才每从来懦”。② 当红娘告诉张生“你的事发了也，如今夫人唤你来”，张生“惶恐，如何见老夫人”，要她帮他说项，红娘嘲讽他的怯懦：“你元来‘苗而不秀’。呸！你是个银样镴枪头。”③“枪头”的隐喻在后世言情小说中多有出现，最为人知的当是在《红楼梦》中林黛玉用此喻来打诨男主角贾宝

---

①《西厢记》，第四本第一折，第 45 页。

②《西厢记》，第二本第四折，第 25 页。

③《西厢记》，第四本第二折，第 48 页。

玉，[53]故而此词暗指男根。在这里，“镴枪头”是讽刺张生性能力之不足。另一处对张生阳痿的影射出现在第三本第四折。张生收到莺莺书简大喜过望，红娘再次调侃他的大丈夫气概：“得了这纸条儿恁般绵里针，若见玉天仙怎生软厮禁。”在这样面向男性读者而又由男性书写的文本里，这些性暗示清晰表明了一种强烈的男性焦虑，下文将详析在蒙古治下中国社会语境中的这种焦虑。

正如布赖滕贝格（Mark Breitenberg）所指出，“父权文化充满事关权势、特权、性欲、身体的父权式臆断，而由它所建构与维系的男性主体性，会不可避免地在男性群体中催生出不同程度的焦虑感”。[54]这种男性焦虑普遍存在于各种文化之中，正如本书第一章所论，在西方的主流话语中，对表现为娘娘腔或同性恋的男性焦虑，是男性气概建构的一个决定性特征。而在中国文化传统中（详见本书第四章），男性气概则主要是在政治与公共领域中加以赋予。这对儒家精英阶层而言尤是如此，因为他们把修身养性，以及更紧要的仕途亨通，作为真正的男子气概的首要标准；故而其男性焦虑主要是来自追名逐利、宦成名立，它完全存在于能指层面。就元代文士而言，他们在政治上被边缘化的事实是他们对自己的男子气概倍感焦虑的社会根源。

65 元朝在中国历史上非同寻常，首次实现了由非汉族一统天下。来自草原游牧民族的蒙古铁骑给中国儒家传统文化带来了严重的破坏甚至倒退，尤其是在他们征服的早期阶段。众所周知，科举考试制度在元朝统治时期被弃置了八十年之久，而即使在恢复科举的年份里，由于蒙古统治阶层的种族分级政策，能够获取官职的汉人也很有限。[55]以德才取仕的制度被以种族为基础的“四民分等”制取代。[56]儒家传统学者丧失了他们实际或潜在的权力，并在政治、种族、社会身份上都被压制以及边缘化。他们的晋身之阶受阻，许多人被迫从事降贵纡尊、卑躬屈膝的生计。民间流传甚广的说法是“九儒十丐”，他们的社会身份竟然只比乞丐略高而已。[57]

元代文人对基于权力与仕宦的儒家大丈夫身份的追求无法实现，导致他们对男子气概的自我认同出现危机。姜翠芬（Jiang Tsui-fen）在对元曲中“性别角色倒置”的研究中指出，元杂剧中的“男人……看似文弱怯懦”，[58]“在这些被矮化的男性背后，是充满自我怀疑和自卑情结的、乔装改扮的儒士曲家本人”。[59]这一危机的产生，不仅是因为蒙古治下汉人士群尽失的权势和边缘的地位，也是基于他们作为中国精英阶层所遭受的耻辱与打击，而后者将男性气概与民族主义联系起来。

正统儒家学说把男性气概视为忠敬君主、恪守政统的道德准则。大丈夫应当坚守其政治理想，“行天下之大道”，无论身处顺境逆境，得志或不得志。因此，孟子对“大丈夫”的定义可谓家喻户晓：“富贵不能淫，贫贱不能移，威武不能屈，此之谓大丈夫。”[60]

然而在面临非汉族征服的宋元时期，诸如岳飞（1103—1142）、文天祥（1236—1283）那样跟胡虏血战到底的忠臣勇将，毕竟只是朝

中的少数派。很多朝廷高官，或在前线战场上速降投敌，或在谈判过
66 程中谋私叛国。他们当中很多人都曾在科举考试中金榜题名，对儒家道义亦是高谈阔论。投敌叛国的行为，彻底暴露了儒生的伪善、无能与懦弱。面对道德危机、良知拷问（*crise de conscience*），元代文人在政治与道德准则上无所适从，正如刘子健（James T. C. Liu）说，

> 然而，对那个时代的很多观察者来说，最令人痛心竟是士大夫阶层所暴露出的可耻瑕玷。堂堂正正的儒家士大夫，投降的投降，投敌的投敌，还有很多人把自私自利的求生欲置于官宦职责和个人操守之上。这一令人无法容忍的不端恶行汇聚成令人无比震惊的骇人听闻。保守派愤而咆哮：可耻！[61]

此外，男性身份认同的危机源于其与国族身份的联系。汉人素来自视为全世界的中心和最开化的族群，而边疆诸邻则被讥鄙为“蛮夷”。就汉人来说，尤以精英阶层为最，要接受被鞑虏击溃征服且被置于四等人制底层的残酷事实，是奇耻大辱。在这一时期的历史、文学与戏剧文本中，民族之耻和（精英阶层男子的）丈夫之辱之间的隐喻与修辞关联比比皆是。[62] 比如忠鲠不挠的抗元领袖、宋末名相文天祥就写下如许诗句：“不是谋归全赵璧，东南哪个是男儿？”[63] 对于以家国尊严为民族气节的族群来说，这种羞耻与震骇，无疑是难以言表且根深蒂固的。北疆胡虏不仅掠地攻城、打家劫舍，甚至还掳走

汉人的皇帝和宗室！[64]很多宋廷宫妃面对女真贵族，要么被逼下嫁，要么惨遭强暴，有些则选择自尽或企图自裁。有一骇人听闻的传言还说高宗之母委身金国亲王为妾，甚至说她遭受金人凌辱。[65]

作为整体的元代文人群所经历的羞辱、惊骇、幻灭与震怒，不可避免地使得元朝男性气质建构和男性主体性的话语迥异于前朝各代。正是在中国历史上这一异乎寻常，但也因此别具启发意义的时段，“才子”形象才得以催生固化。我们可以通过民族性的视角来解读元 67
曲中的男性气质，例如，《西厢记》的剧末庆团圆，作者以红娘对伪才子郑恒的嘲讽来强调张生配许莺莺的合法性，就可理解为中国文人对女性、领土、政治地位的权力诉求：

> 你硬闯入桃源路，不言个谁是主，被东君把你个蜜蜂儿拦住。不信呵去那绿杨影里听杜宇，一声声道“不如归去”。①

讽刺直指蒙古铁骑。这种政治影射在元杂剧中屡见不鲜，借以表露中国男性文人被压抑的愤怒和焦虑。

然而，通过对元杂剧中男性气概表现的精神分析，本书并不能赞同剧本仅以反映元曲家个人挫败或焦虑的简单化观点。借用卡娅·西尔弗曼（Kaja Silverman）的定义，在男性主体性被边缘化中起着重

① 《西厢记》，第五本第四折，第 67 页。

要作用的“历史创伤”（historical trauma）是“历史中析出的，但在精神分析上特定的一种干扰破坏，其影响的深远程度远超于个人心理层面”。[66]历史创伤的影响主要在于社会与历史层面而非个人心理层面，因为据西尔弗曼所说，创伤“将大批男性主体代入一种缺失的亲密关系中，以至于他们至少暂时无法维系与男根性力的想象性联系，因此把他们从身处主导支配的幻想中拉回”。[67]将身体看作政治意识形态生产的场域，特别是对社会紧急事件与文化紧要危机的回应，我们或可发现“才子”的构建与宋元时期文人的震骇、痛苦、羞耻的某些经历有关，因为“历史创伤”影响了文人之于象征性秩序的虚构关系。换言之，这些经历所铸成的社会因素或多或少地使得才子话语偏离了主流叙事（借用西尔弗曼的术语）。

（董雪吟、周睿 译，周睿 校）

第三章

文本性、仪式和『驯柔身体』

高罗佩（Robert Hans van Gulik, 1910—1967）曾写道，中国才 69
子佳人小说戏剧中的大多数男主角，都“被刻画成一个白脸窄肩、文
弱多愁的少年书生模样，大多数时间都耽于书籍和花丛之间，稍不如
意辄病如山倒”。[1] 像《西厢记》的张生就面玉唇红，堪比珠玉。从
明刊本的插图可见，瘦肩、弱质、细腰、媚态的书生身体是高度雌
柔化的。事实上，如果遮挡住书生的幞头束发，他们有时雌雄莫辨 70
（图 3.1）。

本章尝试对文学才华、文本权威与书生文人身体修辞之间的关系加以政治化解读。“身体修辞”这一术语借自福柯的《规训与惩罚》（*Discipline and Punish*）。通过对笛卡尔哲学身心二元论的颠覆，福柯声称身体才是不同权力形态之间斗争的中心，而心灵不过是权力作用于身体的派生物。在《规训与惩罚》中，福柯以谱系学分析揭示了作为知识学问的对象与权力运作的目标，“身体被置于一种政治场域中，其中的权力关系使其驯顺而多产，从而在政治上和经济上都是有

图 3.1 内室中的张生与莺莺。（起凤馆刊本《西厢记》，1610 年）

益的”。[2]对福柯来说，“肉身是驯顺的，可用以驾驭、使用、改造 71
和提升”。[3]训练或强迫身体的这一进程是通过福柯称之为“规训”（discipline）的权力技术来完成的。在每一种文化中，规训总是在所谓“真实”的知识基础上去培育教导某种类型的身体，而某种知识体系的本身是通过权力之于身体的影响而产生的，反过来又通过对心灵的回溯式创造来强化加固这些影响。因此，身体的政治技术便能与权力关系、知识体系和身体肉躯相互关涉。

“才”与文本权力

尽管“士”的角色和地位会伴随时间推移而有所改变，据康纳瑞观察，纵观整个中国历史，这一群体与文本文化之间的联系则是古今一辙。因此，康纳瑞指出，“士”就是他称之为“文本的帝国”（Empire of the Text）里的人。[4]

且让我们来回顾一下“文本”一词所关涉的二元性。如前所述，“文本”一词在后结构主义的惯用法中被赋予更为广泛的含义，实际上可被用来指代任何被视为符号系统的事物，尤其是考虑到非话语因素被日益纳入文学批评中的情况；然而，本章中“文本”定义主要用于文学作品析出的文段。这里讨论的传统中国的“文本”“文本文化”和“文本权威”等概念特别受益于康纳瑞《文本的帝国》（*The Empire*

of the Text)。他在书中对“文本”的解释是:“拙作中‘文本’一词是汉字‘文’的一种对应。‘文’是最常见的‘文武’和‘文质’二元对立中的一方，其并非指涉反义词项的对立面，而是指精雅或‘文明’化的某种程度……‘文’一词的不同含义使人能够了解文本性的本质和范围。”[5] 康著中的“文本”是“由纯书面的语言写成。这种语言的交际权威性并非源于其代表或再现前代口语的能力”，[6] 因此，他认为帝制中国时期存在所谓的“文本权威”(textual authority)，而这种“文本权威”在帝制教育与行政管理体系中占据系列“经典”文
72 本的“制高点”，并凭其核心文本在官僚体系运作中发挥作用，同时也反映了我们对中国历史的了解主要是基于文本的。康纳瑞进一步认为文本生产具有自主性，故文本权威并不完全等同于政治权威，并将中国古代文化没有像其他古代人类文明(如巴比伦文明)那样消亡的事实归功于这一文本性。在他看来，这两种文明之间的差异就像“遗址和书籍”的差别，[7] 因而指出中国古代文化就是一种“文本文化”。基于这一“文本性”的理论思路，康纳瑞主张中国的“士”代表着文本权威与官场之间不可分割的依存性。

特别是在科举制度成为跻身仕途宦海的主要途径之后，依据政治权力的差别可以将“士”一分为二：一类是身处政治活动核心圈，即那些能以中举得名而跻攀到权力体系顶端、晋升至统治阶层中的人；另一类是位列边缘的，包括那些屡试不中的和在权力斗争中落败被逐外贬的人。应举不第的童生不配称“士”，例如，在科考中未能通过

州县最低一级（宋代科考三级中的解试，对应明代的乡试、清代的童试）的不能算作是“士”或文化精英。[8]在明代，不第者不可头戴被视为儒士阶层标志的“方巾”。然而，纵观整个中国历史，“士”确实涵盖了大量在各级科举中未能及第的文人。据统计数据显示，实际上最终成为朝廷官吏的书生不过百一而已，更多的人不得不以塾师、文吏、郎中及其他远逊于他们身份地位的低阶职业维持生计。因此，科举制度为社会培育了成批的士绅精英，他们非正式地参与地方社群的治理，偶尔也会成为不同政见的聚源或农民叛乱的领袖。在中国封建历史上，“士”的这种二元化状况始终如一，不过在像元代这样的个别时期，随着科举制度的废止，“士”被明显边缘化了。处于边缘身份的“士”或许与本书讨论的主题更为贴合，因有官职在身的士人世务缠身，无暇沉浸于言情传统，因而这一文类也素来为文学精英所鄙 73
薄不纳。

既然无法从政治或经济状况来判定“士”的身份，那么界定的唯一途径可能就是基于他们是帝制中国文本生产者的身份。包括本书研究的“才子佳人”故事在内的所有文学文本，都是出自他们之手。因此，言情小说中的男主角或多或少投射的是士子自我的文学化身，这样的说法应无问题。士子与文本，尤其是文学文本的关系，在“才子佳人”故事对“才”的刻意强调就是极好的例证。

用康纳瑞关于儒家文化中文本权威的论点来说，“才”可以理解成从事文学写作、吟诗作赋的才华。毫无疑问，“才”是才子最独树一帜的特征。在明清的才子佳人小说中，“才”是重中之重而远胜于其他品德优点，几乎成为择婿的唯一标准。即使素未谋面，闺秀也常在读罢才子诗赋之后就堕入爱恋之中，因其笃信能写出锦心绣口之文的人必定长相俊美、品德纯良。

“才”主要表现为一种天赋异禀而非一种后天习得的技能。比如，元代爱情剧《墙头马上》里的男主角裴少俊据称“三岁能言，五岁识字，七岁草字如云，十岁吟诗应口”；[9]晚出的才子佳人小说《铁花仙史》中的男主角王儒珍及其友人陈秋遴年仅七岁时诗才便胜过其师。[10]文人书生总是文思泉涌、才思敏捷，在被要求作诗填词时，多能脱口赋诗，下笔成章，顷刻文成。几乎每一部才子佳人故事里，主人公都要被比作据说能七步成诗的曹植。

我们不妨这样认为，将才华横溢的男主角视为文人创作自我标榜式小说的产物是对“才”的推崇，反映出士人的优越感与自恋心态。凭借引经据典而不是耀武扬威的男性表现形式，文人书生多以此来夸
74 耀自己的男性气概。对文本知识与文本产能的自我赏识，既表现在这些世情文学对“假才子”的讥讽，[11]也有作者对才华名望的高度肯定，一如天花藏主人为《平山冷燕》作序称：“故人而无才，日于衣冠醉饱中蒙生瞎死则已耳。”[12]

把文学才华作为文化幻想（cultural fantasy）的这种理想主义，也反映在文人书生及其诗文作品的“美”貌上。换言之，身俊如文，文秀如身，一本才子佳人小说如是定义：“有一分之貌，必有一分之

才。”[13]世情文学的作者认为，超凡品性之“才”，必会外化为清新俊逸之“身”。因此，在《玉娇梨》中，文墨不通的冒牌“诗人”张轨如盗用“真才子”苏友白的诗歌以为己作，投赠佳人红玉；但因其“形神鄙陋，骨相凡庸”“做作万千，装不出诗书气味”，红玉及其父皆心生狐疑。张轨如的狡计随后便告破产，沦为一时笑柄。[14]对“内在”美和“外在”美之间互为表里的呈现，似可归因于“文如其人”的中国传统思想。知识具有“美身”(beautify the body)功能概念来自儒家思想，[15]例如，荀子（约前300—前230）① 重申君子之身能使知识外化而彰显的儒家传统观念：“君子之学也，入乎耳，箸乎心，布乎四体，形乎动静。……君子之学也，以美其身。”[16]“才”的理想主义与神话化取向，也表明了古代中国文本权威的存在。文学文本被视为能反映文人的性格、气质、个性、品味，特别是修身养性的功夫，因此在儒家话语体系里，“道德文章”是评判一个人的双向标准。

在《西厢记》中，促成张生追求莺莺正当化的一个重要情节是孙飞虎事件。张生与莺莺一见钟情，而觊觎莺莺美色的叛将孙飞虎携
五千贼兵围住寺门，胁迫崔夫人将莺莺嫁给他，否则便烧寺杀人、不 75
留一个。崔夫人听从莺莺之计，“但有退兵之策的，倒陪房奁，断送莺莺与他为妻”。张生立应，向驻扎附近，“号为白马将军，现统十万

① 原文如此，一般认为荀子约生于公元前313年，卒于公元前238年。——编注

犬兵”的儿时旧友修书求救。书札文辞典雅、尽合礼数，悉数全录于剧本之中。[①] 故人杜将军接书后即领兵五千、解救崔家。区区文弱书生，虽不能亲自上阵，却能“(君瑞)胸中百万兵”，[②] 只因其懂得如何借调文本之力来击溃五千叛军贼兵，成为崔家合法夫婿。孙飞虎事件体现出文本权威在构建男性气概上所起的作用，无论在具体特定的“才子佳人”故事里，还是在广泛意义上的中国文化中，皆有呈现。张生因其文本上的才能造诣而在剧中被认为深具阳刚之气。在剧中，曲家也以一出戏中红娘的唱词，极好地佐证了文本的有用性和作为文本生产者的书生的价值：

> 谢张生伸志，一封书到便兴师。显得文章有用，足见天地无私。[③]

文本生产与男子气概之间的关系，构成了才子佳人故事中男性建构最为显著的特征之一。才子的文才最为典型的表现就是它本身是一种文化幻想或神话演绎，诡秘莫测的“才”并不存在于现实之中。与生俱来、文思敏捷、独具慧眼、无与伦比的“才华”神话是本书研究的戏剧与小说中男性气概的基本标志。除了儒生的孤芳自赏之外，这

---

①《西厢记》，第二本第二折，第 19 页。

②《西厢记》，第二本第三折，第 23 页。

③《西厢记》，第三本第一折，第 30 页。

种文化幻想还可以归因为古代中国的“文”崇拜现象和科举文化。

在性与爱的男性表现里，文学天赋不但是女方寻夫觅婿的择偶标 76
准，而且也与男方社会权力和虚荣自负紧密相连。文才作为男性气质至高无上的准绳，似乎能弥补诸如年长、羸弱、见异思迁，以及外貌与性能力方面的缺陷等瑕疵。元杂剧中的谐剧《玉镜台》，就有极佳一例来说明对文本之力的推崇可以替代性能力。该剧讲述的是一位翰林学士温峤如何以自己盖世无双的诗才天赋，掳获逞强好胜的妻子芳心的故事。温峤姑母之女名唤倩英，花容月貌、国色天香。一日，姑母延请温峤教倩英习字弹琴，温峤一见表妹即为其姿容所倾倒。恰逢姑母托之在翰林院为表妹留意乘龙快婿，温峤诡称有一翰林学士与己相侔：“年纪和温峤不多争，和温峤一样身形，据文学比温峤更聪明，温峤怎及他豪英。”姑母称是。次日温峤告其姑曰“适才侄儿径去与那学士说了”，并“将这玉镜台权为定物”。夫人不知是计，欣然纳之。直至纳征请亲之时，方知新郎不是别人，正是温峤，然悔之晚矣。夫人气急，要“把这玉镜台摔碎了罢”，但官媒[1]提醒说：“这玉镜台不打紧，是圣人御赐之物；不争你摔碎了，做的个大不敬，为罪非小。”倩英别无可选，只能嫁与表哥，但以老夫少妻之故百般抵拒，婚后拒不同房。听闻此事，温峤之友王府尹邀二人赴局“水墨宴”为之调和，宴上府尹声称：

① 原书误作“温峤”。

> 小官奉圣人的命，设此水墨宴，请学士夫人吟诗作赋。有诗的学士金钟饮酒，夫人插金凤钗、搽官定粉，无诗的学士瓦盆里饮水，夫人头戴草花、墨乌面皮。[17]

77 倩英不愿丢脸受罚，故告温峤“学士着意吟诗”，而温峤故意摆谱：“休叫学士，你叫我丈夫。”只因成亲二月有余，她从未如此称呼他。倩英“无计所奈”，只能应允依随。自不待言，最后温峤“不枉了高才大手，吟得好诗”，赢回夫人爱意芳心。

该剧在很多地方都让人联想到莎士比亚的《驯悍记》(*The Taming of the Shrew*)。二剧中的女性都被视为身体性存在与“驯服”的对象，而男性则代表着身/心二分论的思想性面向。剧中男主都以智识征服了他们的女人，只是元杂剧与莎翁剧的不同之处在于，男性驯驭妻子的独门武器是他的文学天赋。温峤用计娶得表妹，且能言善辩。当他揭秘新郎即自己之时，倩英怒称过去她拜温峤为兄长，如今变成丈夫，于礼不符、于理不合；温峤则加以诡辩：

> 我见他姿姿媚媚容仪，我几曾稳稳安安坐地？向傍边踢开一把银交椅，我则是靠着个栲栳圈站立。[18]

接着倩英又称其母延请温峤任塾师。倩英曾拜温峤为师，而温峤则受束脩之礼。温峤辩称自己已即时回拜，礼数尽“还”：

我坐着窄窄半边床，受了他怯怯两拜礼；我这里磕头礼拜却回席，划地须还了你。[19]

这些把戏花招展现出温峤身为文士书生的智慧与口才，不过所 78
有这些小聪明小滑头显然并不能真正驯柔倩英。洞房花烛之夜，倩英把温峤赶出闺房：“兀那老子，若近前来我抓了你那脸，教他外边去。”[20]面对夫人的强势悍顽，翰林学士显得怯懦无能，只能独卧书房，无计可施，甚至在官媒前下礼长跪，指望她“劝谏的俺夫妻和会”，最后他在倩英面前“做小伏低”，告哀乞怜：

你少年心想念着风流配，我老则老争多的几岁。不知我心中常印着个不相宜，索将你百纵千随。你便不欢欣，我则满面儿相陪笑；你便要打骂，我也浑身儿都是喜。我把你看承的、看承的家宅土地，本命神祇。[21]

只有回到文本生产的域界里，温峤才能重拾自信，最终驯驭倩英。换言之，文学才赋标志着文人书生男子气概最基本也最绝对的构成要素。倩英与丈夫和好相欢，是因为其诗才能为她带来名誉声望和社会地位，插“金钗”即象征之一。这一社会殊荣特权，弥补了其夫的柔心弱骨和年纪落差。值得注意的是，正是皇帝下令“特设一宴”，这就把“才”与“权”直接联系起来：

> 你在黑阁落里欺你男儿，今日呵可不道指斥銮舆，也有禁住你限时，降了你乖处。两个月方才唤了我个丈夫。[22]

行至剧末尾声，温峤方才引以自傲地展露出自己的文技诗艺。作为一个文本生产者，他一扫先前表现的焦虑，对自己的男性魅力志得
79 意满、信心倍增。因此，对男性权力的再度肯定主要体现在社会层面而不是性征层面。拥有“文”的力量，温峤重占上风，不费气力便控驭住了鹜妻，确保了其身为丈夫的权力：

> 我如今举起霜毫，舒开茧纸，题成诗句，待费我甚工夫。冷眼偷看，这盆凉水，何须忧虑，只当做醒酒之物。……想着我气卷江湖，学贯珠玑，又不是年近桑榆，怎把金马玉堂、锦心绣口，都觑的似有如无。则被你欺负得我千足万足，因此上我也还他佯醉佯愚。……他如今做了三谒茅庐，勉强承伏。软兀刺走向前来，恶支煞倒褪回去。[23]

这里对“文”的力量自命不凡地沾沾自炫尤为抢眼，这也可被解读为同样身为男性文士的曲家之自我投射。作为权力的化身，府尹在剧中自矜自陈：“我贵我荣君莫羡，十年前是一书生。”[24]对男性气概与科举文化之间的关系将在下一节中展开讨论。

赋名权力与驯柔身体

中国传统思想在理论上寻求“文”和“武”之间的微妙平衡。“文”含有文明、文学、文化、文雅等意思，而“武”在不同语境中可指军事才能、武功、体力等。[25]春秋时期最知名的兵家人物孙子 80
（前544—前470）主张“故令之以文，齐之以武，是谓必取”。[26]这种发政施仁（文）和严刑峻法（武）之间辩证关系的观点与古代阴阳辩证法是同声相应、同气相求的，并对中国政治产生了深远持久的影响。

然而，由于儒家素来崇文抑武，在中国历史上的大多时候这一平衡总是滑向“重文”一方，费正清（J. K. Fairbank）就说，“武举制度、武将品级、武人官阶等，尽管与文官制是并行对应的，却为士大夫们视之犹芥的”。[27]这一背后隐含着深刻哲学思想与意识形态因素的长期趋势，自宋以降，愈演愈烈。[28]

自汉以来，“士”一直身居于社会的领导阶层，“文”较之“武”享有更高特权、更多优势。尽管历朝各代情形有别，但总体来说，文臣总比武将威望更高、尊崇更甚。事实上，历史上很多知名武将本身也是儒生文士，故美其名曰“儒将”。一般来说，目不识丁或未饱读经书的武士很难被提拔至统帅层的高阶军级。文学一直被视为传统中国里一种不可或缺的意识形态制度（institution），对其重要性最众所周知的烂俗表述就是“文章，经国之大业，不朽之盛事”。[29]对该现象作为古代中国文本权威的表现这一点，前文已有略述，这里进一步阐述儒家以德立国、德行天下的神话。

孟子曾说世上有两类人，“或劳心，或劳力”，故“劳心者治人，劳力者治于人”。[30]这种心/力二元论把脑力凌驾于体力之上，可被视为后世重文轻武倾向的理论基础，反映出儒家追求文明社会和德治政府的理想。概而言之，中国历史上的封建帝制对文教礼乐治国与思
81 想体系教化的重视程度，远胜于武艺军备训练和穷兵黩武扩张，这一显著特征被费正清称为“深思熟虑后的和平反战主义”（a reasoned pacifism）。[31]具有反讽意味的是，中国历史上的大多数王朝都是通过暴力战争而开基立业的，但开国皇帝却在天下初定之后都会不遗余力地培植忠顺文官体系，费正清将此归因为“文”和“武”背后不同的意识形态需求：

> 王朝建立之初都是尚武的，一俟江山初固、基业已定，官僚体制就转向文治了。……诉诸武力的开国之君信奉“天命”，荡平天下之后便要证明天命属己。朝中为官的文吏鄙薄武夫霸主，因为动用“武”力就是欠缺“文”德的表现。[32]

崇文抑武之风气在宋代甚嚣尘上而到达某种新高，借用佐伯富（Saeki Tomi，1910—2006）的话来说就是“也被认为是士大夫文化”。[33]中国古代文明在宋代臻于顶峰，由于宋朝经济繁荣、城市发

展迅猛，所以这一时期被一些西方汉学家称之为“近代早期”（early modern），甚至“资本主义”中国时期。[34]然而，较之16、17世纪的欧洲社会所不同的是，宋代中国在文化舞台上对传统的顽固坚守却令人费解。刘子健将这一现象概述为“转向内在”（turning inward）的文化潮流，“那些带有近代性特征的东西在死板的文化模板中变得僵化顽冥，尽管它们持续发展，但并不能衍生出全新的观念和技术，而是不断内部修正改良”。[35]其最为突出的发展是儒学的复兴，以一种被称为“理学”的全新面貌呈现。刊刻印刷的发明使得书籍获取更易、成本更低，而后者又进一步推动了受教育阶层的发展。更重要的是，以儒家教义为纲的科举制度，特别是理学的经典诠释，“拉拢”（hailed）或“询唤”（interpellated）所有应举士子作为儒家思想体系的主体。[36]伴随科举制度的极大成功，宋代朝政因此以完善老成但
庞杂冗余的文治官僚机构著称。科举考试与官僚机制的制度化标志着 82
“文”的绝对优势性，这也在很大程度上形塑了中国男性气概的观念。

尽管官员选拔考试肇始于汉代、重立于隋文帝在位的589年，但直到宋朝才成为官僚机构举荐人才的主要制度。[37]宋朝也完成了从豪门士族统治到应举选吏治理的过渡，[38]包弼德（Peter K. Bol）把宋朝门阀士族的衰落与士大夫及文士精英的兴起描述成“中国古代史上的大主题之一”：

> 科举制的不断拓深，始自宋朝的977年并在后世持续，这在

> 中国历史上前所未有。与此同时，宋太宗采取行动取消其他通向文官职位的途径，并从整体上提升举子和文官的地位。[39]

新兴的科举制度把儒学推到至高无上的地位，把儒生捧成声望日隆的职业，正如一句家喻户晓的俗语所说，“万般皆下品，唯有读书高”。经籍书卷的日渐普及与儒学思想的广泛传播，都有助于精英阶层和精英文化的繁荣兴旺。从北宋晚期开始，绝大多数的州县兴办起地方官学，使得接受教育比从前更容易。上至名门望族、大户人家，下及闾阎市井、殷富小康，天下男丁都把研习儒家经典视为入仕的不二法门（the only profession）。莘莘学子通常要耗费十年光阴记诵儒家经典及理学集注，还必须掌握如何依照科举规定的儒家正统典则来赋诗作文。如果举场折戟、场屋受困，学子只能孜孜矻矻、不废学业，以待来年应举；然而，不少举子终生应考仍无一中。学子在学业上投入大量时间，而古代贵族喜好的狩猎、射箭等传统运动则多被忽视。
83 “学而优则仕”等观念盛行，读书应举几乎成了文人唯一正事，而三教九流、九行八业“皆列下品”。

文人身体的文学艺术表现与文士宦身行业之间的关系是不言自明的。雌柔化的书生形象在宋元时期开始流行也反映出这一职业的某些特点。科举考试不仅成为一种政治体制，而且也渗透融入了文化的方方面面，更重要的是，它还极大地重塑了大众流行的男性气质建构：一个好男人就该是“十年寒窗无人问，一举成名天下知”，以此光宗耀祖、福孙荫子。正是在这一历史时期和文化语境之下，“才子”成了文学与艺术中的一种流行形象。男子气概的表现风格在宋代经历了深刻变化，而使得纤弱的书生形象蔚然成风，不仅在这一时期的绘画作品中多有所见，而且也出现在话本这一繁盛于12、13世纪的民间口头文学文类的书生形象里。[40]伊沛霞（Patricia Buckley Ebrey）对这种肇始于科举文化的文化转型如此评论：

> 学界久已留意到宋代是男性气概典范普遍转向文人书生型的转折期。这一文化转向在很多层面都有彰显：从用轿乘轿的增多，到集古癖好（包括古玩古董、精美瓷器）的盛行，再到狩猎之风的衰减。典型的文人书生应该是文雅化、书卷气、好沉思或艺术性的，并无须身强力壮、身手敏捷或身当矢石。文人书生形象的流行无疑是受益于印刷术的推广、教育的普及、科举制在人才选拔上的成功以及儒学的复兴，此外还应该受到四夷之邦的影响。宋朝统治阶级精英男性把自己塑造为精雅文士的形象，意在强调中土汉民与北方胡虏之间形成对比，突厥人、契丹人、女真人和蒙古人都偏于尚武形象。悄然把文人的生活方式视为优越也就等于说断定汉人文化要优于非汉民族的文化。[41]

这种男性气质建构依据福柯所说的“驯柔身体”的概念可以理论化：作为知识与文明的能指，文弱书生的形象和“文”的身体修辞

84 在一个倡行培养循吏、顺民的社会里，成为男性身体的支配性主流版本。“士”的职业身份特征带来了他们身体上的转变，而文学与艺术中对这类男性身体的赏鉴偏爱也有助于建构男子气概的儒家范式，文本和文本权威由此成为理解“才子”文弱的关键。此外，霸权支配性权力通过对身体的操控实现对社会的管治，文人书生理想化的身体对帝制君权而言是最为安全放心的，因为它总与驯柔、文职相关联，而与叛乱或逾矩相去甚远；因此，对身体的操控有益于维系一个稳定而传统的“文”化社会，并在中国历史上绵延数千年。这或能部分解释在近代早期欧洲出现类似社会特征的同时，中国社会何以转向内在。

福柯的“规训”代表着与前现代时期欧洲对身体严酷管制旧模式的决裂，以及现代时期对身体重塑定位新模式的转向。这是否适用于宋元时期语境中的中国，是一个需要斟酌的问题。这一问题或许应该结合如中国现代性的早期或然性（early possibilities of modernity）等更广泛的因素来加以检视。大醇小疵的科举制度仍被誉为那个时代的最优选择，选拔人才是根据品德文章而非裙带关系（如家族、政治等）。社会各层的每一位学子，都有机会通过自己的勤学苦读而攀升至权力阶层体系的顶端，这是史无前例的。在这层意义上，每位个体至少在表面上是平起平坐的。可以肯定地说，同时代的文明社会都不如宋朝那样“公平”与开放。事实上，宋元人把“文”作为文明的象征来讴歌颂赞，而崇“文”抑“武”也归因于他们自身之于武力征服中土的“夷狄胡虏”的文化优越感。借用福柯的观点来说，中国社会的早期“现代性”在于实现“规训”的主要手段不是惩戒责罚、以儆效尤，而是赋予中举学子独属于士绅阶层的名望优遇，以及鼓励落第者继续寒窗苦读、“卷土重来”。因此，文化精英至尊至贵的身份为“规训”开启了一套激励机制。正是通过“文‘化’”（civilized）教育和考试制度，权力全面控制了男性的身与心。

值得留意的是，仪式在对身体的这种中国式操控中发挥着至关重 85
要的作用。科举制度本身就是一种身体“规训”的仪式化技艺，服从的仪式始终位居于驯柔的政治主体培养的核心位置，尤以授予荣耀的身份地位为最，譬如状元在京师风光游街、进士还乡时官方报捷等。这些仪式彰显出官方主权的赋名权力。安德训（Ann Anagnost）曾指出：“的确，中国人很愿意借‘正名’（rectification of names）之说应用于任何典型‘中华式’的权力建构中名垂青史的某事某物。”[42]她还认为权力运作是通过其所谓的“类分策略”（classificatory strategies）来实现的，也就是说，权力“通过赋名与类分把人纳入基于道德秩序的等级类属中”。[43]这不仅表现在受过良好教育的文人精英与社会中其他阶层之间的基本区别上，而且显露于科举制度分级考试里及第者的“名衔”体系中，比如进士、举人、秀才等。“士”的身份意味着特殊的社会与法律特权，甚至还能通过服饰衣着予以甄别。各类等级与名衔标志着一个人在社会中享有的地位，能为其光耀门楣、显祖扬宗。因此，类分与“赋名”将个体置于权力的全方位监控中，而这种“制造臣服”的过程与福柯定义的规训式国家的运作机制，在某些方面可能存在一些类似之处。

现代性的早期或然性也表现在科举制场域两相背离的方向中：一方面，该制度作为一种规训式的技术手段在培养驯柔身体方面发挥作用；另一方面，它也依照理学体系的典范理想来塑造身体。这难道不是一种现代与反现代之间的拉锯吗？这一问题相当复杂，值得再作另文详论。

第四章

才子对君子

反讽、颠覆与遏制

雷金庆在他的《男性特质论：中国的社会与性别》一书中，曾对 87
体现“文”的男性特质之“才子”有如下评论：

> 传统中国典型化的“文”人在大众心目中最为等同的，就是不计其数的才子佳人故事里的书生形象。正是这些虚构的书生，具象化地体现了“君子”所应具备的才华品质。从表面上看，这些书生文人都应是秉承儒家学说的具体化身，然而更多时候，故事里的书生却似乎有意与儒家正统背道而驰，给读者以知行不一、名不副实的错觉。例如，先圣孔子就将女子与避之唯恐不及的小人相提并论；然而，在文学艺术表现中的书生，其人生两大要事，却是金榜题名时和抱得美人归。[1]

如果说文/武二元论中的“文”人都是背离儒家正统、沉迷于男女情爱的人，可能就有点过于简单化了，因其模糊了“才子”与“君子”之间的差别。更确切来说，尽管才子佳人故事中的男主角无一例外都是文人书生，但这并不意味着“文”的男性气概必得牵涉男欢女
88 爱、朝云暮雨。换言之，置于文 / 武之辨范式中的男性身份与其之于女性的态度无关，书生既可以是不近美色的“君子”，武夫也可以是贪声逐色的登徒浪子。

前文在对士人的“阉割去势化”与男性身体的制度标准化的讨论中，我们将“士”或儒士视为一个与社会上其他职业身份区别开来的共同体。然而，在“士”的分类体系中也有不同版本的男子气概，这在意识形态的层面反映了统治阶层思想体系与文人精英阶层内部颠覆性话语之间的张力。作为通俗世情文学的一种文学建构，“才子”既具有“士”的共性特征，同时又是在声色问题上与儒家伦理南辕北辙的特殊形象。在本章中，我将进一步深入剖析“才子”话语，即与儒家男性特质的官方话语——“君子”话语——的对立面。二者之间的张力在某种程度上就是私人与公共之间的张力。“才子”的这种逾矩表现可置于明代肯定私欲的社会与思想语境下来理解。本章下节将先简要概述儒家的统合人格（integrated personality）正统话语，即“君子”话语，[2] 以便理解“才子”是如何对其逾越，又是如何被其收编的。

君子：官方意识形态中的“完人”

首先需要指出的是，本节关于“君子”的定义虽然主要援引自

《论语》及其他一些先秦典籍，但这并不是说儒家思想与“君子”概
念是一成不变的不刊之论。儒学就如马克思主义一样不是单一概念，
而是流派众多、与时俱进的。正如高彦颐（Dorothy Ko）所说，“儒家
传统不是铁板一块、僵化顽固的价值和实践体系，无疑，作为一种哲
学观和人生观、被奉为经典的儒家思想体系原则，在历史长河的发展
中保持着相当程度的连续性；但儒家传统的特有适从性，正是通过个
体学者对经典的不断改易与阐释，从而与不断变化之社会现实相适应
的结果”。[3]尽管纵览中国历史，《论语》与《孟子》一直被儒家各派 89
奉为圭臬，但在后世儒学家的各种阐释中，又被赋予了不同的政治意
义。其中常见的策略是以官方话语体系解说《论语》，以消解孔子政
论中原初潜在的颠覆性说辞。[4]

儒家“述而不作”的基本传统，① 让后世儒学家/理学家能够通过对儒家经典的重新诠释来阐发他们的自我观点，同一段文本在不同的历史语境中的阐释可以千差万别。由此可见，宋明时期对《论语》隐含内蕴的理解，已与孔子时代的“原初”本义相去甚远。本书对“君子”的论述，主要结合宋明时期的哲思之辨来与同时期的“才子”话语进行比较研究。

对孔子而言，最理想的人格莫过于“内圣外王”；然而，“圣人”之名只是传说上古圣贤的尊号，人格太过理想而终究难以达成。

---

①《论语译注·述而篇》，第 71 页。

因此，在现实中，孔子实际认同最接近于统合人格“完人”标准就是“君子”——在儒家话语体系中，“君子”在道德层级上仅次于“圣人”。[5]

“君子”一词在前孔子时代就已经出现在古典文献之中。现存古典文献中最早的出处当是《周易》，意为“在位官员”。此后，“君子”在《诗经》中开始承载道德至上的意味，孔子亦沿袭其义，成为《论语》关键概念之一，在 86 章文本中出现了 121 次。孔子以“君子”一词来指称人格高尚、品行端正之人，有时也用以称呼自己及其弟子。[6]译者魏理就明确地指出“君子”词义变迁：

> “君”最常见的义项是指“国君/君主”(ruler)，而“君子”则是“君主之子”(son of a ruler)。该词适用于任何天朝诸侯的王室后裔，故而有了“贵族男子”(gentleman)、“上层士族”(member of the upper classes)的意味。但贵族士人往往受到特定道德礼仪规范的约束，因此“君子”一词不仅意味着世家大族的出身，也有端人正士的德行，而最终，家世显赫的条件变得无关紧要。[7]

90 既然“子”字词源义是“儿子”，那么“君子”显然最初是指君主的男丁后代，由此有了“贤士/贤人/贤男”(virtuous men)之义，不过，“君子”之称仍然基本未涉性别维度。有学者将之英译为

gentleperson，并认为“孔子心目中的‘君子’概念并不具有男性气概导向的阳刚性别意味”。[8] 然而这一观点忽略了孔子及后孔子时代的女性完全被排除在政治和社会舞台之外的事实，因此并不可靠。整部《论语》中只有一处明确提及女性：“唯女子与小人为难养也，近之则不孙，远之则怨。”① 这清楚地表明了《论语》及其他大多数儒家经典都仅仅面向男性受众，并为女性另设一套道德品格的专属话语。[9] 因此，“君子”一词不能用以指代女性，有德之女则被称为“淑女”（英译为 lady）。在儒家话语体系中，女性往往是受压迫、边缘化甚至“被消失”的；与此同时，男性则在某种程度上被“去性别化”（desexualized），即只是皇权的臣属主体而非性别的实体。

因此，《论语》及儒家其他经典中的“君子”话语所体现的统合人格之设定，确切来讲，也是儒家思想体系所拟设的典范男性气概。这种性别观念的定义，有着侧重于道德政治层面而非性征性属层面的典型特征。在身心二元论中，“心”被置于处尊居显的地位；因此，这一话语体系中的男性特质主要通过君子/小人的二元论所构建，而非依据男性之于女/色的关系。这种政治化的男性特质不仅成为精英文士阶级的固有价值观，而且也在田翁野老、凡夫俗子等民间大众中广泛传播，成为根深蒂固的思维定式，从而演变成整个社会对理想人格的“主导叙事”。本书后文还将详细阐释，儒家思想体系在社会中

① 《论语译注·阳货篇》，第 198 页。

高居主导霸权地位，使“男性化”和“儒生化”之间存在一种内在联系。为了继续从政治话语与性别话语的盘互交错出发讨论权力关系，
91 我们不妨认为中国古代的男性特质，正是通过这种话语的交互作用而被皇权所生产、操纵和把持的。

关于这一男性特质主导话语的性的层面，本书后文会再讨论。恰恰由于君子对女色的敏感意识与病态恐惧，我们有理由相信“君子”建构应该包含而非排除“女性”。以《论语》为例，尽管全书只有一处出现“女子”一词，但另一更为吸睛的出处是“子见南子”。这次会面所激起的义愤颇能揭示女性在儒家男性特质上所扮演的角色，[10]而这一点将在本书末章讨论同性社交渴望时予以细论。

这里有必要简单回顾一下《论语》中所设定的“君子”的主要品格参数。儒家话语体系以“崇公抑私”著称，国家被视为是家庭/家族的延伸；换言之，家庭/家族也被政治化为一个公共领域。因此，君子的项领之功在于他对公共事务的不遗余力、全心投入。儒家学说关于君子与小人的话语核心在于“义”与“利”的张力。孔子曰：“君子喻于义，小人喻于利。”① 君子深明大义、致力公义，小人不识大体、关心私利，而这也被当成是君子和小人的天壤之别。[11]在儒家的男子气概话语中，最为强调、最受推崇的是一个人的社会与政治责任感以及他对君王与家国的贡献度。人生价值体现于其人在公共使命

①《论语译注·里仁篇》，第 42 页。

上的凯歌高奏，投身政治事务、胸怀高远志向，是检验“君子”成色的试金石。

君子的道德修养及其社会职务之间是辅车相依的，用郝大维和安乐哲的话来说，“政治参与成为人格修养过程中的必要构成，而个人修养成为担任政治官职、施加政治影响的必要条件”。[12]儒家话语把个人实现的理想状态概括为一句家喻户晓的老话，即君子应当“修
身、齐家、治国、平天下”。[13]这里的“修身”“齐家”被认为是为 92
“治国”管理的准备前奏。或者这样说，“士”的私域生活被公众化是为了服务于“平天下”的终极目的。

因此，儒家的男性特质话语偏于理想化了，追求政治事业被认为是高风伟节，相反，关注衣食俸禄则被看成小人之鄙：“君子谋道不谋食。……君子忧道不忧贫。”①“君子”话语主张致力以德治天下，在构建和谐之大业中奉献，牺牲私人利益之小我。君子应该努力寻求社稷生民之福祉，而不必考虑个人得失与身家安危。这种利他主义精神在宋代理学家范仲淹（989—1052）那里最能体现：“先天下之忧而忧，后天下之乐而乐。”[14]这一名言被看成“以天下为己任的文人宣言”。

君子的道德核心是“仁”，即“仁者，爱人，对他人常持无私和恭敬之心”。[15]孔子格外强调“仁”的重要性：“君子去仁，恶乎成名？君子无终食之间违仁，造次必于是，颠沛必于是。”②

①《论语译注·卫灵公篇》，第 175—176 页。

②《论语译注·里仁篇》，第 38 页。

成“仁”之道在于“守礼”，这是孔子强调的以“克己”和自律为核心观念的一整套社会礼节。仁为礼之体、礼为仁之用。仁是内在品质，礼是外在规范，恰如《论语》中的名言所示，“克己复礼为仁”。① 戴维·欣顿（David Hinton）对“礼”的解释是：

> “礼”由孔子对其重加定义，是指维系社会稳定的社会责任关系网络，涵盖几乎所有社交礼仪，并受制于个人在社会结构中的身份地位。孔子通过将这些人情世故规范准则称之为“礼”而将日常经验自身抬升至神圣域界。[16]

93 因此，君子就是从身体到谈吐、从举止到穿着都恪守儒家道德规范的人。例如在与人相处上，“君子敬而无失，与人恭而有礼”；② 而孔子也对君子合乎体统的举止言谈如是要求：

> 君子所贵乎道者三：动容貌，斯远暴慢矣；正颜色，斯近信矣；出辞气，斯远鄙倍矣。③

遵守礼仪就要求压制与克抑个人欲望和情感，尤其是性欲。由

---

①《论语译注·颜渊篇》，第 130 页。

②《论语译注·颜渊篇》，第 132 页。

③《论语译注·泰伯篇》，第 85 页。

于与本书论题密切相关，故此处稍加展开、详述该点。当被问及达到“克己复礼”这一准则的具体步骤时，孔子释云：“非礼勿视，非礼勿听，非礼勿言，非礼勿动。”① 与禁欲主义不同，孔子并没有谴责非难人性欲望，而是主张“约之以礼”，维持社会秩序与服务公共利益；同理，私人领域应该让位于公共空间，个人欲望应该受控于社会利益。这就构成了儒家关于性的话语独特性。孔子也在《论语》中明确谈到年轻男子克制性欲的必要性：

> 君子有三戒：少之时，血气未定，戒之在色；及其壮也，血气方刚，戒之在斗；及其老也，血气既衰，戒之在得。②

儒家经典《礼记》可谓是传统中国包办婚姻制度的理论基础。儒 94
家非常重视家庭价值观，而符合礼制的婚配姻缘被视为父权制家庭制的根基，在维护社会秩序稳定上发挥着举足轻重的作用。婚姻制作为社会等级制度根柢的重要意义在《礼记》有切中肯綮的记载：“男女有别，而后夫妇有义；夫妇有义，而后父子有亲；父子有亲，而后君臣有正。故曰：‘昏礼者，礼之本也。’”[17]③ 婚姻的社会与政治功能被

---

①《论语译注·颜渊篇》，第 130 页。

②《论语译注·季氏篇》，第 183 页。

③ 台北商务印书馆 1969 年版《礼记》未经眼，另取《礼记正义》互校。原书“昏礼”误作“婚礼”，句读稍别。

如此强调，使得联姻意义远超男女情事本身：“昏礼者，将合二姓之好，上以事宗庙，而下以继后世也，故君子重之。”[18]

包办婚姻制度的特点，一言以蔽之，即“父母之命，媒妁之言”。至少自理学道德准则在12世纪获得官方支配地位以来，包办婚姻一直都是中国主流的婚配模式，并在维系社会序次与管控俗世性事上发挥了至关重要的作用。任何不符合这一形式的男欢女爱性关系都会被斥为“淫”，甚至被视为众恶之极——“万恶淫为首”。权力机制正是通过繁文缛节、僵化琐杂的家庭婚姻仪式规范来操控管治日常的性生活，某些儒家经典甚至说：“男不自专娶，女不自专嫁，必由父母，
95 须媒妁何？远耻防淫泆也”；[19]① “待媒而结言，聘纳而取妇，绂冕而亲迎，非不烦也，然而不可易者，所以防淫也。”[20]

说是“防淫”，即对任何婚外关系的男女之恋防微杜渐，就是要在男女之间划出一条泾渭分明的“道德防线”：

> 男女不杂坐，不同椸枷，不同巾栉，不亲授。嫂叔不通问，……姑、姊、妹、女子子，已嫁而反，兄弟弗与同席而坐，弗与同器而食。……男女非有行媒，不相知名；非受币，不交不亲。[21]

现在，只要一提到“正人君子”一词，马上让人联想到的就是

---

① 台北商务印书馆版《古今逸史》未经眼，另取《白虎通疏证》互校。

他对女性的“合宜”态度。事实上，孔子的君子话语体系中几乎未涉性方面的约束。然而，到了后世儒家，特别是宋明理学那里对孔子的“君子”再阐释之时，这种自律品格就成了君子至关重要，甚至是最为重要的面向；戒欲禁欲、节欲寡欲也在宋明理学的道德话语中臻于顶峰。例如，程朱理学的宗师之一朱熹（1130—1200）认为“人心”和“道心”分别代表“人欲”和“天理”两种不同秩序，强调要不断努力使“道心”胜“人心”，并告诫弟子：“天理存，则人欲亡；人欲胜，则天理灭。”[22] 朱子遏抑人欲、个体生命屈从统治秩序的主张对 96
中国历史产生了深远影响，在帝制皇权对俗世日常性生活的管控中起到非同小可的作用。

简而言之，男性被教导要压制对异性的欲望，才能在政治与公共领域中成为真正的男子汉；因此，性别观点在这一表意符号系统中是“不在其位”的，这是本书最后一章的论点，即儒家的男性特质是在一个同性社交空间而非异性关系里建构的。就身心二元论而言，“心”显然是被置于“身”之上的，君子话语也多适用于“心”的层面。儒家话语体系中的君子是一个没有肉身实体存在的人，通过修身养性之举，希冀凭借知识、美德与正气来实现对天下的掌控。

尽管《论语》是中国文化中关于“君子”公认话语定义的源头，但我们不能不提其他“版本”君子话语的存在，比如君子话语在精英文化、官方文化、大众文化中大相径庭。李克曼（Simon Leys）在其《论语》英译本的导论中指出《论语》中的孔子本人形象与后世（尤指宋后）形塑出的儒士刻板形象有天渊之别：“与传统书生文雅体弱、耽于书卷的典型形象截然不同，《论语》中的孔子崇尚体育锻炼，身手矫健、御马出众、习箭不辍、好渔擅猎，是一位无畏不倦的行者。当时，旅行是既艰苦又凶险的危途。”[23] 显而易见，宋元明时期文学文化中的儒生身体修辞是出自后世建构的，在孔子时代并未成为支配性主导话语。事实上，孔子眼中的“君子”并非腐儒，而是在文质之间不偏不倚：“质胜文则野，文胜质则史，文质彬彬，然后君子。”①

虽然孔子定义的“君子”标准是为了支持个体人格发展，但主要还是基于对社会福祉的考虑而提出的。因此，制定规范更偏于满足维
97 系父权宗法等级制度的需要，而不是为了适从个体的全面发展。这一趋势随着集权专制制度的建立和巩固而与日俱增。到了宋明时期，理学被推至官方正统地位之时，将政治功业与男子气概紧密相连的官方话语，已内化成男性身份的支配性霸权理念。较之《论语》中的“君子”，后世帝制霸权文化中官方化的男性特质，即儒家文化价值观制度化之后的“君子”，似乎表现出更多的“谦抑 / 消极”品格，“诸如克制、忍耐、依顺、因循，缺乏活力和创造精神等”。[24]

本章以“才子对君子”为题，将君子视为古代中国官方男性特质的能指。在官方认证话语体系中，君子代表理想男性，其特点包括恪守主流意识形态、任职为官尽心尽力、全情投入公共政务、遵循既有

①《论语译注·雍也篇》，第 65 页。

社会礼仪、克制个人欲望等。概言之，君子就是一个活跃在公域空间中的人。下文将以“才子”这一存于私域世界中的人，来与官方化男性进行比较研究。

“君子”与“才子”之间的张力

《西厢记》中张生的形象表征是对正统话语中“君子”的戏仿，剧中张生的举止显然是公然拂逆儒家的礼教。在张生与莺莺初会的一出戏中，寺中的惊鸿一瞥，他便一见倾心，痴迷于她的倾国之貌，甚至在莺莺芳尘去后，张生端详遗踪，意淫她的三寸金莲：

> 〔末云〕……休说那模样儿，则那一对小脚儿，价值百镒之 98
> 金。〔聪云〕偌远地，他在那壁，你在这壁，系着长裙儿，你便怎知他脚儿小？〔末云〕你问我怎便知，你觑：
>
> 【后庭花】若不是衬残红芳径软，怎显得这步香尘底样儿浅。且休题眼角儿留情处，则这脚踪儿将心事传。[1]

张生初遇莺莺后毫不掩饰他的性欲渴求：“饿眼望将穿，馋口涎

①《西厢记》，第一本第一折，第3页。原文“〔末云〕”之后有“法聪，来，来，来”；“休题”作“休提”。

空咽。”他见到莺莺便放弃了上京赶考的计划，决定借住僧房，坐待良机，再图相遇。主意已定，他感叹道：“‘十年不识君王面，始信婵娟解误人。’小生不往京师去也罢。”然而，他在选择被女色“所误”上并无半分犹豫，把求爱觅色置于加官进禄之上。这一点，使得其形象与正统君子分道扬镳，最为彰明昭著。

张生求爱于莺莺的表现充满反讽意味，例如在揭露张生某些表面上冠冕堂皇的借口背后真实想法上，蕴含的讽刺口吻意味深长。他恳请法本长老租借厢房时，借口说“旅邸内冗杂”，而他需要一处清净之地来“温习经史”；然而当他如愿获住下榻后，其喃喃自白撕开了他勤学书生的伪善外表：“若在店中人闹，倒可消遣；搬在寺中幽静处，怎么挨这凄凉也呵？”① 张生与长老交谈之时，恰逢莺莺的丫鬟红娘被崔夫人使唤来查看前朝崔相国法事的准备事宜。张生突然“哭科”，恳求长老许他添备香火钱，缅怀自家已故双亲：

99 “哀哀父母，生我劬劳。欲报深恩，昊天罔极。”[25] 小姐是一女子，尚然有报父母之心；小生湖海飘零数年，自父母下世之后，并不曾有一陌纸钱相报。望和尚慈悲为本，小生亦备钱五千，怎生带得一分儿斋，追荐俺父母咱！便夫人知也不妨，以尽人子之心。②

---

①《西厢记》，第一本第二折，第 8 页。原文“倒可”作“倒好”。

②《西厢记》，第一本第二折，第 7 页。

这里引用儒家经典《诗经》之轻佻反而产生了诙谐效果，因为观众都心知肚明，张生幡然醒悟的真正原因在于他的淫心色胆。当长老同意他道场随喜，张生旋即转而询问法聪和尚："那小姐明日来么？"得知莺莺确会到场，他如释重负，泄露出自己的真实意图："这五千钱使得着也。"[①] 滑天下之大稽的是，他在道场上看似虔诚的祈祷也让他的情欲露出马脚：

> 惟愿存在的人间寿高，亡化的天上逍遥。为曾、祖、父先灵，礼佛、法、僧三宝，焚名香暗中祷告：则愿得红娘休劣，夫人休焦，犬儿休恶。佛啰，早成就了幽期密约。[②]

张生在这里搬出列祖列宗和佛家三宝来展示的堂皇孝道，再次被 100
证明不过是其真正欲求下的一个噱头而已。我们应该注意到在儒家道德观中，"夫孝，德之本也"。张生拿这种正统话语奉为圭臬的德行来作求欢寻爱的幌子，实在有点离经叛道。

张生的窥私癖好与孔子教导君子"非礼勿视"格格不入。他色眼迷离地偷窥进庙的莺莺，恐怕是《西厢记》里最风趣的桥段之一，甚至成了后世文学中男子借求神拜佛偷窥女子情节的文本原型。搬至寺

---

①《西厢记》，第一本第二折，第 7 页。

②《西厢记》，第一本第四折，第 12 页。原文"祖"字误作"袒"，"则愿得"作"只愿得"，句读稍别。

中后，张生“问和尚每来，小姐每夜花园内烧香”，他便提前藏身园中石后窃看：“比及小姐出来，我先在太湖石畔墙角儿头等待小姐出来，饱看一会。”[①] 当莺莺携红娘对月祝告时，张生就藏在石背偷听祷词；而当他发现莺莺深感闺中身心寂寞之后便吟诗挑逗。之后，他甚至逾墙赴约、拨雨撩云，却遭到莺莺严词呵斥。张生在再次幽会时方才得偿所愿，与莺莺有了床笫之私。从上述对张生的种种描述中可以得知，“才子”秉性中不可或缺的要素恰在其“轻狂”，代表的是一种对浪漫与性事的不羁姿态。他的这些逾矩行为无疑对正统典范的“君子”礼义构成了挑战。

如果从性别政治的角度阐释张生的情思与散诞的话，张生之于女子与情爱的态度是后世“情”的文化原型，已明显背离了主流意识形态。如前所述，儒家话语仅是将女性视为传续香火的工具，认为“君子”的鸿业远图不容女性干扰；而《西厢记》中的张生却给观众读者
101 留下“志诚种”的印象。[②] 张生初见莺莺即被其美色掳获，从此完全沦陷沉溺。当崔夫人出尔反尔、悔拒嫁女，张生深陷绝望沮丧、几近病死，他跪于红娘之前无助乞怜，要她向莺莺传达心意：

〔末跪红云〕小生为小姐昼夜忘餐废寝，魂劳梦断，常忽忽如有所失。自寺中一见，隔墙酬和，迎风带月，受无限之苦楚。

①《西厢记》，第一本第三折，第 9 页。

②《西厢记》，第二本第五折，第 29 页。

> 甫能得成就，夫人变了卦，使小生智竭思穷。此事几时是了！小娘子怎生可怜见小生，将此意申与小姐，知小生之心！就小娘子前解下腰间之带，寻个自尽。①

正如第二章所述，剧中张生数度跪于莺莺甚至红娘二女之前，这是一种暂时性的性别角色颠倒。这种对女性倾慕的背后，隐藏的是对秉公灭私的儒家话语的逆转。“才子”可以说是——尽管可能只是暂时的——生活在私域世界中的人。他珍视男女之间的真情厚爱，遵从自我内心的欲念激情。较之“君子”的思想观念，他更多地体现出个人主义与平等主义的倾向。张生“透骨髓相思病染”在剧中的夸张表现，歌颂了男女情爱所蕴含的力量。这种耽爱伤情、相思成疾的全情投入，被正统话语体系视为是雌柔女性化且有失体统的，而在“才子佳人”故事里却成为男性士子的优质人品，展现出对男性气质的一种重新认知。

这一“主情主义”（sentimentalism）让人自然而然联想起《红楼梦》中贾宝玉那广为人知的女子崇拜，这一点本书稍后会再加详论。其实张生在很多方面来说都算得上是贾宝玉的原型，二人之间最显而
易见的共同点，是他俩都沉醉痴迷于女子柔情而得“情痴”之名。张 102
生对莺莺的迷恋贯穿全剧，表现得颇为滑稽诙谐，如红娘捎来莺莺幽情暗许的书简，张生却忽地言行迂阔：“撮土焚香，三拜礼毕。早

①《西厢记》，第二本第四折，第 26 页。

知小姐简至，理合远接，接待不及，勿令见罪！”①夏志清在为熊式一（S. I. Hsiung）的《西厢记》英译本撰写文学批评导论时提及张生已完全为情所虏：

> 按西方标准来看，张生可能过于多愁善感了，但他与众不同的独特之处恰恰在于——他完全臣服于爱情的支配，赤裸裸地展示了相思成灾症候表现（从一开始的亢奋激昂、食欲不振，到衰颓消沉、夜不成眠、念及自尽，再到稍见转机便又重整旗鼓、枯树生华）。[26]

然而，由于个中情性相依、密不可分，这里的“爱”与后来明清时期推崇的“情”异轨殊途。时钟雯（Shih Chung-wen）指出在元曲中“爱情是基于肉身满足的一种体验；而西方的爱情观——无论是以贵族男子对宫廷淑女的炽爱热恋为主的中世纪宫廷故事，还是以精神超越为主的柏拉图式情爱传奇——都与元曲家的爱情价值观格格不入”。[27]在《西厢记》中，就算肉欲愉悦不是张生追求莺莺的唯一目的，起码也是其目的之一。[28]云雨之欢后张生跪于莺莺榻前，他的唱词语带玄机，除了表达由衷的宽慰与感激之外，仿佛还庆贺炫耀自己得偿所愿：

---

①《西厢记》，第三本第二折，第35页。

〔末跪云〕谢小姐不弃，张珙今日得就枕席，异日犬马之 103
报。……我将你做心肝儿般看待，点污了小姐清白。忘餐废寝舒心害，若不是真心耐，志诚捱，怎能够这相思苦尽甘来？①

性在剧中的意义至关重要，正如奚如谷和伊维德指出，“(《西厢记》) 充斥着色情想象与性暗示，主要采用双关语的形式；而中外评家学者大多对这一点缄口不言”。[29] 我们甚至可从《西厢记》里最脍炙人口的名诗中找到性暗示的影射意味，即莺莺邀约张生的那首诗：“待月西厢下，迎风户半开。隔墙花影动，疑是玉人来。”② 值得玩味的是，诗中以“户”字指代“门”使人不禁联想到汉语中指代女性阴私的名词。因此，“户半开”可理解为一个充满性暗示的双关语。剧中还有一些性暗示表现得直来直去、毫无顾忌。例如，逾墙幽会被莺莺拒绝后，张生沉疴难起、几近命悬一息之时，崔夫人请来太医诊疗，张生绝望叹息道：

我这颓证候，非是太医所治的。则除是那小姐美甘甘、香喷喷、凉渗渗、娇滴滴一点唾津儿咽下去，这屌病便可。[30]③

---

①《西厢记》，第四本第一折，第 45 页。

②《西厢记》，第三本第二折，第 35 页。

③《西厢记》，第三本第四折，第 40 页。

正如我之后要提到的，尽管稍悖于父权制道德准则，但《西厢
记》的男性身份认同与男性主体性仍未脱离父权制意识形态的框架体
系。与《红楼梦》等晚出作品不同，《西厢记》中的“情”与“性”
紧密相关。换言之，崔莺莺是性欲的客体而张生则为性欲的主体，因
而《西厢记》中的性别逆转只是“暂时性”的，剧中的性别政治并没
104 有发生根本变化。然而，张生形象对研究传统中国文化中的男性气质
建构深具意义，因其代表着“情教”（*qing* cult）语境下另一种男性气
质开始萌芽，本书下一节将就此加以详论。

“情”：敏感性与颠覆性

“才子”话语的两大构成基石非“情”与“才”莫属。我们在第三章讨论过“才”作为文学文本生产的能力，并探究了其与理想化男性身体之间的关系，这里我们来分析作为颠覆性话语的“情”以及另类化男性身份。

从汤显祖的传奇《牡丹亭》到曹雪芹的名著《红楼梦》，明清言情文学深受晚明重“情”哲学思想潮流的影响，学界对这一共识抱持广泛的学术关注。[31]这里所要强调的是，“情”的概念不同于西方的“爱”（love），而个中差异正可管窥中国式浪漫主义/言情传统中的男性气概是如何构建的。

在哲学思想领域，王阳明（1472—1529）以“圣人之道，吾性自足”为根底，开创了更具个人化色彩的“心学”，而与程朱理学的“天理观”分道扬镳。王阳明及其门人认为“心即理也”，天道人心万物一体，“圣人之道”存于每个人内心的“良知”，从而为个体发展与自我表达另辟蹊径。王艮（1483—1541）所创的泰州学派则更彻底地发挥了这些新观点，其学说思想因而被认为是“最近似于现代西方个人主义”的学派。[32]不过，高彦颐曾敏锐地指出说：“在区分爱与欲、导爱归于德方面来说，‘情’的概念仍然免不了一股正统儒家观念的味道。”[33]

至于文学创作上的“情教说”，从冯梦龙（1574—1645）为一部收录了八百余篇世情文学的小说集《情史》之序中可见一斑。冯梦龙在序中把“情”推尊为维系所有人伦关系的至高法则：

> 天地若无情，不生一切物。一切物无情，不能环相生。生生 105
> 而不灭，由情不灭故。……我欲立情教，教诲诸众生。子有情于父，臣有情于君。推之种种相，俱作如是观。万物如散钱，一情为线索。散钱就索穿，天涯成眷属。……[34]

这段文字托以佛偈之体写成，这里值得注意的是，君臣关系和父子关系——儒家人伦关系的两大支柱——被冯梦龙重新定义。高彦颐曾说：“标志这些关系不再是忠孝节义的传统品德，而是发自内心的情感共鸣。换言之，人的情感软化了纲常权责义务的界限棱角，播撒下更趋平等互惠的萌芽种子。”[35] 虽然冯梦龙试图让“情”适从于儒家道德，但是“情”的话语体系中包含的颠覆性因素却是不言而喻的。事实上，“情”代表的正是对置于正统儒家道德话语体系下的社会准则的一种挑战。

迎面而来的问题是：“问世间情为何物？”“情”最常释为“爱”，但本书即将论述，“情”与“爱”有着霄壤之别。（与本书其他很难英译的关键词一样权译为汉语拼音，这里“情”字译为 *qing*。）首先，“情”绝不仅仅指代男女之间的浪漫爱情，而是包涵更为广泛的人际关系与情感，冯梦龙说“一情为线索”，系连“万物”。它是人类情感中最低的共同点，是人际关系的基本范式，是人伦之本。根本上来说，“情”是之于世间万物的某种感性 / 敏感性（sensibility），不仅是对人类实体，也可寄于山岳、川流、鸟雀、草木等自然造物。这种感
106 性外化而成个人化的抒情达意，最好的体现就是贾宝玉的敏感性格。他也因此成为“常人”眼中的“呆气”公子：“时常没人在跟前，就自哭自笑的；看见燕子，就和燕子说话，河里看见了鱼，就和鱼儿说话；见了星星月亮，他便不是长吁短叹的，就是咕咕哝哝的。且一点刚性也没有，连那些毛丫头的气都受到了。”[36]

这种对宇宙万象的敏感性是诗意本性的，代表对人间社会的情感重构，因而在中国言情话语体系中，“情”与“才”同样不可或缺。“才子佳人”故事中的“才”特指“诗才”，即作诗禀赋而非经史之

才。[37] 正因如此，“诗才”也体现故事主人公“有情人”的身份，而成为最受情人青睐追捧的品质——“才与才相和，方才爱慕生”。[38] 在明清“才子佳人”小说中，“才”与“情”常并称“才情”，以示两者之间的交互关系。一对恋人因诗才而互生倾慕之情，而倾慕之情又能赋予诗才灵感。在这些世情文学中，“才”郎都是“山川秀气所钟特异”，[39] 而非随便什么粗鄙俗物。这种超凡之“才”背后蕴含的是一种敏感性，试图通过感性的方式理解世界，从而构成对官方意识形态的一种颠覆。

其次，“情”与“爱”的本质性区别在于，作为情感情绪的“情”不一定涉及性满足。为了将“情”纳入儒家道德体系，或是遏制其颠覆性，“情”的倡导者费尽心思要在“情”“欲”之间划出一条泾渭分明的界限，并力图压缩情的“性”空间。洪昇（1645—1704）在《长生殿》的第一出中迂阔宣称：“臣忠子孝，总由情至。”[40] 这也是从“情”入手来重新解读儒家道德典范，同时将“情”纳入儒家霸权意识形态中。吴人评述《长生殿》的中心主题时将“情”“欲”关系总结
如下：“情之根性者理也，不可无；情之纵理者欲也，不可有。”[41] 因 107
此，他要通过有别于“欲”来界定“情”：“人受天地之中，以生所谓性也。性发为情，而或过焉，则为欲。”[42]

强调“情”的去“性”化本质标志着“性”与“情”的异路殊途，因此，《西厢记》等早期杂剧对肉欲之求和云雨之欢浓墨重彩的刻画表现，随着“情教”蔚成风气以及对“纯”情的日渐强调，已经

在明清时期的“才子佳人”小说中消失殆尽。人们称颂的是恋人之间由“才”（或“敏于诗”）而生的真情，而逾矩的性行为描写则寥寥无几。前文讨论过的《好逑传》就是一鲜活个例——一对恋人即使孤男寡女同处一室过夜，也未涉私情。

言及对“真情”的推崇，就不能不提到《牡丹亭》。其题词中那段有关“情”的魔力的文辞屡经广征博引：

> 天下女子有情，宁有如杜丽娘者乎？梦其人即病，病即弥连，至手画形容，传于世而后死。死三年矣，复能溟莫中求得其所梦者而生。如丽娘者，乃可谓之有情人耳。情不知所起，一往而深。生者可以死，死可以生。[43]

在汤显祖看来，“情”是与生俱来的人性本质，“有情人”因此也秉持内在固有、自生自发的天性，成为一种超越阶级、性别、社会限制的身份。尽管《牡丹亭》中也有关于性逾矩的描写，但与《西厢
108 记》中的越礼迥然不同，丽娘的春梦只在阴间方才实现。剧作家先让丽娘夭逝，在“情”与“性”之间划清界限，这样当她死而复生、嫁为柳妇时，她依然是玉洁冰清的节妇贞女。因此，李海燕（Haiyan Lee）曾指出：“作为‘有情人’的丽娘，与作为性象征、生育体的丽娘，被生与死的鸿沟巨壑分隔两端、云泥异路。”[44] 因为丽娘的性颠覆力量是其死后在阴间释放的，故性被逐于冥界的意义在于将“情”

与“欲”相隔绝。

尽管受到种种遏制，但“情”所蕴含的颠覆性却不容否定。在某种程度上说，“才子佳人”故事颠覆性元素的多寡厚薄取决于对“情”主题的强调程度。周建渝就曾颇有见地地指出“才子佳人”故事的主题倾向，从《西厢记》《牡丹亭》等早期戏剧中的“情”，让渡与《玉娇梨》《平山冷燕》等后期小说中的“才”。[45] 贾宝玉无疑是这一理想化“情”的化身，他的形象具有显而易见的颠覆性和异见性，代表一种全新的、叛逆的男性主体，并以此挑战父权制的象征秩序，这一点后文还将论及。不过大多数“才子佳人”小说中呈现出的颠覆性表现都更显温和、更易被包容，只因其强调的是“才”本身而非男女之间的真性情和性逾礼——在被对方诗才吸引之前，男女恋人多是素不相识的；而在《西厢记》这类更早的杂剧中，肉身欲求显然在彼此堕入情网中起了关键作用。

“性”之于儒家秩序的颠覆性也体现在“色隐”观念，即把性视作一种避世之道。在一些“才子佳人”小说中，文人书生最终挂冠辞官，携佳侣归隐山林江湖。《红楼梦》中的贾宝玉也决意摈绝仕宦而混迹于女子之间。明人卫泳在其史料笔记对“色隐”详加阐释：

> 古未闻以色隐者，然宜隐孰有如色哉？一遇冶容，令人名利
> 心俱淡，视世之奔蜗角蝇头者，殆胸中无癖，怅怅靡托者也。真
> 英雄豪杰，能把臂入林，借一个红粉佳人作知己，将白日消磨， 109

有一种解语言的花竹，清宵魂梦，饶几多枕席上烟霞。须知色有桃源，绝胜寻真绝欲，以视买山而隐者何如。[46]①

最后应该指出的是，这种重“情”的浪漫主义与西方文学中的浪漫主义存在本质差别，后者是18、19世纪倡导放飞想象力、放任个人主义思想以对抗古典主义或新古典主义的文化思潮。尽管盛行于明清社会的“情教”也支持个体、直觉、自然的情感表述，但《西厢记》之后的“才子佳人”戏剧小说却逐渐流于僵化的情节模式——即所谓的“套路”。这些戏剧与小说的叙事框架、情节模式、人物角色和修辞风格都如出一辙，绝少有“天然去雕饰”的情意和个人风格的自然情感表述。这些“浪漫言情”剧的喜剧结构，被后世戏迷戏谑总结为一首打油诗：“私定终身后花园，公子落难中状元，奉旨成婚大团圆。”除了不能被严格地算成是“才子佳人”小说的《红楼梦》之外，本书所讨论的其他故事都千篇一律地落入这一模式窠臼中。尤为重要的是，这些戏剧和小说中的“才子”与“佳人”的形象过于刻板机械，以致变成一种文化建构的定式而非鲜活的个性创作。不过考虑到“才子佳人”故事民间通俗娱乐的起源，以及整个中国文学“述而不作”的传统，我们就不难理解中西方“浪漫主义”之间有根本区别的原因了。

① 原文“清宵”误作“消宵”。

“才子”是如何炼成“君子”的

前文已述“才子”是生活于私域世界中的边缘化人物，这不仅 110
体现在其对女色的态度上，也表现在其对仕宦官场的立场上。不过，“才子”并非叛逆英雄。“才子”话语总是被支配性主流话语匡正或“收编”，后者甚至会“制造”前者并加以遏制。首先需要提醒的是：大多数“才子”世情文学——比如张生——都发生在他们上京赶考的路上；换言之，“才子”只是“君子”正式进入公域世界前的一个短暂阶段。由于这类青年书生恃才傲物、自视甚高，对蟾宫折桂踌躇满志，因而得以用偶然的不恭行径来嘲弄道学传统；而及第后定会重回“正途”，是可想而知的。

冯梦龙在《情史》序中将其收录情爱故事的社会功能总结如下：“虽事专男女，未尽雅训，而曲终之奏，要归于正。善读者可以广情，不善读者亦不至于导欲。”[47]这体现了“才子佳人”故事的思想特质。这些戏剧小说中的道德逾越和对礼制的挑战最终被合法化了，故其颠覆性因素最终仍是“为‘权力’作嫁衣裳”。大多数情况下，这一进程会以“才子”高中状元，一夜间赢得声名、官禄和佳人之后，通过双方的合法婚姻来实现。

“才子”话语与“君子”话语之间，实际上是一种辩证的互动关系。事实上，言情剧中那些看似反传统的“才子”形象，从未越过主流意识形态所能容忍的雷池半步。最终“才子”不可避免地为主流意识形态收编并纳入“君子”养成的正轨之中。

我们再拿张生为例。尽管看似浮浪不经，但他并非一位浪蝶狂蜂般的浪荡之徒，而是一个天资聪颖、方正不苟、敏以求知的寒门士
111 子，胸怀气凌霄汉的鸿鹄之志。如前文所述，儒家界定“君子”的首要标准是他应该心怀侍奉主上、报效国家、造福苍生的政治抱负。张生初次登台亮相时吟诵壮阔黄河的长曲，就很好地展现出他的宏图大志：

> 九曲风涛何处显，则除是此地偏。这河带齐梁，分秦晋，隘幽燕。雪浪拍长空，天际秋云卷，竹索缆浮桥，水上苍龙偃。东西溃九州，南北串百川。……滋洛阳千种花，润梁园万顷田，也曾泛浮槎到日月边。①

黄河的磅礴气势在这里正隐喻了儒生的“青云之志”。身为一名穷书生，张生胸有大志、志存高远，梦想自己能够踏上仕途，报效家国、泽被苍生，一如黄河“滋洛阳千种花，润梁园万顷田”。这是儒家思想体系所定义的男性特质话语的典型例证。

此外，“才子佳人”类型实则是婚恋理想主义的文学性建构，通常与儒家性别话语亦步亦趋。尽管有一些性逾礼行为，但才子和佳

---

①《西厢记》，第一本第一折，第2页。

人都把自己归入儒家的“君子”与“淑女”话语体系中。在《西厢记》里，张生和莺莺多次自称，也被助他们一臂之力的旁人（如红娘、杜将军）称为“君子”“淑女”。例如张生初遇莺莺之后就信心 112
满满，认为依据儒家性别话语的定义，他俩是天作之合：“非是咱自夸奖：他有德言工貌，小生有恭俭温良。”① 这里张生引用关于君子、淑女的道德与行为准则的两处知名典故，皆出于儒家经典。前者见于《礼记·昏义》：“古者妇人先嫁……教以妇德、妇言、妇容、妇功”，[48]② 后者见《论语·学而篇》对君子的“五德”要求（温、良、恭、俭、让）。③ 作为皇权代表的杜确将军应许张生、莺莺婚事，以为莺莺嫁张生乃“淑女可配君子也”。④ 莺莺亦非浮花浪蕊，除了婚配之前与张生有私，她总体上符合儒家话语对淑女的种种要求。从剧中可知，她不仅诗才卓著，也工于女红。女红是儒家话语体系力倡的女德之一。当张生收到莺莺为他亲手绣制的针线活儿，不禁唱赞：“怎不教张生爱尔，堪与针工出色，女教为师。”⑤ 就像大多数通俗世情文学中的男女主角一样，二人的性逾礼最终被婚约合法化之后，这对璧人就成了主流意识形态所吹捧的价值观与道德观的完美典范。

---

①《西厢记》，第一本第二折，第 8 页。

② 原书将“妇功”置于“妇容”之前，据《礼记》原文改。

③《论语译注·学而篇》，第 7 页。

④《西厢记》，第二本第二折，第 20 页。

⑤《西厢记》，第五本第二折，第 59 页。

如前所述，以男女真情为主题的赞颂美谈并未让剧中的性别政治改辙易途，女性仍然被锁于幽期密约的欲望对象、结发之后生育工具的位置上，而男性则充当欲望主体，在进京路上尽享风流韵事。剧中对女性的物化（objectification）透露出加之于女性的驯柔性和屈从性之文化烙印，是中国文学司空见惯的修辞传统。张生高中进士后抱病
113 京城之时，差童仆向莺莺一家传信报喜；莺莺遂令童仆捎带回书，并附上六件礼物："汗衫一领，裹肚一条，袜儿一双，瑶琴一张，玉簪一枚，斑管一枝。"[①] 红娘问及"这几件东西，寄与他有什么缘故"，莺莺解释道：

〔旦云〕你不知道。【梧叶儿】这汗衫他若是和衣卧，便是和我一处宿。但粘着他皮肉，不信不想我温柔。〔红云〕这裹肚要怎么?〔旦〕常不离了前后，守着他左右，紧紧的系在心头。〔红云〕这袜儿如何?〔旦〕拘管他胡行乱走。[②]

至于瑶琴、玉簪和斑管，都是为了提醒张生铭记二人缱绻情史，勿令秋扇见捐、徒生白头之叹。怀有强烈不安全感的莺莺，以汗衫和袜儿为隐喻，提醒张生记挂她的身体。把女性身体物化为衣裳在男权文化中屡见不鲜，其亦表明了传统中国社会中女性主体性的关键性缺

① 《西厢记》，第五本第一折，第 57 页。

② 同上。

失。[49]从这层意义上来说，《西厢记》及本书涉及的其他“才子佳人”故事皆未僭越既有的父权制象征秩序，也没逾越男性特质与女性特质的主导性规范。

最后还有一点很重要，“才子佳人”故事最具标志性的特征之一，
是在陈腐的“大团圆”结局中，通过包办婚姻使婚前的性逾越最终
得以合法化。张生性格中的离经叛道，以及他与莺莺的逾礼私情，都
随着张生科考高中以及与莺莺合礼成亲而为官方统治地位的意识形态
所收编。乔纳森·多利莫尔（Jonathan Dollimore）指出：“颠覆与逾
矩并不完全只受制于法律制裁，而事实上是由法律在一个错综复杂
的（再）合法化进程中创制而生的。”[50]“才子佳人”故事文类可被 114
视为在颠覆与遏制之间辩证互动的一种实例。因此，才子与佳人的逾
礼情恋总会以君子与淑女复礼结亲的方式来欢喜收场，正如张生带着
官衔、名望和财富回来迎娶莺莺所唱，“门迎着驷马车，户列着八椒
图，娶了个四德三从宰相女”。① 金榜题名、大魁天下，最终实际上赋
予了张生迎娶莺莺的合法性，直到剧末我们才看到，使得张生如虎添
翼，胜过武将、蛮夷、贵族、仕女的“真德”之力，只能源自科举考
试；也正是此“真德”之力，终令其摆脱了“银样镴枪头”的阴影。 115
（图 4.1）

另外值得注意的是，尽管他们的性逾礼是对儒家君子淑女行为规

①《西厢记》，第五本第四折，第 68 页。

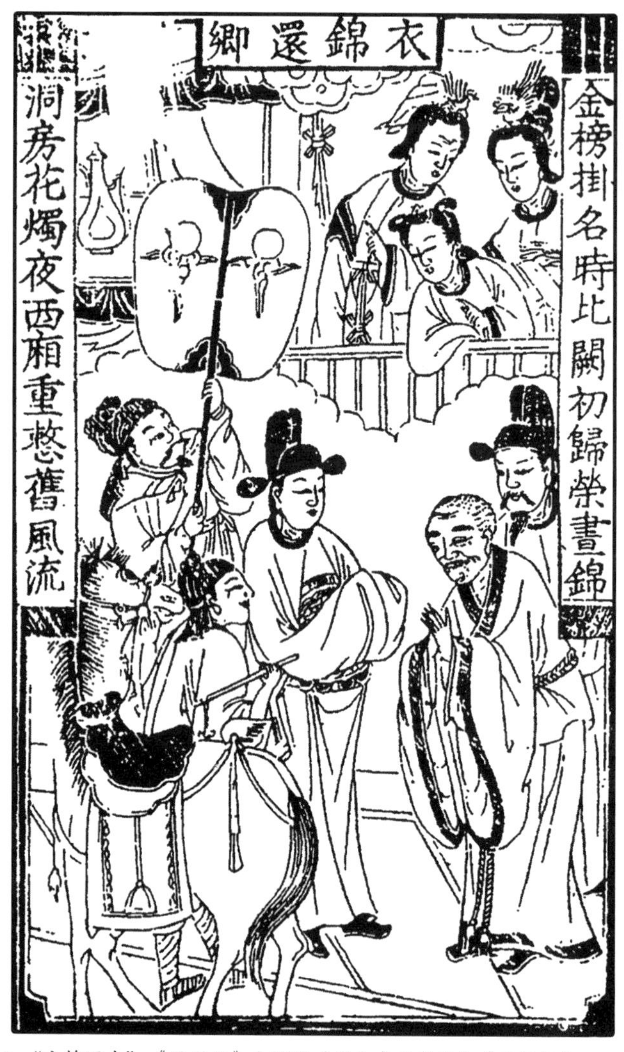

图 4.1 “衣锦还乡”:《西厢记》大团圆（熊氏忠正堂刊本《西厢记》，1592 年）

张生的官袍玉带、高头骏马及其身后宫廷礼扇都是官僚体系的象征，女性的凤冠霞帔也是皇帝钦赐册封高官夫人的身份象征。

范的极大冒犯，剧中也为这一行为多次托词自辩。寺庙为乱军所围而危在旦夕时，崔夫人声言“但有退得贼兵的，将小姐与他为妻”，而张生救崔家于乱军之中，“兵退身安，夫人悔却前言”。儒家道德准则对信守承诺极为推重，“信”置于儒家“五常”之中，是其道德修养的重要一环，言必信，行必果，君子一言，驷马难追。崔夫人既然当众将女儿许配与张生，她的食言就令其处于道德劣势。因此，莺莺的婢女红娘能在东窗事发之时挺身而出，义正词严地据理力争，“非是张生、小姐、红娘之罪，乃夫人之过也”；[①] 甚至还搬出《论语》来争辩：“信者人之根本，‘人而无信，不知其可也’。”[②]

张生在花园被莺莺拒绝后大病一场。其实莺莺对与张生有私是前瞻后顾、踌躇不决的：她先是给张生传诗寄简、暗约偷期，而张生逾墙赴约相会，她又转意变卦，严词相斥：“先生虽有活人之恩，恩则 116
当报。既为兄妹，何生此心？万一夫人知之，先生何以自安？今后再勿如此，若更为之，与足下决无干休。”[③] 此后张生病体日笃，饱受相思之害，而莺莺又最终决定某夜亲赴张生书斋。她的违礼越矩的主要托词是张生有“活人之恩”，所以她不想“送了他性命”，故她出于大义、以“身”相许的越礼之举是合情合理的。

他俩逾礼之恋的私情，经由儒家婚姻制度之“父母之命，媒妁

① 《西厢记》，第四本第二折，第 47 页。

② 同上。

③ 《西厢记》，第三本第三折，第 39 页。

之言”两大基本条件加持之后而“止乎礼义”了。除了崔夫人的应允起了“父母之命”的作用之外，红娘的“媒妁之言”的效用也值得留意。在元稹《莺莺传》中，红娘只是一个微不足道的小配角，但到了“董西厢”和“王西厢”，她的戏份变得越来越重。通过传书送简，红娘实际上充当着二人之间的媒妁角色。红娘为（正）媒的身份在戏中屡被提及，例如，莺莺、红娘长亭送别张生进京赴考，红娘唱道：“那其间才受你**说媒红**，方吃你谢亲酒。”[1]总而言之，尽管《西厢记》中自由恋爱话语不断与包办婚姻话语协商斡旋，但与此同时，它也同样受制于主流话语体系的遏止管控；也只有这样，它才有望广为流传。崔夫人的应许与红娘的角色满足了“父母之命，媒妁之言”的基本条件，因此使得这对青年男女的性逾矩最终复诸礼、合于仪，并解构了戏中的颠覆元素。

这一策略在元代情爱类戏剧和后来的才子佳人小说里屡见不鲜。且以《墙头马上》为例，剧中工部尚书裴行俭与京兆留守李世杰“议结婚姻”时，二人子女尚属龆年稚齿，“只为宦路相左，遂将此事都
117 不提起了”。当男女主角裴少俊、李千金长大成人，一日在洛阳城中相遇，彼此心生爱慕、旋即有私。李千金随后私奔至夫家，匿身于裴家后花园七载，“得了一双儿女”。裴行俭一日于园中撞见，勃然大怒，立即将李千金撵出家门。此后裴少俊“上朝取应，一举状元及

①《西厢记》，第四本第二折，第 49 页。加粗字体为本书作者所加。

第”，其父也知道了李千金乃李世杰之女，于是登门致歉。裴行俭诚心正意道：“儿也，谁知道你是李世杰的女儿。我当初也曾议亲来，谁知道你暗合姻缘。你可怎生不说，你是李世杰的女儿，我则道你是优人娼女。……可是我不是了。”[51]尽管二人相恋时对婚约一无所知，但命运终使他们“暗合姻缘”。

爱情类元杂剧中，“暗合姻缘”是一种屡见不鲜的遏制策略。[52]像《倩女离魂》《㑳梅香》《碧桃花》《竹坞听琴》《东墙记》与《举案齐眉》等剧，要么是夫人应允儿女婚事，要么是夫人首肯早缔婚约，要么是两家父母指腹为婚，不一而足。《留鞋记》中的遏制策略，则体现在观音裁定王月英与郭华的夫妻缘分乃“前生夙分”的法旨上，[53]以“鬼力”赋予二人姻缘合法性。在《拜月亭》一剧中，蒋世隆与王瑞兰在外蛮入侵、中土板荡之际，未得父母之命而私结姻缘。胡虏入寇会强抢或强暴无夫无子、踽踽独行的女子（“军中男女若相随，有儿夫的不掳掠，无家长的落便宜”），故他们以越礼之举为权宜之计。在这一特殊情况下，蒋世隆迎娶王瑞兰是为了保护她免遭胡虏之害。

在“才子佳人”故事文本排布的辩证互动过程中，颠覆与遏制其实相辅相成、互为依存。因此本书认为，“才子”仍然属于儒家话语“君子 / 小人”二元论中的“君子”范畴，注定被收编以“君子”，从而由短暂的、私人的、“阴”的世界，进入公众的、“阳”的世界（也就是符合官方话语的“男性”世界）。毕竟，“才子”是正在步入仕途的“君子”，从这个意义上来说，他的风流韵事也可被看成一个入门过程。在过程中，他会被尤物（女色）诱惑堕入阴性世界（情爱、感性、性欲），历经艰难坎坷而百炼成钢，最终击败对手，抱得美人归。借此过程，才子也完成了进入官方化的男性气概建构的“入门仪式”。[54]

颠覆与遏制的动态博弈

118 颠覆与遏制之间存在一种辩证互动关系，由于何为主导、何为边缘的界限从来都是此消彼长而非泾渭分明，其过程往往是动态且异质的。特雷·伊格尔顿认为，对个中权力的重新协商是意识形态最典型的特征之一：

> 一种占主导地位的意识形态，必然要与次要/非主流的意识形态不断协商，这一本质上的开放性会让它无法实现任何一种纯粹的自我认同。……众所周知，一种成功地占据统治地位的意识形态，必得深耕细作于真正的渴望、需求、欲念之中，然而这亦即它的“阿喀琉斯之踵”，迫使其认识到自身的他者性，并将之作为一种破旧革新的潜在力量深植于自身形式之中。[55]

前文已经分析了“才子佳人”故事文本反抗抵制官方话语的方式。然而，自17世纪至18世纪中叶，这一文类逐渐沦为社会精英阶层通俗流行消遣读物，其颠覆性因素也在很大程度上为官方话语系统所收编。如前所述，后世的才子佳人甚至变成了儒家道德规范的楷模，而言情主题也越发与儒家正统准则桴鼓相应、同声共气。当“才子佳人”故事变得越来越刻板陈腐、僵化呆板且说教味重，并在某种意义上居于通俗文学中言情主题的支配性主导话语之后，它又成了那些更具颠覆性的文学作品所戏仿的标靶。何谷理就认为，李渔（1611—1680）久负盛名的艳情小说《肉蒲团》就是对当时流行的 119
“才子佳人”类型的滑稽仿作。[56]从“才子佳人”文类对儒家正统思想的谐谑，到《肉蒲团》等作品又对“才子佳人”故事除旧布新的戏仿，由此构成了一个意味深长的“颠覆—收编—再颠覆”的循环。这不仅展现出元明时期思想与社会的变革轨迹，而且也提供了一个意识形态领域颠覆性与遏制性持续博弈的实例。

作为明代艳情小说的代表作，《肉蒲团》通篇书写赤裸裸的情欲，但李渔却是借着对“才子佳人”题材中的人物塑造、情节模式、篇幅体裁和中心主题的滑稽仿作，来对这一文学风潮极尽冷嘲热讽之能事。小说的主人公是一位名唤未央生的花花公子，何谷理评价说：“未央生是淫乐的化身，他的自我认知与终极自赎都是官能的而非精神的——未央生在房中术上堪称‘天才’，也只在这一行当里可谓无出其右者。”[57]跟别的才子并无二致，未央生也踏上一段游学之路，“要做世间第一个才子”，也“要娶天下第一位佳人”。[58]然而，他的“才”并非文才，而是表现在床笫功夫上，女性对他来说都是性感尤物。“第一才子”竟然是夜御数女的性爱大师，真是滑天下之大稽。在未央生身上，成就才子“大丈夫成人礼”的至高门槛不再是“春闱取仕”，而变成了“春闺科考”；士大夫之间的诗才“斗文”，变成了浪荡子与情夫之间的性事“斗技”。“才子佳人”世情文学的话语体系把美德与美貌彼此关联，而未央生偏要把女人的姣好姿色与“风流”淫心相提并论；[59]“才子佳人”类型颂赞两情相悦的“真爱”，未央生偏要追求纯粹肉欲的贪欢——他会抛弃无法交欢的情妇，而情妇也会鄙弃雄风不再的他另觅新欢。除了官能的情欲和肉体的满足，男女之间再无瓜葛。

120 通过此种戏仿，《肉蒲团》不仅是对儒家道德礼教的叛离，更是对整个父权制宗法象征秩序的叛逆。《红楼梦》中的贾宝玉就是这一离经叛道主体性的延续和发展，标志着一种别样的男性特质模式。宝玉虽脱胎于“才子”，但在主体性上却与“才子”迥然有别。从某种意义上来说，宝玉这一角色的出现，正是对“才子”的再颠覆。

“才子佳人”故事的风靡在《红楼梦》中也多有提及。[60]然而，贾宝玉终究不是才子，他最终没有迈向儒家正统所推崇的男性特质，其形象代表了一种新型的男性主体性，或可当成是“才子”话语的进一步发展衍生或别出枝蔓的产物。就此而言，张生可以说是宝玉的原型；研究清代的言“情”传统，宝玉是一个不得不提的关键角色。

贾宝玉是一个主动把自己放逐到女儿国中、既不见容也拒绝踏入正统男性世界的边缘化人物。他生活在莺莺燕燕之间，身边环绕的都是自家姐妹和丫鬟。宝玉素有“女儿气”的贬称，具体表现在他爱吃胭脂、对“脂粉理妆”如数家珍、替丫鬟洗晾手帕、喜欢跟女子厮玩等。他有句名言如雷贯耳：“女儿是水做的骨肉，男子是泥做的骨肉，我见了女儿便清爽，见了男子却觉得浊臭逼人。”① 正因如此，权贵阶层认为他怪僻乖张；但因有此言行举止，也让他在新中国成立以来的“红学”研究中赢得了反封建斗士的殊荣，俨然成为争取男女平权的先驱。[61] 在小说中，宝玉经常重申自己那套“女尊男卑/女清男浊”的异端言论：

> 他便料定天地间灵淑之气，只钟于女子，男儿们不过是些渣滓浊沫而已。因此把一切男子都看成浊物，可有可无。②

宝玉的男性身份问题值得进一步深究。一些学者把他的通灵宝玉 121
解读为一种男根性别符号。[62] 依此说法的话，他对通灵宝玉一以贯之的反感可被认为是试图否定自我男性身份的姿态。尽人皆知的一个例子，当属他的表妹兼恋人、多愁善感的林黛玉初进贾府的场景，贾宝玉得知黛玉并没有类似的“稀罕物儿”时，“登时发作起狂病来”：

> ……摘下那玉，就狠命摔去，骂道：“什么罕物！人的高下

①《红楼梦》，第 2 回，第 19 页。

②《红楼梦》，第 20 回，第 235 页。

> 不识，还说灵不灵呢！我也不要这劳什子。”……宝玉满面泪痕哭道：“家里姐姐妹妹都没有，单我有，我说没趣儿；如今来了这个神仙似的妹妹也没有：可知这不是个好东西。”①

宝玉的男性身份危机对既有性别话语构成了挑战，从而使他在常人眼中的形象更显“女儿气”，甚至亦男亦女、雌雄同体。正如尤三姐在小说中概而论之，“行事言谈吃喝，原有些女儿气的，自然是天天只在里头惯了的”。② 值得注意的是，宝玉在书中两度被误认为女子。[63] 由于他的华屋“金彩珠光”，还先后被刘姥姥（第 41 回）与胡太医（第 51 回）错认为“小姐的绣房”。他身边人皆知他这一与众不同的性别认知偏好，因此一次他的书童茗烟也在祷祝中祈求受祭的阴魂“在阴间，保佑二爷来生也变个女孩儿，……再不可又托生这须眉浊物了”。③ 李木兰曾指出说，这些搅乱性别身份的描述不仅揭示出宝玉的双性恋倾向，而且也表现出他对父权制性别权威规定的抵制反抗。[64]

122 尽管宝玉的“女儿气”仍是出于“才子”话语的产物，但

①《红楼梦》，第 3 回，第 38 页。

②《红楼梦》，第 66 回，第 857 页。

③《红楼梦》，第 43 回，第 535 页。人民文学出版社 1974 年版后一句作“岂不两下里都有趣了”，据俞平伯校、启功注本改（北京：人民文学出版社，2002 年），第 468 页。

对于意识形态和性别研究而言，这种新型文学人格的诞生却有着灿然一新的非凡意义。李海燕在对《红楼梦》中的“感性自我”（sentimental self）研究时指出：“（宝玉）对年轻女子颇富争议的赋值（volarization），与其说是原女权主义（proto-feminist）式的对性别制度的挑战，不如说是他质疑主流权力结构与建立另样身份的性别化手段。”[65] 他的女性化性格与取向，是其拒绝认同象征秩序与父权法则的表现。对于宝玉来说，女性特质总是与诗意化的感性、个性、纯性相联系，而男性特质则象征令其生厌的仕宦经济及与之相关的种种丑恶。他因此成了这一象征秩序中的“他者”。依仗贾母和王夫人的偏宠照拂，宝玉得以在大观园里逍遥快活，并极为嫌憎与士大夫阶层的高官显贵交谈往来；一旦有哪个女性伺机劝导他身负大任或说服他交好官宦时，他就一改自己原本对女子的欣赏态度，转而斥责道：

> 好好的一个清净洁白女子，也学的钓名沽誉，入了国贼禄鬼之流！这总是前人无故生事，立意造言，原为引导后世的须眉浊物。不想我生不幸，亦且琼闺绣阁中亦染此风，真真有负天地钟灵毓秀之德了！①

①《红楼梦》，第 36 回，第 431 页。

主流话语体系之所以认为宝玉不够大丈夫阳刚之气，主要是因为他不够“儒”。在第33回中，宝玉被其父贾政一顿笞挞毒打，让他与父权法则的抗争达到白热化。若不是贾母和王夫人及时赶来，宝玉恐怕小命难保。贾政之所以出离愤怒，不仅仅是积怨于宝玉荒疏学业、成日于女子间混迹厮诨，更源于两条直接的导火索：其一，宝
123 玉被认为与忠顺王府的优伶名旦、琪官蒋玉菡“相与甚厚”，王爷怀疑宝玉将蒋玉菡“隐藏在家”；其二，宝玉的庶弟贾环在贾政面前进谗，说宝玉“拉着太太的丫头金钏儿强奸不遂，……那金钏儿便赌气投井死了”。值得注意的是，贾政这股怒火其实是因为两件丑闻波及自身利益，暴跳如雷的反应遵循的也是典型儒家逻辑：他并非因宝玉的龙阳之好动怒，而是因为这位优伶是位高权重的朝中政敌忠顺王的禁脔。宝玉与琪官的流言蜚语会影响贾政的仕途。至于金钏投井自尽一事，他担心“若外人知道，祖宗颜面何在”。[①]笞挞宝玉实际上出于一己之私：“不如趁今日一发勒死了，以绝将来之患。”[②]

根据贾政根深蒂固的儒家观念，一个耽溺于“情”（对贾政而言，“情”等同于“性”）的男人不仅是不堪的，更是危险的——这种人什么事做不出来？——如他对解劝的众人喝道：“明日酿到他弑君杀父，

①《红楼梦》，第33回，第398页。

②《红楼梦》，第33回，第400页。人民文学出版社1974年版作“不如趁今日结果了他的狗命”，据俞平伯校、启功注本改，第351页。

你们才不劝不成?”[①] 贾政与宝玉的冲突不仅是父权专制与感性个体主体性之间的对峙，也是两种截然不同的男性特质话语——创意的、诗性的、“女子气”的“才子”和官方的、仕宦的、“阳刚气”的“君子”——之间的龃龉张力，一如李木兰的总结：

> 贾宝玉的矛盾性表现在“创造性—女性化—他者”与“仕宦性—男性化—自我”的二元对立里。作为贾家在世的嫡长子，宝玉被寄予了在帝制官僚体系内荫袭家族爵位、封建科举制度中读圣贤书、登天子榜，金榜题名、官运亨通；相较之下，宝玉却更中意于更具创意诗性的生活方式而非传统男性的仕途宦旅。尽管在精英阶层达官显贵中，文学创作才华，尤其是吟诗作赋的禀赋，也是相当重要的，然而这无论如何不能与应试所必备的八股文写作能力颉颃比肩。而宝玉终究没能做到因时度势地将女性特质“暂时搁置”。[66]

不同于薛蟠那些荣府的不肖子孙，宝玉在诗词创作上极具天赋，但却很厌憎儒家迂腐的三坟五典。贾府家学的塾长贾代儒跟贾政说宝
玉“虽不喜读书，偏倒有些歪才情似的”。[②] 在第 17 回中，奉父之旨 124

①《红楼梦》，第 33 回，第 399 页。

②《红楼梦》，第 17 回，第 188 页。人民文学出版社 1974 年版后一句作“却有些歪才”，据俞平伯校、启功注本改，第 169 页。

为大观园题作匾额对联的宝玉崭露头角、显示出不凡才情。尽管贾政每一次都明面上贬低宝玉的拟题，但无论是贾政还是读者，其实都充分了解宝玉文学创作的创意性与创新性，远在贾政及众清客之上。与之相对的，贾政作为一个男性官僚的缩影，只一味关注仕途通达，对诗赋楹联这类“雕虫小技”，既不擅长，也甚无兴趣，他自己也承认：“我自幼于花鸟山水题咏上就平平；如今上了年纪，且案牍劳烦，于这怡情悦性的文章更生疏了。”① 因此，他对于宝玉的课业也就只能如此要求：“你去请学里师老爷的安，就说我说的：什么《诗经》、古文，一概不用虚应故事，只是先把《四书》一齐讲明背熟，是最要紧的。”②

在与其父的冲突中，宝玉身上的颠覆与叛逆色彩与“才子”似有异曲同工之处；然而他毕竟不能算是一名真正的才子——“才子”毕竟圈定在儒家男性特质话语体系之中，而贾宝玉却是超然于正统官方话语之外的“他者”。他既不像《红楼梦》中大多数男性角色一样追求肉体欢愉、视女性为情欲客体，也不像张生那样被收编回归于主流文化、通过合乎礼的婚配将性逾矩正当化。他以感性自我挑战儒家的等级象征秩序，以情感为人性根底重塑自我与社会的平等性与主体性概念，象征着一种全新男性主体性的出现。[67]

（王劭康、周睿 译，周睿 校）

①《红楼梦》，第 17 回，第 188 页。

②《红楼梦》，第 9 回，第 108 页。原文误作“第 204 页”。

第五章

唇红齿白、面如冠玉

同性情爱与男性身体

伯特霍尔德·舍内–哈伍德曾指出："若不处理异性恋/同性恋身 125
份认同的二元化区分问题的话，对男性气概的任何探讨都是抱残守缺。"[1]现在我们重新回到本书开头所提的问题：为何置于西方文化中常与女性化或同性恋相关联的"才子"形象，却能以通俗世情文学中男主角身份被古代中国读者广为接受呢？造成这一差别的关键很可能源自两种文化中不同地位的"恐同"（homophobic）话语。"才子佳人"隶属于异性恋话语，而"才子"的"雌柔特质"并不等同于西方同性恋书写中的女性化表现，[2]故不能直接划为同性情欲书写。然而，正是由于古代中国对同性恋关系素来抱持相对宽容温和的态度氛围，并不存在咄咄逼人的"恐同"话语，方才使得对"才子"话语的接纳与流行成为可能。在占主导地位的西方男性特质模式的语境中，张生所表现出的怯懦、驯柔和脆弱之形象极易引起西方读者的厌恶，也很可能被误认为有同性恋性取向。本章将从"才子"形象着眼，探讨男性身体的审美理想与前现代中国文化中同性/双性情爱传统之间的关系。

在进入正题之前，我们首先要明确本章所讨论的传统中国的“同性情爱”（homosexuality）与当今西方性别话语中的性取向分类范畴
126 绝非同出一辙。戴维·哈珀林（David Halperin）认为同性恋和异性恋的二元论实际上只是西方在近一两个世纪以来的文化建构，“同性恋”（homosexuality）这一类属在这个词汇于19世纪被创造出来之前是并不存在的；[3]并通过举例古希腊时期只存在“性倒错”（sexual inversion）而非现代意义上的“同性恋”来论证这一观点。[4]他的论述深具启发意义，让人们意识到前现代中国社会男性之间的亲密关系与福柯式（Foucauldian）性概念中所涉的“同性恋”迥然有别，但为便宜行事，本章将继续笼统使用“同性情爱”一词代指任何形式的同性爱欲与行为，但同时明确强调前现代中国社会并不存在异性恋/同性恋的二元对立这一理论基础。

一般来说，传统中国男性间的亲昵关系，会被当作是一种琐屑的纵情消遣而为大众包容、姑置勿问，甚至在某些特定历史时段于上层精英男子之间风靡一时。[5]时号“男风”[6]的同性情爱传统对形塑“才子佳人”故事中动辄即曰“唇红齿白、面如冠玉”男性身体的审美观，可谓潜移默化、厥功至伟。我并不是说同性恋就一定是女性化的，但不可否认的是，在一个同性恋/异性恋无须泾渭分明加以区分的社会里，文弱书生的形象并不会对既有的性别秩序制造困扰，这也恰恰解释了东西方文化何以对这一形象的接受会有落差。置于同性情

爱文化的语境去解读文弱驯柔的男性身体，其中关涉的双性恋与同性社交，其实是对本书第三章“崇文抑武”和“文”的身体修辞之延展讨论；这两种研究思路皆揭示出中国古代话语传统中权力结构与男性身体表征之间的错综关系。

“恐同”：东方与西方

在男性 / 女性、阳刚 / 阴柔、自我 / 他者这类简单粗暴的二元对立中，前者占据中心，后者沦为边缘，这在某种程度上体现了西方 127
性别思想体系的特征。两者之间是非此即彼、等级森严的关系。因此，男性特质（作为自我）的界定是通过对女性特质（作为他者）的否定得以实现的。担心被认为是“娘娘腔”或者同性恋是西方男性特质的现代概念最为核心的要件之一。同性性爱关系一直为西方社会主流话语谴责为道德沦丧。尽管少年男子与成年男子之间的“少年爱”（*paederasty*）在古希腊时期司空见惯，甚至在特定条件下还被积极倡导与高度颂赞，[7] 但已有学者指出这一社会风尚与当代性别话语中的“同性恋”有本质差异。自从基督教成为西方文化的主流意识形态以来，同性间的性爱取向便不再被当作一种正面的社会行为。有断袖之癖的男性常会遭遇歧视与迫害，而男性之间的性关系则被看作罪孽深重，个中主体理应悔过自惭。到了 19 世纪时，人们开始借助医学话语视角审视同性恋，将其从性生理行为转变为一种性病理病状。[8]拜恩·冯（Byrne Fone）曾写道："'恐同'有时看似达到不共戴天的程度，或许这是西方文化的独有现象。"[9]究其原因，许多学者指出是由于这种异象扰乱了男女两性之间壁垒分明的楚河汉界，干扰了基于简单二元对立的既定性别身份认同。哈珀林如此解释：

> 事实上，"柔驯（soft）"（即性屈从的受动方）男人抱持着一种骇人听闻又首尾乖互的念想，妄图放弃身为男性的自主权和优越权。能有如此怪诞不经的念头，恰是因为他仿佛拥有"一个被男性身体所捆缚的女性灵魂"，从而违背了自古以来人们感同身受甚至急于捍卫的关于性别、性行为和社会身份之间的共识。[10]

尽管同性恋/异性恋似乎构成了另一组二元对立，但仍算是对既有性别秩序的颠覆，因为其无法严丝合缝地对接其他性别与社会身份的二元对立组，诸如：

男性 | 女性

阳刚 | 阴柔

男人 | 女人

有趣的是，虽然主流话语常将同性取向与女性特征、雌柔气质联

系在一起，然而要把“同性恋/异性恋”的二元论纳入上述体系之内 128
却是不合时宜的，诸如下图：

同性恋 | 异性恋

男性 | 女性

阳刚 | 阴柔

男人 | 女人

这一组新的二元对立不同于其他两分法制造的鸿沟之判，因为从逻辑上来说，“同性恋”并不专限于“女性/阴柔/女人”的范畴。[11]人们往往对他们无法命名的事物感到恐慌焦虑。尽管在西方历史上诸多的政治、宗教与经济等方面因素促成人们对待同性恋的态度方法，但公正地来说，同性恋的颠覆性主要在于它之于现有性别身份话语体系而言可谓龃龉难入、棘手难办，因此，霸权文化竭力压制这一离经叛道的颠覆性话语：

> 主流文化对待同性恋的身份或行为时，除了采取对其视而不见的态度之外，还会为其贴上怪诞诡奇（即逆理违天）或离经叛道（即独断专行）的标签，再将这些人送入各类医疗机构（去察观、“治愈”或理疗）或缧绁牢狱（以惩戒他们有违上帝旨意或/和人间法律）进行体制化管理。[12]

心理历史学家杰弗里·戈尔（Geoffrey Gorer）曾观察到“大多数的美国男性生活都画地为牢，每天不得不疲于向身边人甚至自己反复证明自身并非雌柔女气，也不具有同性恋倾向，这使得他们的兴趣更为狭窄、爱好日趋减少”。[13] 在西方文化对男子气概的定义中，惧同斥同是不可或缺的核心构成要素。迈克尔·基梅尔的说法是，“‘恐同’并不仅是指对同性恋者的无端恐惧，也不单包括担心被人当作同性恋者……而是忧惧惶恐其他男性会拆穿自我、阉割自我，向自己和全世界揭露自我并不符合真汉子的标准要求，以及害怕让别的男人察觉到自我内心的这种惊骇”。[14] 虽然在过去的几十年间，西方世界的同性文化运动（gay and lesbian movements）已经极大地改变了人们对待同性恋的态度，但总的来看，“恐同”在西方性别话语体系的中心地位仍难撼动，并且伴随西方化进程席卷宇内，“铮铮铁汉、不娘不弯”的观念已然扩散内化至天南海北、五湖四海了。

129 而在中国文化空间里，阴/阳二分法远比男/女二分更显重要。“阴/阳”表面上与西方文化二分法划分看似相同，但在本质上它更为强调两种力量之间的辩证交互联系。中国哲学中的阴阳并非二元对立，而是相互转化、彼此依存、息息相关、脉脉相通，处于动态平衡之中。阴阳理论强调双方相辅相成与相反相成的互存共生性。

阴阳制衡原则为人们了解中国传统思想中的雌雄同体人格话语

提供了理论基础，[15]应用于性别话语中，它首先体现为男女之间理想化的和谐互动，男女相辅相依，若是一方压倒另一方，就会阴阳失衡，导致社会秩序崩坏。此外，阴阳哲学也用于阐释雌雄同体人格话语，世上并不存在“纯”阳/阳刚性或“纯”阴/阴柔性，每个人身上都阴阳相合、刚柔并济，作为性别（“他”或“她”）的身份仅代表着两种力量所占比例的呈现，雷·比林顿（Ray Billington）研究指出：

> “阴阳哲学”理论使西方世界逐渐接受理解这样的现实：正如一座山不能只具有阳面或阴面一样，世上也同样没有任何一个人是纯阳或纯阴的。通常情况下，男性的阳性特质更显著，而女性的阴性特征更彰明（当然例外情况也俯拾皆是，使用这样绝对主义的表述需要更加严谨），但每个男性身上多少都带有一些“雌柔”（而不是说女性〔female〕）特质，而每位女性身上亦能彰显部分男性（male）特质（同样也是谨慎的折中）。[16]

在犹太教—基督教文化中，雌雄同体人格话语视男性身体为完整、女性身体为缺陷，这已沦为男权主导幻想阴魂不散的表现，[17]但“阴阳同体论”却对此有更为灵动的理解：阴阳制衡，万物归一。既然阴阳一体，交感和合，那么男女也是实则同一、不可分离。

通过阴阳学说来解释雌雄同体现象，就是把人体视为二气的消长

博弈、相生相克的另一场域。道家学说话语中相对灵动的性别身份认
130 同也对整个中国传统文化产生深远影响，男女界限并非铜墙铁壁、不可逾越。小明雄将中国性别话语的这种特征称为“模糊的跨性别主义”(fuzzy transgender-transsexualism)。[18] 正如本书第二章的所举实例显示，男性臣僚，尤其是在进言劝谏君王之际，借女性之口代言之举并不为耻。在传统的中国绘画与雕塑中，由于对男女的塑造刻画手法相差无几，若不是在服饰上加以区分的话，那么观看之人则“安能辨其是雌雄”。众所周知，在中国传统戏里扮相变装可谓层见叠出。其实，乔装改扮、易服改容、男扮女装/女扮男装等都是中国民间传说与通俗小说中屡见不鲜的主题，像花木兰替父从军而时人“不知木兰是女郎”，或祝英台女扮男装负笈求学而与同学梁山伯日久生情，都是家喻户晓、老少皆知的故事。[19]

中国古代医学话语体系也支持两性互转、雌雄同体之说。费侠莉(Charlotte Furth, 1934—2022)在分析晚明时期一些有关性反常与生育异常的重要文献记录时指出：“在以阴阳宇宙观为基础的中国生理学思想体系中，作为阴阳两面的男女之间是变动不居、更互消长的。……从医学角度来看，阴阳分布泌渗于人体之中、各尽其效，同样，它们亦彼此依存、更迭促成、相互转化。这一自然哲学似乎也为性行为和性别角色的多样性提供了更为开阔包容的视野。”[20] 费侠莉在她的文章里仔细检视晚明时期官方正史和野史笔记中所载男变女、女变男和间性人(双性人)的部分史料，以此探讨阴阳互补的生理学

理论与性别转变后社会等级表现之间的关系。值得注意的是，雌雄同体人格的人物形象在明清文学作品中屡见不鲜。[21]

阴阳理论在中国传统思想中根深蒂固，并已融会贯通于中国表意
话语体系的方方面面。然而，单凭阴阳理论，还不足以令人信服地去
辨识独异于俗的同性情爱传统，以及解释在男性特质建构中“恐同”
话语的缺失缘由。同样的，道家及道教思想也从未在中国历史上成为 131
主流意识形态，我们应该转至主导性的儒家思想体系，在帝制皇权关
系的语境中对性别话语进行政治性解读。

然而颇为悖论的是，阴阳理论主张要灵活而全面地看待性征差异和性别身份，但“儒家思想却利用等级森严的血缘亲属角色来构建性别”。[22]正如本书第二章已述，汉代董仲舒所阐述与改造的儒家话语体系的特点是“阳尊阴卑，以阳驭阴”，夫妇、父子、君臣之间的单边倾斜式的权力关系取代了原本双向消长式的制衡关系，前者总是“阳性”的支配型角色，后者则是“阴性”的顺从型角色。

在强调尊卑等级和规训控制的儒家话语体系中，两性关系已沦为政治产物，与父子、君臣等阴阳关系一样，无不体现出父权制血缘关系与国家秩序之间的同构性。颇为人诟病的是，在传统中国社会，尤其是理学成为官方意识形态以来，女性所遭受的歧视和压迫骇人听闻。不言自明的是，现实中的性别政治与上述辩证的阴阳学说认知范式之间不啻天渊之隔。

阴阳理论的仪式化和性别身份的流动性，既表现于男女关系中，

也存在于男男关系间。男性在社会等级高于自我的他者男性面前会被降格为“阴”的角色，对阴阳范式这种政治化修正使得男性在处尊居显者前的身份地位，就如面对家里的夫妇关系中的女性一样。作为群体的“士”不断经历隐喻式阉割，逐渐被君权置于屈从、驯柔、卑顺的从属地位上。只有把阴阳学说的政治化阐释作为文化背景，我们才能更为确切地了解中国古代的同性情爱传统。

君王与男宠、贵族与娈童之间的同性爱恋关系，从根本上与“香草美人”这一前述文学传统并无二致。根据儒家话语传统，性别可被视为社会等级制度的体现，位高权重之人扮演雄巍的“阳”性角色，而身微言轻之人则沦为雌柔的“阴”性定位。

132 这种阴阳二分法是否关涉性关系其实无足轻重，夫妇模式已然成为受过良好教育的精英阶层在面对君主或任何社会地位高于自我的显贵时惯常采纳的思维倾向。为了更好地阐释这一观念模式如何深植于中国文化结构之中，这里引用两首流传甚广的著名唐诗来具体说明。第一首是朱庆馀在科举考试前夕寄赠文藻富赡的诗人官员张籍的诗作。唐朝行卷之风盛行，举子往往在应考前寻求社会关系的支持，向身居政治高位的达官显贵或坐拥文学声望的文人雅士投赠自己的诗作，希冀才华能够被慧眼识珠。朱庆馀寄于张籍的这首诗描述的是新妇在新婚次日与夫君的对话：

洞房昨夜停红烛，待晓堂前拜舅姑。

妆罢低声问夫婿：画眉深浅入时无？[23]

此诗作者以新娘自比，以新郎比张籍。新妇所问“画眉深浅入时无”，实际上是朱庆馀借用隐喻询问张籍对自己文才的看法。在这一修辞中，男子假借女性身份不以为耻，从而与“才子”话语产生关联。在当今（恐同）文化语境下，这首诗却被解读为诗人恬不知耻地向贵戚权门趋炎附势、奉承献媚，诗中女性角色哪怕只是被象征性挪用，也是对基于性别差异构建的社会秩序的威胁。饶有趣味的是，张籍也曾寄诗给另一高官显宦，诗中他自己也扮演了雌柔化的女性角色：

君知妾有夫，赠妾双明珠。
感君缠绵意，系在红罗襦。
妾家高楼连苑起，良人执戟明光里。 133
知君用心如日月，事夫誓拟同生死。
还君明珠双泪垂，恨不相逢未嫁时。[24]

中唐时期，地方藩镇的节度使费尽心机笼络人才，增强自身势力、削弱中央集权。身为割据军阀一员的李师道“以书币辟之”，张籍“却而不纳，作《节妇吟》一章寄之”。该诗以不朽的三角恋故事为引子，张籍在其中表达了对主君——即大唐天子——的忠诚不渝。

男子求爱者向所恋之女赠以珍珠以示倾慕爱意是古代中国的既有风俗，但在这首诗中，张籍自比有夫之妇，演绎“感君缠绵意”而终“还君明珠”的故事，“却而不纳”来婉拒李师道。人们对这一修辞手法习以为常，因为把对夫君从一而终的贞节女子与对君主誓死不贰的忠臣义子相提并论，算是一种定型化的传统。

传统中国的同性情爱行为，首先表现为一种典型的等级关系，从名曰“男宠”即可见一斑，换言之，它通常代表的是人君、后泛指权贵与他们的“宠嬖”之间的性关系，而这些地位低贱的娈童、弄臣、阉宦、优伶，只不过是用以消遣的玩物罢了。一般来说，耍奸（sodomy）只是一种“正常”异性恋生活之外消磨时光和放浪形骸的行为，有时甚至成为政治声誉和财富名望的象征，因为只有位高权重的男性才能对人微言轻的男子进行性盘剥。因此，把娈童、优伶与三
134 宫六院中的成群妻妾区别开来、另辟门户，逐渐变为统治阶层与望门贵族之间的一种流行风尚。

较之被现代同志运动推许为西方史上男同性恋黄金时期的古希腊时代，中国古代的同性情爱传统在本质上与之大相径庭。“古希腊少年爱”作为一种重要的社会习俗制度，在古希腊贵族教育体系中扮演着意味深长的角色。成年男性与少年男子之间宛如师生关系，除了身体性爱之外，前者更重视于对后者的公民教育和道德训导。年长者之于少年郎兼任教育者、楷模人和性导师三重角色。这种关系会在少年郎成年之后戛然而止，因此，在某种程度来说，它也为塑造少年的男

性气质发挥了启蒙作用。[25]

然而在中国社会里，同性关系必然以不对等的社会等级与权力关系为首要基础。地位显赫、专权擅势的一方占据“阳”位，而驯柔顺服、卑躬屈膝的一方沦为“阴”位。戴维·格林伯格（David F. Greenberg）在《同性恋之建构》（*The Construction of Homosexuality*）一书中把现代西方世界之外同性恋人群的社会表现形式分为四类：“跨代际同性恋”（transgenerational homosexuality）、“跨性别同性恋”（transgenderal homosexuality）、“阶层结构化同性恋”（class-structured homosexuality）、“平等主义同性恋”（egalitarian homosexuality）；[26] 而韩献博则认为“这四种范式类型都或多或少存见于中国传统之中”。[27] 不过本书认为中国男风传统主要归属前三类，“跨性别”和“阶层结构化”类型尤为多见；至于“平等主义”类属，在中国历史上即便不算子虚乌有的话，也称得上凤毛麟角。

中国同性情爱传统的“跨代际”特征是极易理解的。与多数人类文化相似，中国同性恋关系在成年男性与少年男子之间最习以为常。皇宫内苑里的男宠、娈童都是舞勺束发之龄的少年，甚至不乏冲龄抓髻之年的幼童。而在他们成年之后，有些人选择不再继续君主性仆的身份，但大多数人还是设法留在内廷禁苑，有的甚至还被授予高官尊爵。可见，男风传统在政治中扮演一定的角色，就此而言，跨代际关系从根本上来说也是阶层结构化的关系。

正与政治化的阴阳二分法特点类似，中国同性情爱传统也必得是

阶级结构化与等级严苛化的。同性关系中的主动与被动角色（攻/受）
135 映照出双方不同的社会地位：达官显贵、名门望族往往是性主动的一方，而作为欲望客体的性被动一方主要有两类男性：一是较早时期的娈童、弄臣、阉宦等，一是较晚时期出现的在戏里戏外均饰演旦角的优伶。

“平等主义”同性情爱是指地位相当的两位男子之间基于相互爱慕的平等关系，性主动/被动的攻受角色在其中相对无关紧要，韩献博就将《红楼梦》中的少年之恋归入此类。[28] 然而这一说法并不能让人信服，个中的同性情欲真的是“平等主义”吗?《红楼梦》中塑造了一组“雌柔化”的男性人物，包括贾宝玉、秦钟、柳湘莲、北静王等，他们彼此过从甚密、暧昧不明。然而，其中却只有秦钟和柳湘莲成为男性欲望客体——秦钟是贾家的孤寒远亲，而柳湘莲是擅演旦角的优伶——是其微贱的社会地位使然，因此常为薛蟠与贾府其他纨绔公子所觊觎追索。长相更为清秀俊美的宝玉，却因其身份尊贵而从未被薛蟠及风流浪友视为情欲对象。以此类推，《红楼梦》通过宝玉的视角描摹北静王的阴柔之美，二人亦相谈甚欢，① 但同属名门望族的社会地位决定了二者之间不会发生性关系。因此，《红楼梦》中的同性情爱关系依然存在性主动方/被动方的二元划分，仍是等级权力关系的一种反映。如果说中国古代确实存在男性间的“平等之爱”的

①《红楼梦》，第 15 回，第 165—166 页。

话，那可能是文人之间伯歌季舞式的亲昵关系，例如六朝时期盛行的男性“友爱”风尚。

同性情爱的“跨性别”特征在传统中国社会屡见不鲜。无权无势的贬居于被动方的“阴”位，有权有势的把他们豢养的娈童、弄臣与优伶完全视为女性来应付，这使被豢养者从穿着妆容到言谈举止，都竭力模仿女性的柔媚娇俏之姿，甚至被自己的主顾恩客以女性之名呼之。（图 5.1）人们还认为女性特征赋予男性身体之上会更具魅力。[29]在明代剧作家李渔的剧本里甚至还有这样的极端情节，一名年轻男
子以自宫方式来断绝自我的男性身份，借以表达对“夫君”的忠贞 136
不贰。[30]

至此，我们可以假设，正是由于中国古代社会中的“男风”并未 137
对既定性别意识形态与社会等级秩序构成威胁，所以才能够见容于相对包容的社会氛围。不仅如此，权贵与男宠或优伶间的单边等级关系甚至强化了阴阳或男女的性别范式。韩献博还指出：“娈童小倌和低微优伶的卖色行为蔚然成风，有助于巩固性别角色。”[31]绝大多数耽于男风之欢的男子是双性恋而非纯同性恋，这也使儒家话语体系里以男子传宗接代为要务的家族责任从未受到危害。正如费侠莉的研究所言，同性关系能被如此包容的原因在于“其行为虽然分散家庭责任、消耗损折生命精气，但适当男风在原则上并未与两性关系形成龃龉冲突”。[32]

即使从二元论的角度来看，男性间的性关系也不会对中国古代社

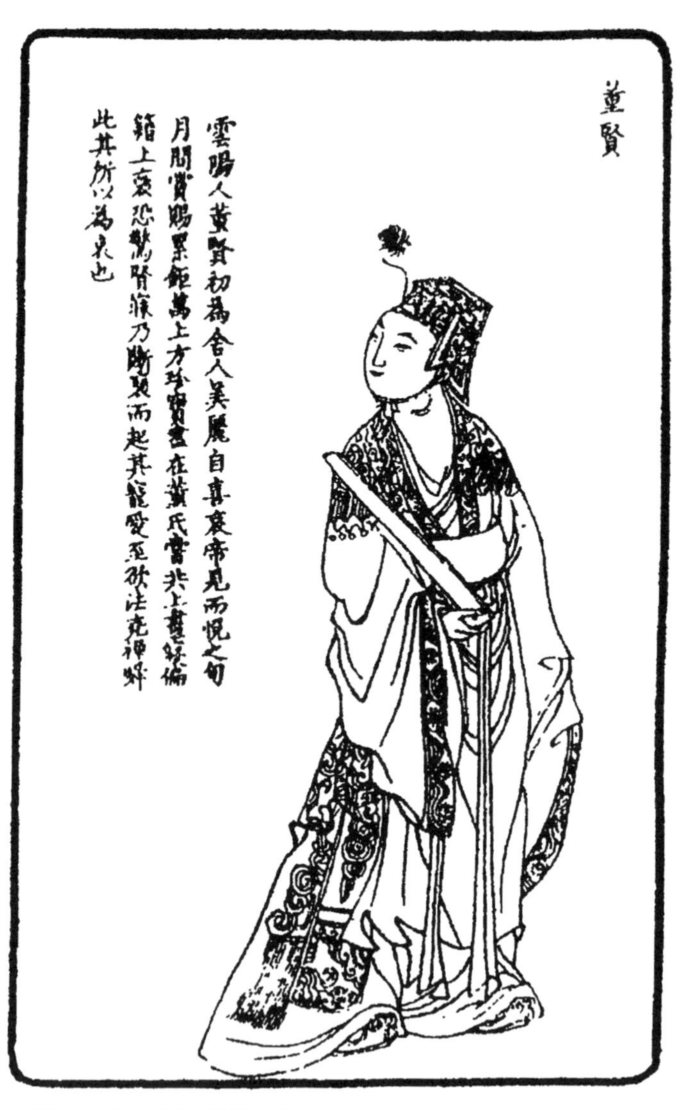

图 5.1　知名男宠：董贤（前 23—前 1）。其生平亦参见本章注释 37。

会构成焦虑困扰。在中国文化语境中，将同性关系双方归入上述二分法的列表双边是不费吹灰之力的，因为“同性恋”的现代词义在传统中国并不存在，古代中国男性间的性关系完全符合儒家话语体系中的阴阳二分，如下所示：

阳｜阴

阳刚｜阴柔

男人｜女人

主动方的恩主｜被动方的娈童/优伶

纵观中国封建历史，男风虽被社会当作调剂消遣而广受接纳，但实质上仍是统治阶层的特权；[33]韩献博如此总结男风的社会地位：

> “男风”在中国很多时期都广为接受甚至推崇，有自己的正史书写，对中国政治制度塑形、社会习俗改易、艺术创作促生都发挥着不可磨灭的作用。然而这种传统观念在沦为风气日盛的性保守主义与道德观西化的牺牲品之后，在本世纪末也就寿终正寝了。[34]

“男风”在统治阶层精英男子之间盛行一时，同性情爱话语在社
会层面如雨后春笋般与日俱增，中国同性恋史上这样的高光时期被普 138

遍认为有两段“盛世”：一是从汉朝至南朝（420—589）时期，一是17世纪的晚明时期。在前一时期，君主与弄臣娈童之间的同性关系在皇宫内苑中颇为盛行，时号“男宠”。弄臣多出身卑微，但能仗恃君王恩宠攀至权力结构的青云之端。官方正史中记载了许多君主宠臣之间的艳事韵史，但对他们性方面的描写刻画语焉不详，令人无法确知这种“宠幸”的本质，正如高罗佩所说，

> 一些荒淫放荡的国君王侯还会畜养娈童，也与成年男子发生同性性关系。根据汉朝及汉朝之后的史料记载，有些“嬖臣”会与国君保持同性关系。不过“嬖”一词的含义一般是指“凭借阿谀奉承和助纣为虐来向主君争功邀宠的男人或女人”。如果嬖臣为男的话，其实也很难判定是否与君王之间定有同性关系，古文书略，诗无达诂、文无定法，留给后人更大的阐释空间。[35]

正史中对同性情爱引经据典式的影射修辞使这些史料读起来更为晦涩难明，它似乎使用一套特殊符号系统来指代男性间的性关系，其中性事本身则付之阙如：

> 相反，人们通常用诗性化的隐喻来指称先前那些以男风而闻名的男性或轶事。中文术语并不强调性内在本质的定义，而着重描摹性的行为、取向和偏好。换言之，中国文人更乐于使用其

> “似何如”或“做此”“乐彼”的叙述方式取代“是什么”的身份定义。另一种描述同性关系的惯用方式是言其社会角色，在早期记载中，与君王有私的男性被称为“宠 / 幸”，但这是对其政治地位的表述，也未关涉性的内在本质层面。[36]

在这一符号系统中，男男间的同性关系会以“断袖之癖”加以意 139
指。[37] 这一轶事连同分桃[38]、龙阳[39]、安陵[40]等典故，都被视为同性关系。

常载于笔记小说、稗官野史中那些男性文人间长情亲昵、深情厚谊的莫逆之交，可能大多数只是精神层面的情投意合，并不能凿凿有据地证实彼此之间存在肉欲关系。[41] 其实，中国历史上所谓男子间“义结金兰”近乎与同性之爱同出一辙；而就中国的同性社交渴望问题本书下章将会详述。

17 世纪的晚明，男风风靡一时。这一时期的小说与戏剧中对同性情欲爱恋的描写刻画直白露骨、大胆前卫。例如吴下阿蒙的《断袖篇》将正史、野史中涉及男风的五十余则轶事演绎归结为文学题材，其中李渔的好几部作品就特别关涉男风。[42]

明清时期的同性情爱关系主要发生在富贵公子与优伶戏子之间，“旦”脚逐渐成了具有浓郁同性欲望对象意味的特殊群体。正如袁书菲（Sophie Volpp）指出，“优伶作为群体被贴上了雌柔化的标签，而女性化（feminization）也已然烙刻在他们于戏外交结恩主时的职业身份之中。……优伶的女性化是刻意人为的，他们不仅男扮女装，也会满足精英士人的性需求。”[43]事实上，中国古典传统戏中的同性情爱色彩整体上最能解释戏子反串的原因，而时至今日也仍是中国戏剧的经典标志。中国内地学者朱大可将中国传统戏重新解读为一种同性恋话语，并认为这是理解中国古典戏曲盛于19世纪、衰于20世纪50年代中期之后深中肯綮的关键之处。[44]戏曲反串、同性情爱与性别政治之间的多重关系，已在学术界引起基于不同视角的持续关注，[45]就本书探讨的主题而言，宏观上中国传统社会对于同性情爱的宽松氛
140 围，微观上中国戏曲中的同性情欲传统，势必都会对男性特质的构建，特别是对前文探讨异性恋主题“才子佳人”故事中男性身体的表征，确切无疑地产生至关重要的影响。

“男风”

才子是典型的异性恋男主角。[46]但由于古代中国文化中几乎没有同性/异性性向二元对立，所以男子间同性情爱传统对异性恋言情叙述中男性之美的话语排布，影响尤为深远。如前所述，将风流才俊宋玉、潘安的典故置于戏曲、小说中的“才子”形象身上，已经是一种老调重弹的修辞定式。然而不可思议的是，过往文化中男性之美的符号象征竟然源于同性倾慕话语体系中的形象，下文将会详论。

在《西厢记》和其他“才子佳人”戏曲小说中，要说代表面如冠玉与才情横溢兼而有之的男子形象，宋玉的高姓大名是最常出现的，其名也与异性恋情欲交错纵横，是中国文学中的唐·璜（Don Juan）类的人物。不无讽刺的是，历史上宋玉的人生经历却有浓郁的同性恋倾向意味，其艺术形象本是同性情爱话语体系的衍生物，是男权文化霸权关系所定义男性之美的能指意符。

宋玉传为屈原弟子，“好辞而以赋见称”。他的生平记载极为简略，跟屈原一样具有半传奇色彩，史称其“始事屈原”“屈原既死之后，楚有宋玉……之徒者”“因其友以见楚襄王”，是为文学侍臣，“识音而善文，襄王好乐而爱赋，既美其才”。后为小人进谗排挤，后事不详。现归于他名下的作品仍存争议，包括骚体辞、赋共计十二篇，[47]其中最具声望的作品是收录于《楚辞》中的《九辩》（组诗九首或十首）。

宋玉之所以能与浪漫情事相关联，主要应归因于他所创作的《登徒子好色赋》。此赋以大夫登徒子在楚王前毁谤宋玉开篇：“玉为人体貌闲丽，口多微辞，又性好色。愿王勿与出入后宫。”[48]宋玉辩驳登 141
徒子之言：“体貌闲丽，所受于天也；口多微辞，所学于师也。”至于“好色”的无端指控，宋玉的辩解之词耐人寻味，值得在此全文征引：

> 东家之子，增之一分则太长，减之一分则太短；着粉则太白，施朱则太赤。眉如翠羽，肌如白雪，腰如束素，齿如含贝，

> 嫣然一笑，惑阳城，迷下蔡。然此女登墙窥臣三年，至今未许也。登徒子则不然：其妻蓬头挛耳，齞唇历齿，旁行踽偻，又疥且痔，登徒子悦之，使有五子。王孰察之，谁为好色者矣。[49]

宋玉通过自身与登徒子对待女性态度切中肯綮的鲜明对比，巧妙地驳斥对手的构陷之辞。

虽然无法证明宋玉在历史上确有其人，但这并不妨碍我们探讨这一人物在文本结构中的隐喻暗示与多重理解。拿宋玉的其他赋作如《高唐赋》《神女赋》来与此赋进行互文参照阅读，我们不难发现宋玉是一位长伴楚王身畔的俊秀青年，从其样貌举止以及和楚王的亲
142 密行为，似乎都意味着宋玉是朝中文学弄臣之一。[50]在春秋战国时期，弄臣在诸侯国中司空见惯，并多在政治舞台有所涉足，主要是通过自身的文才风流和能言善辩来对君王曲意逢迎，又能别出心裁进言献策。文学弄臣一般出身微贱，但其中不乏凭借君王宠幸而能平步青云、被委以重任之辈。韩献博认为弄臣及其恩主是“中国最早确凿无疑的男风先锋”。[51]

由于弄臣是凭借自己姣容丽质来攫取权力，这会让他们时常深感惶恐不安，陷于色衰爱弛的恐惧担忧中（见本章注释 38、39），这属于古代中国传统典型的“女性心态”。《登徒子好色赋》可与春秋战国时期其他同性情爱史料轶事进行互文参照解读，进而揭示宋玉形象的同性情爱话语起源。

男性同性情爱在中国亦称“男风 / 南风”（*nanfeng*）。因为 *nan* 既
可是“男”也可为“南”，语涉双关，既指“男风”亦指“南风”。这
也意味着同性情爱源于，也更流行于中国南方地区。从历史上来看，
这种“南风”在六朝时期，即约为 3 世纪至 6 世纪之间，尤为风行 143
一时。“六朝”一词是历史学界用以指称定都建康（今南京）的六个
短命政权，即吴（222—280）、东晋（317—420）、宋（420—479）、
齐（479—502）、梁（502—557）、陈（557—589），后四者也统称为
“南朝”。

另一位蜚声古今的美男代言人是六朝诗人潘安；在通俗文学当中，多以曹植代指“才”（文学才华），以潘安象征“貌”（姿容相貌）。潘安本名潘岳（247—300，字安仁），西晋知名赋体文人，《晋书》和《世说新语》皆载其美仪俊容。

《晋书 · 潘岳传》称其家境殷实优越，“祖瑾，安平太守，父芘，琅邪内史”，父祖二代皆为官，“少以才颖见称，乡邑号为奇童”，且“早辟司空太尉府，举秀才”。然而“才名冠世，为众所疾，遂栖迟十年。出为河阳令，负其才而郁郁不得志”。潘岳生活的时代朝中权斗激烈残酷，而他自己也牵连其间，未能幸免于难。[52]《晋书》传记结尾处对其堂堂相貌的记载尤为让人心旌摇曳、目眩神迷：

> 岳美姿仪，辞藻绝丽，尤善哀诔之文。少时常挟弹出洛阳道，妇人遇之者，皆连手萦绕，投之以果，遂满车而归。[53]

对潘岳清姿玉颜的刻画也反映出晋朝（266—420）至南朝时期对男性身体品评赏鉴的社会风俗。高罗佩特别指出3世纪晚期是男风劲甚的巅峰之时。[54] 在这一时段里，男子同性情爱之私在君主、武将、
144 高官、名士等上流阶层中经久不衰，一时官方正史与文学轶事里，记载同性情欲暧昧吸引的故事不可胜数。“男宠”作为一种社会风尚流行于世，正如王书奴所述，

> 自咸宁、太康以后，男宠大兴，甚于女色，士大夫莫不尚之，天下咸相仿效，或有至夫妇离绝、怨旷妒忌者。[55]

在现存各种史料中，潘岳之美均从同性情欲的角度加以记载描述。《世说新语》把他跟与其过从甚密的夏侯湛并称双美：“潘安仁、夏侯湛并有美容，喜同行，时人谓之‘连璧’。”① “连璧”后来也成了同性伴侣的一种委婉暗语。在潘岳的生活年代里，男风早已跨出宫禁内苑，广为士族精英与官僚仕人接受，像是由当时最富影响力、“越名教而任自然”的七位文人组成的“竹林七贤”，就属于具有同性含义的名士结社，这类情形在社会精英阶层中甚为流行。这或可证明以潘安为首的“贾谧二十四友”文人结社性质与之相仿，在政治互动与

① 刘义庆：《世说新语》，北京：新世界出版社，1995年，第314页；刘义庆著，刘孝标注，余嘉锡笺疏，周祖谟、余淑宜、周士琦整理：《世说新语笺疏》，卷14，上海：上海古籍出版社，1993年，第611页。

文学聚会之外，极可能还包含性维度的活动。

《世说新语》是一部妙趣盎然的轶事笔记小说集，记载了自东汉晚期到刘宋开国时段（约150—420）高士名流的轶闻逸事、妙言雅行、品藻识鉴，以寥寥数笔勾勒人物。全书依主题内容分为三十六门，其一名曰“容止”，收录了诸多男子俊美仪容的轶事趣闻，映照出5世纪社会对男性容色姿仪的普遍喜好，当中不乏性意味。

这些名人轶事既有对男子气宇风范、涵养风神的由衷赞誉，也有对男性身体进行昆山片玉式的聚焦描摹。比如说何晏脸白：“何平叔美姿仪，面至白，魏明帝疑其傅粉。正夏月，与热汤饼。既啖，大汗出，以朱衣自拭，色转皎然”；[①] 王衍手白：“王夷甫容貌整丽，妙于谈 145
玄，恒捉玉柄麈尾，与手都无分别。”[②]

从“傅粉何郎”的故事中可知，在当时脸如凝脂的“白面书生”是万千追捧的入时潮范，高士名流傅粉“美白”也是一时风尚。对男性白皙滑腻肤质的喜好也反映在以“玉”为喻来形容男性身体，诸如“珠玉”“玉山”一类主要用以颂美女性身体的华辞丽藻，在《世说新语》中则常用在描绘俊逸美男的身体。例如用以夸赞王衍之美所用的比喻修辞是“处众人中，似珠玉在瓦石间”。[③] 据称与阮籍有密的嵇康，

①《世说新语》，第311页；《世说新语笺疏》，第608页。

②《世说新语》，第313页；《世说新语笺疏》，第611页。

③《世说新语》，第316页；《世说新语笺疏》，第614页。

时人称道其酒醉之态曰：“傀俄若玉山之将崩。”①“玉山”一词也曾用在名士重臣裴楷身上：

> 裴令公有俊容仪，脱冠冕，粗服乱头皆好。时人以为“玉人”。见者曰：“见裴叔则如玉山上行，光映照人。”②

除了玉颜皙肤之外，男性优柔文弱的体质也被视为清隽俊雅之美，这一观念可追溯至中国同性情爱中的“跨性别”特征。《世说新语》称王恭“濯濯如春月柳”；③而书法大家王羲之见京兆府掾杜乂
146 （字弘治），叹曰：“面如凝脂，眼如点漆。”④六朝时期的同性情爱话语表述揭示出男性“阴柔之美”渐成社会风尚。描述男性优柔文弱最让人叹为观止的应是卫玠的故事，其“居然有羸形，……若不堪罗绮”；⑤“从豫章至下都，人久闻其名，观者如堵墙。玠先有羸疾，体不堪劳，遂成病而死。时人谓‘看杀卫玠’”。⑥

---

①《世说新语》，第311页；《世说新语笺疏》，第609页。

②《世说新语》，第315页；《世说新语笺疏》，第612页。

③《世说新语》，第324页；《世说新语笺疏》，第626页。原文“春月”误作“春日”。

④《世说新语》，第320页；《世说新语笺疏》，第620页。原文“杜乂”误作“杜义”。

⑤《世说新语》，第316页；《世说新语笺疏》，第614页。

⑥《世说新语》，第317页；《世说新语笺疏》，第614页。

值得注意的是，才子的外观特征描刻与六朝时期描摹男性美的文学文本之间有着千丝万缕的互文关联。要探讨文学中男性身体的表征，不妨先来关注六朝时期同性文学书写。这一时期文集中收载的帝王天子、名士重臣的诸多诗作，不少是公然嘉赞娈童身体之美的。

南朝时期，在皇族贵胄的支持追捧下逐渐形成“宫体诗”，主要由宫廷诗人围绕宫廷生活书写创作，主题内容与辞藻风格深受宫廷文学缘情绮靡的“贵族沙龙”（salon）环境影响。大多数宫体诗收录于《玉台新咏》。宫体诗颇多艳情之作，尤为亮眼的是其中的痴云腻雨、烟花风月、爱欲纠缠的诗兴表达，既表现异性之间，也不乏同性之间；个中痴男怨女，皆被视为“咏物”的审美对象。几首对娈童美男的颂美诗显示出那一时期人们对男性身体的审美取向和修辞理想，其中一首出自梁简文帝（549—551 年在位）之手：

娈童娇丽质，践董复超瑕。
羽帐晨香满，珠帘夕漏赊。
翠被含鸳色，雕床镂象牙。
妙年同小史，姝貌比朝霞。 147
袖裁连璧锦，笺织细橦花。
揽袴轻红出，回头双鬓斜。
懒眼时含笑，玉手乍攀花。
怀猜非后钓，密爱似前车。

足使燕姬妒，弥令郑女嗟。[56]①

若不借助董贤和弥子瑕的典故，读者很难判断诗中人物的性别。周小史作为“婉娈幼童”的经典形象在上述宫体诗中频繁出现，其雌柔女性化的特征在张翰诗中刻画得栩栩如生、宛在眼前：

翩翩周生，婉娈幼童。
年十有五，如日在东。
香肤柔泽，素质参红。
团辅圆颐，菡萏芙蓉。
尔形既淑，尔服亦鲜。
轻车随风，飞雾流烟。
148 转侧绮靡，顾盼便妍。
和颜善笑，美口善言。[57]

此诗当中的性暗示更为直白露骨，男性身体的娇嫩、香泽、柔润与温腻都表现得淋漓尽致。正如韩献博所述，“本应属于女性极致典范之美的白皙肤质与红润气色，现已让渡给性被动方的男性身上”。[58]不过，也有一些诗作流露出对娈童命运的恻隐怜悯，因为他

① 原书“珠帘”误作“珠廉”，“笺织细橦花”误作“床织细种花”，“揽袴”误作“揽裤”，“怀猜”误作“怀情”，“足使”作“定使”。

们与女性并无二致，都得倚赖自身姿色求生，无法确保恩主宠遇赓续不绝，时刻担心色衰爱弛；这些诗作表述与传统的“弃妇悲怨”主题大体相似。下引刘遵（卒于 535 年）之诗夸赞周小史的传奇美艳与别样魅力，但字里行间更多透露出怜惜惋叹之情：

可怜周小童，微笑摘兰丛。
鲜肤胜粉白，曼脸若桃红。
挟弹雕陵下，垂钩莲叶东。
腕动飘香麝，衣轻任好风。
幸承拂枕选，侍奉华堂中。
金屏障翠被，蓝帊覆薰笼。
本知伤轻薄，含词羞自通。
剪袖恩虽重，残桃爱未终。
蛾眉讵须嫉，新妆递入宫。[59] 149

从同性之爱到异性之恋

本节将重返异性恋语境“才子佳人”话语体系中，对雌柔化“才子”形象再作探讨。需要明确的是，“才子”主要由男性文人创作、为男性读者消费的人物形象。与其说“才子”反映出的是女性心目中理想的男性特质，倒不如更确切地说它是男性文化的建构之物，反映的是男性幻想中男性身体审美与身体修辞的标杆样板。

帝制中国文化有个显著特征，那就是天子帝王的惯习、品味和喜好总是为统治精英圈子的士大夫心慕手追、效颦学步，随后便风靡整个社会阶层。从这个层面看来，帝制文化是霸权主义文化的经典范例，被视为社会支配性主流话语的统治阶层观念与习尚，总能为被统治阶层口传耳受、广泛接纳。历朝历代皇亲国戚的同性情爱取向偏好，加上统治精英的同性倾慕潮流，遂对男性美主流倾向理念的形成产生了举足轻重的影响。

宋玉、潘安的形象已然成为男性文化中的预设偶像标志，他们也化身为异性恋话语系统中男性美的能指意符。毋庸置疑，这取决于男性文化的主导性地位以及男性在叙事中的话语霸权。女性的性期许被完全压制失声，导致男性对同性身体的性幻想无疑成了主流叙事；换言之，在被迫接受男性为女性预设的男性特质话语上，后者别无选择。因此，张生其实是反映男性心目中的理想廷臣的观念，而与女性无涉。本章接下来将论证张生形象可进一步追溯至男性文化中的同性
150 情爱表述上，这或许也能解释“肤如凝脂、朱唇玉面”的才子形象何以能成为通俗世情文学中理想男性的身体特征。由于在中国传统社会中异性恋 / 同性恋的二元分野无关宏旨，所以两套话语体系中男性身体的表征大同小异、并行不悖。例如，《玉娇梨》中对男主角苏友白的形象刻画，就遍布语涉上述同性情欲标志人物的典故，也不乏对同

性情爱书写中娈童身体美学的含沙射影：

> 美如冠玉，润比明珠。山川秀气直萃其躬，锦绣文心有如其面。宛卫玠之清癯，俨潘安之妙丽；并无纨袴行藏，自是风流人物。[60]①

在所有的人类文化中，男风之士似乎总与“雌柔化特征”紧密相关。在中国，南方男子比北方汉子更显阴柔，江南诸省是男风滋生之地，已是老生常谈。如前所述，*nanfeng* 一词既指“男风”亦指“南风”，人们根深蒂固地认为，作为一种风俗的同性情欲之恋在南方更为盛行。翻检诸如沈德符（1578—1642）、李渔等文人著述的明代通俗读物与小说文献可见，同性恋在种族学上更倾向分布在南方，尤以今福建省域为甚：“风土越南，男风 / 南风愈烈。不仅‘蜂也如是，鸟也如是’，而且就连‘草木也好此道’。”[61] 宋怡明（Michael Szonyi）研究指出清朝福建民众信奉崇拜“兔儿神”，此神可令信众性诱年轻男子。[62]

此种观念导致人们对南方男子雌柔化的刻板印象。林语堂如此描述南方人：

---

① 原书“宛卫玠之清癯，俨潘安之妙丽”一句误作“宛卫玠之清俨，潘安之妙丽”。

> 循扬子江而至东南海岸，情景便迥然不同，其人民生活之典
> 型大异。他们习于安逸，文质彬彬，巧作诈伪，智力发达而体格
> 151 衰退，爱好幽雅韵事，静而少动。男子则润泽而矮小，妇女则苗
> 条而纤弱。燕窝莲子，玉碗金杯，烹调极滋味之美，饮食享丰沃
> 之乐。懋迁有无，则精明伶俐；执载荷戈，则退缩不前。诗文优
> 美，具天赋之长才；临敌不斗，呼妈妈而踣仆。当清廷末季，中
> 国方屏息于鞑靼民族盘踞之下，挟其诗文美艺渡江而入仕者，固
> 多江南望族之子孙。[63]

南方男子雌柔阴性特质的形象建构，应该置于中国史上南方政治地位的语境中进行解读。合久必分，分久必合乃是中国历史的天下之势。在中土板荡、山河破碎之时，“胡虏”入侵、神州陆沉，中央政权被迫南迁至江南地区。继前述的南朝之后，历史上久处分崩离析、南北分治的时期还包括五代（907—960）和南宋（1127—1279）。南方政权素以懦弱无能著称，偏安于半壁江山，统治着南方一隅，过着“西湖歌舞几时休”的苟安生活。在汗牛充栋的历史文献与文学表述中，这些偏霸偷安南方小朝廷的统治精英多被塑造成政治上昏聩庸劣、军事上柔懦寡断的形象，更重要的是他们毫无收复失地的雄心壮志。[64]正如第四章所论，在儒家文化主流性别话语体系中，政治上宏图大愿的欠缺等同于“男子气概的缺失”；因此，南方文化及南方男子已然同阴柔、怯弱形象联系在一起。前文提及的南朝“南风”正

是对南方“颓废”社会风气的生动写照。

我在此不取本质主义（essentialist）阐释方式，而尝试借助政治与文化角度来对这一现象加以解读。雌柔女性化与阉割去势化已成为政治无能的象征，南方男子由此被降格为被动方的“阴”位。考虑到元代文人在政治上的失势，我们不难理解“才子”话语中的自我去势现象。如第二章所述，元朝始终存在北方（蒙古）胡虏和失意南方文人之间的紧张关系。“银样镴枪头”那样流露的男性焦虑，正是对元代社会文化张力之映射。与中国同性情爱传统所表现出的权力关系高度一致，中国文化中“北方 / 阳刚之气”与“南方 / 阴柔之感”刻板印象的生成，也是基于对性别霸权主义的政治解读。

南北地域的文化差异同样也反映在北曲南戏的殊异风格上。事实 152
上早自元代肇始，中国戏曲发展就呈现出南北戏曲传统分庭抗礼的特点。元杂剧起源于以今北京为中心的中国北方地区，故亦称北杂剧或北曲。几乎与此同时，[1] 中国南方也并驾齐驱地产生了另一种戏曲剧种，即由南宋词乐发展演变而来（“以宋人词而益以里巷歌谣”）的南戏。尽管南戏持续上演，但在蒙古一统华夏禹域之后，北杂剧迅速风靡流行，很快在南方也独领风骚。不过随着元朝的没落，自 1330 年左右起，南戏如枯木逢春，备受青睐，遂取代北杂剧而发展成为明代主流戏曲样式——传奇，并在后世演变成经久不衰、上演至今的昆曲。

---

① 甚至更早。

北曲南戏，风格各异：北杂剧粗犷豪放，剧目多以历史故事与英雄传奇为主；南戏则婉转缠绵，多以家庭剧情和爱情题材为重。正如杜为廉（William Dolby）所述，在南戏中“更多呈现的是言情主题而很少出现常被北杂剧演绎的烽烟兵戎题材。……北人或会抱怨南戏，说它‘总是’讲述才子佳人故事……”。[65] 明代曲家徐渭（1521—1593）对两种戏曲调腔音乐风格的经典评论常被后人援引：

> 153 听北曲使人神气鹰扬，毛发洒淅，足以作人勇往之志，信胡人之善于鼓怒也，所谓“其声噍杀以立怨”是已；南曲则纡徐绵眇，流丽婉转，使人飘飘然丧其所守而不自觉，信南方之柔媚也，所谓“亡国之音哀以思”是已。[66]①

与之类似，另一位明代批评家王骥德（1540—1623）对这两种戏曲剧种音乐作了更加显微阐幽的比较：

> 北主劲切雄丽，南主清峭柔远。北字多而调促，促处见筋；南字少而调缓，缓处见眼。北辞情少而声情多，南声情少而辞情多。……北气易粗，南气易弱。[67]

① 原书中文对照缺“信南方之柔媚也”一句。

诚然，“才子佳人”类型也是在元曲兴盛之时出现的，但应该还要把南戏对元杂剧存世剧本的影响考虑在内。元杂剧在明代内府经历了内容与形式的改头换面，臧懋循所辑《元曲选》和万历本数种元杂剧都经历过大刀阔斧、显而易见的编辑修改。例如《西厢记》尽管被视为元杂剧一种，但与其他杂剧剧本的天渊之别也是人所共识，就结构体式和谋篇布局而言，它反而与南戏更为接近。

蒋星煜从多个角度观察总结了南戏之于《西厢记》的影响：

其一，全称风格上更接近宋元南戏与明传奇，《××记》剧名也是南戏与传奇为多；

其二，张生由“生”脚扮演是受南戏影响，元杂剧脚色分行以“正末”为主，“生”脚为南戏所创；

其三，读音与韵律受到南戏方音影响而与《中原音韵》不对音；

其四，套曲的排列与组织比其他元人杂剧自由； 154

其五，元人杂剧在分本分折中都是一个脚色主唱，但《西厢记》则是轮唱与齐唱的使用贯穿全本；

其六，卷首有作者自我介绍创作意图与故事梗概（“末上首引”）是南戏的形式，元人杂剧都没有类似“家门大意”的唱词说白弁于卷首；

其七，篇幅与分折分出更近于南戏，五倍于其他元人杂剧；

其八，《西厢记》诸本多与南戏、传奇合刊，刊印地域十之八九都不在流行北曲的北方而多在南方，说明受到南方读者与观众的欢迎。

总之，《西厢记》是一部“南曲化”的北杂剧，承载了南戏具备的诸多特征，并深受南戏曲风和整个南方文化的影响。[68]

伊维德与奚如谷在其联袂英译《西厢记》的导言中指出，这部传世文本其实是南方文人的案头剧本（closet drama）：

> 时至16世纪晚期，北杂剧淡出舞台、不再上演以来，《西厢记》不仅以其他剧种形式持续登台演出，而且还以案头剧本形式焕然新生、凯歌再奏。[69]

因此，偏好于对文人书生与闺秀淑女身体定型化描述的“才子佳人”类型，主要是“雌柔特质”的南方文化的产物，这一点应毋庸置疑。尤须注意的是，堕入情网的书生由“生”脚扮演最早是出现在南戏舞台上的。在元代北曲杂剧中，承担主要表现职能的男性脚色是“末”；但在南戏和传奇当中分行更为细致：“生”专扮青年才俊，而“末”则改扮次要角色。通过粉靥妆容、炫服靓装、弱娇姿态等突出特征，才子形象逐渐程序化、模板化、套路化。此外，南戏中“生”脚流传至今，变成了今天京剧和地方戏种中的“小生”。杜为廉在《中国戏剧史》（*A History of Chinese Drama*）一书中对南戏中“生”脚的出现评述如下：

> “生”极可能是伴随南戏而衍生出的一个脚色行当，除了少 155
> 数可能出自编辑舛误的例外，它始终是南戏及传奇的艺术特性。南戏中的“生”脚饰演男主角，但它并不等同于元杂剧的“正末”，一般局限于儒生学士、秀才书生，并不会出演诸如张飞、关羽这类武将角色。它的原初义可能仅是“少年郎”而已。[70]

周建渝在研究清代“才子佳人”小说的出版与流传情况时指出：“才子佳人小说中的人物大多来自江南地区，这与作者原籍或才子佳人小说刊印流传的地域不无关联。……而才子佳人小说最广为刊刻流通的地方，应该就是江南地区。”[71]他的观点进一步印证了本书关于“才子佳人”世情文学与南方文化潜移默化之间存在密切关系的论述。

两种戏剧传统的对峙直到19世纪仍在持续，主要体现在“花雅之争”上，即“雅部”昆曲声腔与“花部”北方地方戏诸声腔之间的角逐。19世纪初，京剧在皇家扶持资助下于京城戏曲界独霸天下，花部因此压倒雅部；但昆曲依然在社会精英阶层与知识分子群体中盛行。而南方戏曲风格对京剧继续保持强劲影响力，尤其体现在京剧与其他地方戏种的“旦”脚都延续着男扮女装的反串传统。由年轻小生饰演娇娆柔媚的旦脚很快就成为京剧中最走俏也最吃重的角色，这也恰恰揭示了观众的同性情欲倾向。20世纪初，反串登台的旦脚在京剧中挑班唱戏，达到了“十伶八旦，十票九旦”的流行程度，当时伶界的主流演员无一例外地担纲男旦，例如“四大名旦”；[72]其中又以梅兰芳居首达到了反串男旦的至尊境界，不仅成为京剧的文化象征，更是整个中国戏剧的标志符号。[73]从某种程度而言，他的舞台形象就是中国戏曲中同性情爱美学的能指意符。[74]

156 无论是雌柔媚态的“生”，还是反串出演的“旦”，皆反映中国戏剧蕴含的同性情欲意味。探讨“南风”（南方文化对于中国传统戏曲的影响）与南方“男风”（其起源可上溯至六朝社会风尚）之间的内在关联，不仅有助于加深对朱大可所描述的传统中国戏剧中“同性恋话语本质”的理解，同时也深化对异性恋话语中文弱雌柔的才子作为理想化男性身体构建的认知。

原本作为同性情爱的身体修辞是如何被接受为戏剧小说中（异性婚恋）相沿成习男性气概的典范形象，只有通过上述探讨过程才能抽丝剥茧、拨云见日。因此我们不妨相信，戏剧是把男性身体的同性情爱美学散布到异性婚恋话语中的媒介。

（姬洁如、周睿 译，周睿 校）

第六章

同性社交渴望

英雄气概、厌女表现与男性间纽带

《论语》记载了“子见南子”的一则公案（南子以妖媚好色知 157
名）：“子见南子，子路不说。孔子矢之曰：‘予所否者，天厌之！天厌之！’”[1]① 这件轶事揭示了男子同性社交纽带关系之中女性所处的微妙位置，借鉴曼素恩的说法就是“在中国历史上，男性纽带关系对于男性而言，无论贫富贵贱，都是他们生存与生活的不二法典”。[2] 一次，“（卫）灵公与夫人同车，宦者雍渠参乘，出，使孔子为次乘，招摇市过之”，孔子叹曰：“吾未见好德如好色者也。”② 此说见于《论语》两次。由于同辇出行的还有一名阉宦，故这里的“色”可能不仅仅指女色。此外，“色”字还能指代唤起感官（诸如眼观、耳听、口言等）的一切事物，甚至也不与“性”等量齐观，因此涵盖能激发欲念的众生万物。

同性社交（homosociality）是研究中国古代男性特质的关键，因

---

①《论语译注·雍也篇》，第 68—69 页。

②《论语译注·雍也篇》，第 100 页；《论语译注·卫灵公篇》，第 171—172 页。

为在男子气概建构中，男男关系比男女关系发挥着更紧要的作用。曼
素恩认为“在帝制中国晚期的明清社会里，社会阶层流动的主流渠道
158 要求男性把绝大部分社交生活都花在与其他男性的交往互动上，在
这种文化中，同性社交纽带关系达到高度艺术化的境界是可想而知
的”。[3]本章拟通过同性社交渴望（homosocial desire）的角度来实验
性地解读中国传统男子气概。

去性化的英雄气概

迄今为止，我们一直关注的都是“才子佳人”故事中作为男性气概理想化人物“才子”的话语体系。尽管在男欢女爱的言情表述中，“才子”是男性特质的主流范式，但值得注意的是，男子气概在中国古典文学中还有形象各异的众多版本，比如像在白话小说中经常出现英勇果敢的武士与亡命草莽的侠盗。这些刻板的男性气概形象被誉为“大丈夫”“英雄”“好汉”，[4]无不寓意着一种性别典范。从西方性别话语的角度来看，这些形象无可置疑地都比文弱书生更显英武轩昂。然而，与英雄气概的西方化表征相比，中国化话语系统具有明显的性缺失（absence of sexuality）的特征。在某种意义上来说，中国式英雄好汉都是“去性化”的（desexualized）。因此，对今天的读者而言，意味深长的是世情文学中的男主角总是雌柔女性化的书生形象，而魁

梧健硕的武士勇将似乎对性事毫无欲念。

本章将聚焦于《三国演义》与《水浒传》这两部家喻户晓的白话小说，研究与“才子”同生共存的英雄男子气概。二书皆应成书于明初，不过其中不少故事情节早在元杂剧中就有所敷演，因此可被视为与“才子佳人”故事同时代的作品。

在《三国演义》与《水浒传》中，男性气概不是被定义成男女 159
情爱中为异性所喜欢的品质，而是在男性世界中为同性所推崇敬重的美德与人格特质。两部小说中的男性气概主要是通过男性之间的同性社交关系建构而成，并通过他们的棠棣之情、志同之谊、忠诚之心而外化展露出来，本书稍后将会讨论。若与西方骑士精神男性特质相比较，中国文化中的英雄话语系统表现出的是缺少性维度的男性气概。《三国演义》《水浒传》二书中众多英雄被视为男性气概的样板人物，包括仁厚忠义的首领刘备、宋江，孔武貌陋的武夫张飞、李逵，英俊自持的好汉关羽、武松等。这些角色似乎都对女色兴味索然，书中对他们的床笫之私也未置一词。接下来，我将这一类型的男性气概与“才子”类型分属于中国文学的两大传统门下，即英雄主题和艳情主题，并把它们置于政治化阴阳二元论的语境分析二者间的关系。

正如第四章已有讨论，在儒家话语中，至高无上的人格理想是成为圣王。在通俗小说与戏曲中，这一理想多表现在开国皇帝或义军领袖等历史人物身上，比如刘邦、刘备、李世民、宋江和朱元璋等。他们因为政治上的丰功伟绩而被奉为中国文化中真男子气概的楷模。在官方话语体系里，“真”汉子（汉语中的“大丈夫”）的特征主要体现在“仁”和“义”，或招贤纳士、延揽人才的能力上。“仁”与“义”的施受载体只限于男性世界；更重要的是，仁义话语体系的一个关键面向在于统治者坐怀不乱、不好女色，并把女性完全排斥于公共领域之外。仁君为其他男性所拥戴敬服，在很大程度上是因为他重视男性之间纽带关系的程度要远胜于男女关系的维系。

作为男性气概极致典型的化身，他们不容许女性成为实现宏图霸业路上的绊脚石。《水浒传》是这样描写众人推许的义军首领宋江的：“原来宋江是个好汉，只爱学使枪棒，于女色上不十分要紧。”[5]一次，梁山好汉擒获“天然美貌”的扈家庄女将扈三娘，宋江吩咐喽啰将扈三娘“‘连夜与我送上梁山泊，交与我父亲宋太公收管，……待我回山寨，自有发落’；众头领都只道宋江自要这个女子，尽皆小心送去”。然而令诸公意料不到的是，宋江最后将扈三娘赏配给属下王
160 英。①对宋江而言，赢取兄弟的耿耿忠心远比自己娶妻纳妾更为重要。同理，《三国演义》中的刘备也从未把女性置于首要地位，与孙夫人的联姻只是政治目的，“以夫人为香饵而钓备也”。[6]他有句事关女性的评语臭名昭著，时至今日还经常被女权批评家抨击，即“女人如衣服”。此话的上下文语境，是张飞醉酒误事、失守徐州，致使刘备家眷陷入敌手，自己无颜面对结义大哥，“惶恐无地，掣剑欲自刎”，这

① 施耐庵、罗贯中：《水浒全传》，第48—49回，上海：上海人民出版社，1975年，第608—611、637页。

时，刘备道：

> 玄德向前抱住，夺剑掷地曰："古人云：'兄弟如手足，妻子如衣服。衣服破，尚可缝；手足断，安可续？'吾三人桃园结义，不求同生，但愿同死。今虽失了城池家小，安忍教兄弟中道而亡？……"①

这种衣服/手足的修辞逻辑昭然若揭：女性算作是他者（the Other），而兄弟才是自我（the Self）的一部分。在这里，我提出这样一种观点，即众望所归的"明君仁主"的权威性，是由男性同性社交文化等级象征秩序所奠定的。

让我们回到政治化阴阳二元论的语境，像刘备这样的人君在等级象征系统中无疑体现出无出其右的"阳"性。然而值得注意的是，这些内圣外王的人物形象并非至尊完美，他们在武艺、智识、谋略诸方面皆远不及其僚属将佐。刘备"不甚好读书"，运筹帷幄、调兵遣将的能力不过泛泛；宋江"五短身材，面色紫黑"，且武艺平平、乏善可陈。不过无论在《三国演义》，还是《水浒传》中，身强力壮与武功盖世都不是能成为首领的决定性因素；头领"弘毅宽厚"的卓绝道义"甚得众心"，才令僚属将佐死心塌地，为其出生入死。这些人物

① 罗贯中：《三国演义》，第15回，北京：人民文学出版社，1979年，第129页。原书"古人云"之后的引文标点恐误，据原文改。

形象体现了中国传统小说表述中至高的英雄气概。在与刘备共议天下
161 时代英雄时，曹操这样说道：“夫英雄者，胸怀大志，腹有良谋，有包藏宇宙之机，吞吐天地之志者也。”①

曹操和刘备皆符合以上特征，但小说作者只把刘备捧为真“英雄”，而把曹操斥为“奸雄”。因此，英雄必是奉天承运的天选之子：刘备立志光复汉廷正朔王朝，而奸诈弃义的曹操一心只顾攫权自肥。除了追求宏图伟业，英雄还应多谋善虑、临机应变，懂得如何赢取其他男性的倾力支持。刘备就是这一人格理想的缩影，小说开篇对他形象的描述已然成为超群绝伦“明君仁主”的修辞套路：

> 那人不甚好读书；性宽和，寡言语，喜怒不形于色；素有大志，专好结交天下豪杰；生得身长七尺五寸，两耳垂肩，双手过膝，目能自顾其耳，面如冠玉，唇若涂脂；中山靖王刘胜之后，汉景帝阁下玄孙；……②

作为雄才伟略的头领，刘备尤长于“得人死力”、俘获人心。《三国演义》中最脍炙人口的情节之一，就是他三顾茅庐、恭请智囊诸葛亮卧龙出山的故事。③刘备与两个结义兄弟关羽、张飞情同手足

---

①《三国演义》，第21回，第187页。

②《三国演义》，第1回，第4页。

③《三国演义》，第37—38回。

的隆情厚谊，构成了整部小说的核心主题之一。然而，正如骆雪伦（Shelley Hsueh-lun Chang）注意到，“这部小说也清楚地表明，刘备并非天生行善之人，相反，他被刻画成一位聪慧机敏的能人，一位总 162
是在正确时机作出正确选择的时局掌控大师”。[7] 在另一回目中，赵云冒着生命危险从曹军重围中涉险救出刘备的襁褓幼子时，刘备把阿斗“掷之于地”，以示他对自己手下爱将的珍视程度比亲生儿子还高：

> 玄德接过，掷之于地曰：“为汝这孺子，几损我一员大将！”赵云忙向地下抱起阿斗，泣拜曰：“云虽肝脑涂地，不能报也！”①

在《水浒传》中，最能体现这种贤德英雄气概话语的，非宋江莫属。其行事与刘备有诸多类似。宋江凭其“忠义”成为梁山好汉的山寨之主，小说格外强调宋江乐善好施和“兄弟”道义：

> 平生只好结识江湖上好汉，但有人来投奔他的，若高若低，无有不纳，便留在庄上馆谷，终日追陪，并无厌倦；若要起身，尽力资助，端的是挥霍，视金如土。人问他求钱物，亦不推托；……赒人之急，扶人之困，以此山东、河北闻名，都称他做

①《三国演义》，第 42 回，第 365 页。原书页码误为“第 347 页”。

> 及时雨；却把他比作天上下的及时雨一般，能救万物。[①]

由于“江湖”闻名，宋江被推为首领。与其他彪形大汉型的草莽豪杰——譬如李逵——相比，宋江更富英雄气质，再加上他最为儒士
163 化，因而也显得更具男性气概。他对帝王主君的忠诚与对官方意识形态的坚持，对梁山泊这一本来具有政治颠覆性的世界起到了匡谬正俗的作用。

中国古典文学中“好汉”这一男子气概的刻板形象，或许与西方世界占据主流概念的男性特质最为符合。他们大多魁梧强健、拔山盖世，表现出诸如胆魄、刚毅、隐忍、坚韧等男性阳刚气质，又往往胸无点墨、粗莽蛮横、性情直爽。对他们的勇敢无畏与刚毅果断的描述也稍显夸张。某些“好汉”豪杰也符合儒家道德准则的典范，骆雪伦在其对明代历史小说的研究中将通俗小说中的“好汉”定型化特征总结如下表：

英雄好汉的共有特性

一、过人体力与绝世武艺

1. 魁梧奇伟的外貌与器宇轩昂的仪表
2. 惊才绝艳的武艺
3. 卓异隽拔的韬略
4. 力能扛鼎的体格

---

①《水浒全传》，第 18 回，第 205—206 页。原书中文对照部分佚“庄上”二字。

续表

二、勇敢无畏

1. 无惧无畏的精神

2. 不计后果的鲁莽

3. 威武不屈的斗士

（1）跃马横刀，勇往直前

（2）宁为玉碎，杀身成仁

4. 视死如归的勇决

三、百忍成金

1. 忍痛不言的毅力

（1）身遭剧痛，强忍无惧

（2）大刑伺候，咬紧牙关

2. 忍辱负重，以待重振

3. 直面死亡，不卑不亢

4. 笑对逆境

四、无私忘我

1. 舍生取义，两肋插刀

2. 慷慨激昂，热血澎湃

3. 忠君爱国，报主尽节

4. 知恩必报，含仇必雪

五、禁欲主义及其他 164

1. 不近女色，坐怀不乱

2. 匡扶正义，力斗权贵

3. 直言不讳，刚烈暴躁

4. 大块吃肉，大碗喝酒

5. 以孝为先，尤敬寡母[8]

像张飞、李逵、鲁智深这类江湖豪杰的“好汉”表征是“刚毅之气”(manliness)极为突出。例如，在脍炙人口的长坂坡一役中，张飞掩护刘备先行撤退，“立马于桥上”，独挡曹军追兵。眼见大军来袭，张飞“厉声大喝曰：‘吾乃燕人张翼德也！谁敢与我决一死战？’……曹军闻之，尽皆股栗”。张飞凶神恶煞的长相与赫赫猛将的威名，令曹军“疑有伏兵”，遂“独退曹家百万兵”。①与一般男子的怯弱畏葸相比，张飞非比寻常的男性气概被高光处理，小说对此事的诗评如下：“黄口孺子，怎闻霹雳之声；病体樵夫，难听虎豹之吼。”②

《水浒传》中的男性特质话语是以“好汉”意识形态为主要特征的。身为“好汉”，其不可或缺的个性特征应该包括遵奉兄弟情义、长于拳脚功夫、对友疏财仗义、嗜好肉山酒海，像“大碗喝酒，大块吃肉”[9]这类行为特征，常用于夸张地刻画绿林好汉的形象上，以彰显其大男子气概，马克梦这样说：

> “好汉”意识形态是通过强调名望、责任、情义等核心概念表述来加以概括的，这种“兄弟情义”(comradeship)是男性导向式的，正如老生常谈的俗话说的那样，“四海之内皆兄弟也”。至于名望与责任，义军好汉揭竿而起就是为了“替天行道”，也就是实施昏君奸臣怠忽懈慢的“善道”。此外，这类口号还有

①《三国演义》，第42回，第366页。

② 同上。

“仗义疏财”“路见不平”等。[10]

就长相外貌而言，这些男子威武雄壮、气势不凡。《水浒传》中 165
的花和尚鲁智深天生神力，“生得面圆耳大，鼻直口方，腮边一部貉𬸣胡须。身长八尺，腰阔十围”；① 而《三国演义》对张飞的外貌刻画是：“身长八尺，豹头环眼，燕颔虎须，声若巨雷，势如奔马。”② 虽然这些彪悍霸气的外貌可能象征着正义和胆魄，但绝对称不上“美”。在通俗白话小说戏曲中，这些威猛神勇的好汉或许并不能赢取女性芳心。

言情小说中的男主角都是清一色的儒生；而在传统戏曲中，豪杰好汉也总由“净”脚这一配角来扮演。尽管这些英雄好汉的行为举止也符合忠孝一类的儒家美德（比如李逵就是个孝子），但他们的道德准则有时会与贵族精英阶层的意识形态龃龉。简而言之，目不识丁的好汉把江湖义气凌驾于一切之上，而满腹经纶的首领与书生则独具忠君爱国这样的“宏大”关怀——《水浒传》中宋江与李逵之间冲突的一连串事件，就是这种张力的例证之一。[11] 因此，这种莽夫好汉代表的是一种相对低阶的男性特质，即赳赳“武”夫式的男子气概。虽然他们英勇无畏、舍生忘死，但其主要职责在于辅佐首领或儒士，例如孙隆基就认为《三国演义》中“行兵列阵、克敌制胜的是武将身后的谋士”；[12] 这当然是通过把知识当作一种权力的儒家观念来理解的。

---

①《水浒全传》，第 3 回，第 36 页。

②《三国演义》，第 1 回，第 4 页。

在《西厢记》中，“好汉”与“才子”的同台亮相意味深长。僧惠明是剧中一个无足轻重的小配角，但他在寺围一折中扮演了重要角色。不像“银样镴枪头”的张生，惠明临危不惧、杀出重围，如期把信交到了杜将军手里。在这折戏中，惠明的男子气概被凸显润饰，与雌柔女性化的才子形成了鲜明对比。第二本第二折即他主唱的“末本戏”，他在吟唱的众多曲子中吹嘘自己无畏之勇气，甚至流露出虐杀
166—167 倾向：“将五千人做一顿馒头馅。……包残余肉把青盐蘸。”[①] 下引唱段则夸耀他在接受任务后所表露的决意果敢：

我从来驳驳劣劣，世不曾忐忐忑忑，打熬成不厌天生敢。我从来斩钉截铁常居一，不似恁惹草拈花没掂三。劣性子人皆惨，舍着命提刀仗剑，更怕甚勒马停骖。[②]

然而，鲁莽孟浪的好汉只能充当儒生的帮手，只因他们通常“有勇无谋”。《西厢记》中有一出张生计赚惠明的戏很有意思：张生写完求救书，不知应该找谁送至杜将军，长老说他有一徒弟，“唤作惠明，则是要吃酒厮打。使他去，定不肯去；将言语激着他，他便去”。张生唤云：“有书寄与杜将军，谁敢去？谁敢去？”惠明果然入彀，答

①《西厢记》，第二本第二折，第 18 页。原书“馅”误作“陷”字。

②《西厢记》，第二本第二折，第 18 页。

曰："我敢去!"① 这里的弦外之音是，好汉虽有匹夫之勇，却只是被智识高人一等的文弱书生这类真英雄操控的工具而已。

好汉的英雄气概不禁让人联想到西方骑士精神的诸多面向。然而，二者对女性角色的态度却大异其趣。对比12、13世纪欧洲骑士文学（chivalric romance）与"宫廷爱情"（courtly love）主题，我们不难发现，英雄吸引及征服女性的本领是骑士式男子气概建构中无可替
代的元素。骑士声名与男性威风，无不源于击溃情敌的优胜感和抱得 168
美人归的本事。然而，在中国文学文本中，女性几乎悉数缺席于英雄生活之中，而且被描绘成一种威胁男性气概的邪恶魅惑。比如，"好汉"意识形态就要求禁欲，夏志清如是说：

> 对于英雄好汉而言更为重要的试验，是他必须抵得住女色诱惑。梁山好汉大多数都未曾成亲。而对于已婚的豪杰义士而言，对他们的婚姻性事，书中几乎全不着墨，除非他们的祸事是因她们而起。[13]

《水浒传》是一个只限男人生存的世界。女性或被虐杀惨死，或被"去性别化"，或是干脆消失不见。[14] 只有坐怀不乱、不近女色的男人才能为这个男性世界所接纳与敬重。夏志清曾写道："宋江虽买

---

①《西厢记》，第二本第二折，第17页。

下阎婆惜为妾，但一直极不情愿去与她相亲；饶是如此，身为鲁莽好汉的李逵，还是觉得宋江与阎婆惜的关系是一个不可饶恕的污点，以及他去京师密会李师师也同样不堪。”[15]色诱被看成对男性精神把持力道的试金石。

值得注意的是，除了张飞、李逵这样的蛮夫猛汉之外，还有一类男性，他们外表英俊，很受女性的青睐，但他们自己对女性毫无“性”趣，有些甚至还有厌女倾向，其男子气概主要通过克制生理欲望以完善高尚品德的方式而展现出来。身为儒家“忠义”思想教义的化身，关羽英武俊朗，“身长九尺，髯长二尺；面如重枣，唇若涂脂；丹凤眼，卧蚕眉：相貌堂堂，威风凛凛”。①《三国演义》通过许多故事刻画关羽无畏无惧的大丈夫形象，比如他不怯伏兵、直闯敌营、单刀赴会等。②关羽忍痛不言的毅力也成了一段传奇，他臂中毒箭，接受华佗的治疗，“用尖刀割开皮肉，直至于骨，刮去骨上箭毒，用药
169 敷之”。“刮骨疗毒”时关羽与马良弈棋，“帐上帐下见者，皆掩面失色”，而关羽“谈笑弈棋，全无痛苦之色”。③

一次，刘备在战乱中不知去向，关羽和刘备家眷甘、糜二夫人被“曹兵团团将土山围住”。为了护卫二位嫂夫人，关羽暂降曹操，与其约定“但知刘皇叔去向，不管千里万里，便当辞去”。曹军班师还许

①《三国演义》，第1回，第4页。

②《三国演义》，第66回。

③《三国演义》，第75回。

都，“操欲乱其君臣之礼，使关公与二嫂共处一室”，而关羽“乃秉烛立于户外，自夜达旦，毫无倦色”；“既到许昌，操拨一府与关公居住。关公分一宅为两院，内门拨老军十人把守。关公自居外宅”；曹操“又送美女十人，使侍关公。关公尽送入内门，令伏侍二嫂”。当他得知刘备下落之后，便立即辞别曹操，携二夫人过五关斩六将，重投刘备营下。①

或许《水浒传》中最生动传神展现英俊男子克己欲、成大事的例子，莫过于燕青的故事。燕青原是卢俊义的家仆，书中说这位年轻男子“一身雪练也似白肉”，“一身本事，无人比的”。宋江早有接受招安的打算，无奈由于朝中奸臣暗中作梗，他的受招衷情无从达知今上。恰好耽溺感官的宋徽宗（1101—1125 年在位）情迷京城名妓李师师，并从自己的内宫后园挖掘地道，以便能不时潜入李师师的闺房。得知此事，宋江决意扮作青楼恩客拜访师师，冀能面圣，“上达天听，早得招安”。但他深知自己不是能够虏获女性芳心的人，便令燕青同往。果然不出所料，水性风流的李师师“见了燕青这表人物，……倒有心看上他”，“一言半语，便来撩拨”。她“闻知哥哥好身纹绣，愿求一观”：

> 三回五次，定要讨看。燕青只的脱膊下来，李师师看了，十分大喜，把尖尖玉手，便摸他身上。燕青慌忙穿了衣裳。李师师

① 《三国演义》，第 25—27 回。原书“老军十人”译文误作 eighteen of his veterans。

170 再与燕青把盏，又把言语来调他。燕青恐怕他动手动脚，难以回避，心生一计，便动问道：“娘子今年贵庚多少？”李师师答道：“师师今年二十有七。”燕青说道：“小人今年二十有五，却小两年。娘子既然错爱，愿拜为姊姊！”燕青便起身，推金山，倒玉柱，拜了八拜。这八拜是拜住那妇人一点邪心，中间里好干大事；若是第二个，在酒色之中的，也把大事坏了。因此上单显燕青心如铁石，端的是好男子。①

燕青被赞为“好男子”，是因其能把持自己的肉欲之念，面对女色诱惑不为所动。如果一个男人能够“坐怀不乱”，就会被认为具备真正的男子气概与高尚品德。西方骑士精神男子气概体现在对女性的追求征服上；相反，中国传统通俗小说中好汉英雄气概的男性特质则被定义为对女 / 性的拒绝与割席上。

武松这位硬汉英雄也可归属这一形象范畴之中。他“身长八尺，一貌堂堂，浑身上下有千百斤气力”，在景阳冈赤手空拳打虎成名，其男性魅力也吸引了嫂嫂潘金莲。潘金莲原是大户人家的使女，“那个大户要缠他，这女使只是去告主人婆，意下不肯依从。那个大户以此恨记于心，却倒赔些房奁，不要武大一文钱，白白地嫁与他”。武大“身不满五尺，面目生得狰狞”“与武松是一母所生两个”。武大带武松回

①《水浒全传》，第 81 回，第 992 页。原书中文对照佚“又把言语来调他”一句。

家后，潘金莲试图调戏勾引，却遭到武松严词拒绝。这里，武松也是一位“去性化”的英雄，不近女色、克己复礼，出于伦理道德而刻意抗拒色诱，这在他对潘金莲勾引的厉声训诫上表现得淋漓尽致：“武二是个顶天立地、噙齿戴发男子汉，不是那等败坏风俗、没人伦的猪狗， 171
嫂嫂休要这般不识廉耻，为此等的勾当。倘有些风吹草动，武二眼里认的是嫂嫂，拳头却不认得是嫂嫂！再来休要恁地！”① 后来，潘金莲与西门庆有私，并毒死了自己丈夫；而武松发现药鸩阴谋后，极为残忍地手刃潘金莲和西门庆，再坦承罪行、戴罪收监。② 正如杨义极有见地地指出，老虎和女人都是考验武松男子气概的试金石：“景阳冈的吊睛白额大虫是‘山中之虎’，（美艳淫荡的嫂嫂）女色则是‘心中之虎’。武松正是既征服了山中之虎，又征服了心中之虎，才成为中国民间无限佩服的堂堂正正的一条好汉。”（图 6.1）[16]

伊爱莲（Irene Eber）曾指出《水浒传》中“女性只在表现女性性征、性欲、性行为时才会现形（除了梁山好汉三位女侠以及九天玄女之外）。年轻女性懂得以性为策来赢得好处、占据上风、保障安全，年迈女性则利用其他女性的皮肉生意作为谋生之道。通过男性对其恐惧与带着民间史诗色彩的血腥杀戮幻想，小说作者显示了其对待女性性征、性欲、性行为的态度”。[17] 小说中四位与人通奸的妻子被残酷地杀害，也揭示出好汉对女 / 性的戒心敌意。[18] 本章下一节将会详细

①《水浒全传》，第 24 回，第 286 页。

②《水浒全传》，第 24—26 回。

图 6.1　武松十字坡遇“菜园子”张青
（明代容与堂刊本《（李卓吾先生批评忠义）水浒传》第 27 回）

武松杀了潘金莲与西门庆后投案自首后，“迭配孟州牢城”。解赴孟州交割途中，武松和公人在十字坡暂歇，这里有一处酒店，是“菜园子”张青及其悍妻“母夜叉”孙二娘所开。他俩“只等客商过往，有那入眼的，便把些蒙汗药与他吃了便死。将大块好肉，切做黄牛肉卖；零碎小肉，做馅子包馒头”。武松机敏，寻思“这妇人不怀好意了，你看我且先耍他”，假装中招“把眼来虚闭紧了，扑地仰倒在凳边”。就在孙二娘动手剥皮剐肉之时，武松“就势抱住那妇人，把两只手一拘拘将拢来，当胸前搂住，却把两只腿望那妇人下半截只一挟，压在妇人身上”。正在这时张青赶到道歉：“是小人的浑家，‘有眼不识泰山’，不知怎地触犯了都头。可看小人薄面，望乞恕罪。”武松给孙二娘松绑后与二人交结。（注意图中武松的武打动作近于打虎。）

探讨“好汉”男性气概与厌女表现话语之间的关系。

如前所述，古代中国对男性气概的定义和表现，反映出中国文化中男性主体性的独有特征；西方文化中的男子气概，首先被定性为以女性为象征的大自然的征服能量与能力。这是一种自我 / 他者对立二分法的反映：女性被当成“他者”和自然的象征，是男性争夺角逐与占领征服的场域。因此，男性气概通过男性与女性 / 他者 / 自然的关系来界定一种独立个体的主体性。

然而在中国文化传统中，男性特质或性别通常是指政治结构中所
处的地位。儒家对于真汉子的要求包括孝敬双亲、家庭尽责（其中最
重要的莫过于传宗接代）等，而重中之重的，是忠君报国。换言之，
男性气概并非由男女关系决定，而是取决于其与政治体制之间的联 172
系。对中国男人而言，男子气概就是光宗耀祖、功成名立的才略，而
这要在公域世界中才能实现。因此，我们不难理解，何以在英雄话语
体系中的男性特质建构，性必然被摈斥。

从上述例子我们可以看出，这些小说中的同侪情义是有等级落差的，这与作为人伦关系基本准则的儒家阴阳学说一脉相承。事实上，这种关系同样也被帝制皇权作为一种维系社会秩序的手段而加以操控。柯启玄（Norman Kutcher）在对儒家五伦中的第五种，也是最危险的一种关系——朋友关系研究中发现：

> 只要朋友关系从属并支持社会上的其他关系，那么它就会被

欣然接受；而要做到这一点，则必须保持层级关系。朋友关系中的等级体系有助于巩固其他社会关系中的等级结构。[19]

男性间纽带和厌女表现

“三国”和“水浒”的天下是男性专属的同性社交空间。作为一种男性幻想，英雄好汉式男性气概是由男性间同性社交纽带网络构筑而成的。男性与男性之间的关系不仅是社会中最重要的联结，也是男子气概被赋予接受的场域。研究这一类型的男性气概及其与异性恋话语体系的关系，本书下文将借用并拓深伊芙·塞吉维克（Eve Sedgwick）关于同性社交渴望的学术观点来展开论述。①

塞吉维克在她的《男人之间》（*Between Men*）一书中借用社科领域的术语，将“同性社交渴望”定义为一种用以描述男性之间或女性之间社交纽带的连续统一体结构（continuum）。同性社交渴望这一概念在语言学上影射着可能的同性情爱，但塞吉维克特别指出二者并不能混为一谈。同性性行为仅在这一社交实践连续统一体中居于一隅，而同性社交渴望的理论则仍在这一连续统一体中寻求定位。这一

---

① 塞吉维克所著的《男人之间》中译本（上海：上海三联书店，2011年）将homosocial desire译成“同性社会性欲望”，这里依据本书上下文暂译为“同性社交渴望”，以避免“社会性”“欲望”二词可能产生的歧义。

语境中的“渴望 / 欲望”当被视为一种社会性驱动力而非仅涉肉欲的生理需求。[20] 那么，同性社交渴望是衡量男性间纽带关系的一种手段，也是强调父权体制中男性间关系结构的一种方式。塞吉维克以早期希腊社会的情况为例，指出父权制度的维系有赖于异性恋，但不靠 173
异性恋至上主义（heterosexism）或“恐同”主义。父权制和异性恋的基石，盖尔 · 鲁宾（Gayle Rubin）称之为“贩卖女性”（the traffic in women）。[21] 从这个角度来看，女性被当作“流通资产”，用以巩固“拥有”她们的男性之间的关系。因此，异性关系成了同性社交渴望的策略，它们的存在最终创设出男性间的纽带。塞吉维克进一步指出，这种联结一旦建立，不仅无损男性特质的观念，实际上还会将它明确固化。[22] 她把同性社交渴望策略定义为“情欲三角”（erotic triangles），即两位身处主动角色（通常但不限于是两个男人）的情敌之间为赢得“被爱”的第三者的青眼和 / 或钟情而展开的明争暗斗。①

《三国演义》和《水浒传》等古典白话小说中塑造的男性特质为同性社交提供了至关重要的例证，虽然将这个理论简单地应用到中国文本上，并非没有问题。接下来我们就会讨论在中国式英雄气概建构中男性同性社交纽带所发挥的作用及其与西方模式的区别。

首先，男子气概的同性社交性质取决于男性需要向同性而非女性证明自己。这一点表现在英雄所重之“名”，即赢得男性世界的钦重。

① Eve Sedgwick, *Between Men*, p. 21；中译本，第 2 页。

他们爱惜自己的江湖名声胜过身家性命。无论是草莽豪杰，还是儒士
书生，他们人生的主要（若非终极）目标，就是名垂青史。追求清名
的功德与儒家伦理准则如出一辙，不过看谁更重“忠义”。因此，“英
名清誉”代表的是同性社交群体中体制化的意识形态，并以同性间的
推诚布公和舍生取义为特征。对一名梁山好汉来讲，在这个同性社交
群体中赢得声名就是对男子气概的充分肯定。在《三国演义》中，败
将恐为“天下人耻笑”而宁死不降是常见的桥段。宋江以江湖名声而
坐上梁山泊的头把交椅，而事实也证明他终生把“名”视为荆山之
玉、灵蛇之珠加以珍视。因此，当他喝下皇帝御赐的毒酒，处于弥留
之际时，便把他最忠诚的追随者李逵叫至榻前，用慢药毒酒结果其
174 性命，只因宋江担心李逵在他死后造反而“把我等一世清名之事坏
了”。[①] 其次，值得我们留意的是，由于“恐同”话语在古代中国男性
特质建构中并不占主导地位，或按照前述说法，在中国本土文化中也
不存在现代意义上的同性恋 / 异性恋的二分法，故而男男间的关系纽
带无须借助女性为媒介来建立。所以尽管塞吉维克所提“情欲三角”
的意味在中国文学中确有存在痕迹，但中国传统文化中的同性社交关
系却多以女性缺席为特征。在大多数情况下，把男性团结在一起的是
对正义、正气、正道意识形态化的阐述，比如《水浒传》中“替天行
道”的口号或《三国演义》中匡扶汉室正统的伟业。

①《水浒全传》，第 120 回，第 1410 页。

最能展现同性社交关系意识形态政治正确性的事例，当属桃园三结义中义薄云天的盟誓之词：

> 念刘备、关羽、张飞，虽然异姓，既结为兄弟，则同心协力，救困扶危：上报国家，下安黎庶；不求同年同月同日生，只愿同年同月同日死。皇天后土，实鉴此心。背义忘恩，天人共戮！①

骆雪伦曾指出："显而易见，《三国演义》把结义兄弟之间的情谊奉为人伦关系中至尊至贵的一种……是时代主流儒家思想体系中男性之间的头号'纽带'。"[23]雷金庆则认为在《三国演义》中，"男性间彼此关爱，不管是肉体的还是其他的，都是书中唯一的崇高纯正之情"；[24]他还在对小说中男性纽带关系的重新细读之后，提到"刘备和曹操为了笼络关羽而利用的性与政治的力量，很好地说明了支撑他们之间同性社交欲望的结构，从而为（前现代中国的）思想和社会控制策略提供了极佳例证"。[25]

第三，由于男女之爱对男性间的纽带关系构成威胁，因而同性社 175
交话语体系对女性与男欢女爱都抱持敌意，这在一定程度上解释了小说中不近女色的清教徒式道德准则与对女性性欲的畏怯恐惧。根据赵毅衡（Henry Y. H. Zhao）的说法，官方正史编纂在中国的话语实践中

①《三国演义》，第1回，第5页。

高居金字塔的顶端，[26]它反反复复地形塑着沉迷女色、遭受祸乱的话语。女人极端危险，她们会令男人荒于政务、疏于事功，并造成与其他男人间的芥蒂，因此“襄王有意”屡遭诘责。在正史书写中，异性间的爱恋常常遭到贬损，而不是像“才子佳人”话语那样对男主人公加以赞颂。这种同性社交文化导致中国叙事文学对异性情欲的压制。

上述两本小说对同性纽带与异性关系之间的张力和冲突也有生动具体的描写。《三国演义》中著名的“连环计”故事，就是王允为了挑拨董卓和吕布的关系而设计的。[27]尽管貂蝉被颂扬为力挽汉帝国大厦将倾的英“雌”，但故事的言外之意，却是旨在隐喻红颜祸水，因为她们极有可能挑拨离间，甚至瓦解男性间的纽带关系，从而对父权制构成威胁。这种对女性的敌意与对女色的恐惧，导致小说通篇皆是厌女表现。在这个故事的早期流传文本元杂剧《月下斩貂蝉》中就有这样一出戏：董卓、吕布被除之后，貂蝉欲勾引“道德完人”关羽而被“青锋剑斩她一命亡”。[28]

在《水浒传》中，最令人震骇惊怖的一个杀人场景恐怕要数杨雄与其结拜兄弟石秀合戮与人通奸的杨雄妻子潘巧云，再齐投梁山泊入伙（加入同性社交群体）的情节了。潘巧云新寡后改嫁杨雄，被丈夫冷落便与和尚裴如海勾搭有染，不意却被杨雄义弟石秀勘破。石秀将此事告知杨雄要其留意背后之事，但当晚杨雄喝得酩酊大醉，质问潘巧云时反被其花言巧语蒙蔽。潘巧云诬陷石秀对其无礼，以此离间挑
176 唆杨、石二人关系。石秀“且退一步”，并未迁怒杨雄，而是伺机在

通奸现场杀了和尚裴如海，再说服杨雄自己亲手虐杀潘巧云和丫头迎儿。① 男人（杨雄）从此事中学得的教训是，义弟对他肝胆相照，而妻子却是邪淫放荡。有趣的是，这节故事中出现了“情欲三角”，不过男性却被放置于中间之位。换言之，这是一个男人与一个女人为了另一个男人而展开的捉对厮杀，是结义兄弟与结发妻子为了这个男人进行的竞争和冲突，这可以被看作同性社交话语与异性情恋话语之间张力的符号象征，暗示同性关系比异性关系更为牢靠。同性社交话语有时也带有同性情欲色彩。值得注意的是，《水浒传》中刻画了杨雄与石秀、卢俊义与燕青等几组男性“对偶”之间的深情厚谊，饶有深意的还有宋江与李逵之间的爱憎交集。[29]（图 6.2）女性被视为他们情义的绊脚石，有时甚至不得不被削株掘根（比如杨雄与石秀的故事）。儒家道德准则中众所周知的“从一而终”一般是用来规范女性的，但有时也适用于男性间的关系——关羽对刘备的赤胆忠心，以及上述宋江临终前拉李逵同归于尽，皆是如此。这都让人不禁联想到宠姬爱妃在兵败的霸王面前自刎以示忠心的知名典故。[30] 177

《三国演义》中的“爱才”话语也蕴含了割据霸主与骁勇猛将相互赏识的抒情化理想。小说中各方割据霸主对土地和权力的竞争，通常事关抢夺人才。他们思贤慕才，费尽移山心力招徕与吸引优秀虎将、谋士至其麾下。例如，奸雄曹操“唯才是举”，但由于其伪善诡

①《三国演义》，第 45—46 回。

图 6.2　燕青救主卢俊义（明代容与堂刊本《水浒传》第 61 回）

为了诱使玉麒麟卢俊义上梁山入伙，智多星吴用扮作算命道士到卢府。他假意推算卢俊义“有百日血光之灾”，建议“去东南上一千里之外躲避”。吴用的计谋为奇俊少年、卢俊义心腹家仆燕青识破，但卢俊义未从其意，遂入梁山罗网。然而，卢俊义不肯落草，为梁山泊“却送还宅”。卢氏“娘子旧日和李固原有私情，今日推门相就”，将卢俊义受骗所写的藏头反诗之事告至官府。卢俊义被判刺配沙门岛，梁中书贿赂差役董超与薛霸在押送路上取其性命。危急关头，忠仆燕青及时出手，射死两个公人，救出主人。

诈，很少有人会为他真心卖命。上引故事提到关羽为了保护二位嫂夫人，与曹操相约，“若知皇叔所在，虽蹈水火，必往从之”，然后暂降曹操。曹操“素慕云长忠义”，想要留其为己效力，“待之甚厚，小宴三日，大宴五日”“以客礼待关公，延之上座”“又备绫锦及金银器皿 178
相送”“又送美女十人，使侍关公”，而关羽“尽送入内门，令伏侍二嫂”。关羽对美女金帛皆不在意，唯重曹操所赠赤兔马，因“知此马日行千里，今幸得之，若知兄长下落，可一日而见面矣”。曹操甚至“以纱锦作囊，与关公护髯”，这让人联想到本书第五章曾论及三国时期崇尚男性美的社会风尚。然而，关羽仍是矢志不移地忠于结义大哥，想尽办法打听其下落。当被问及“倘玄德已弃世，公何所归乎”时，关羽答曰：“愿从于地下。”①

关羽被政治化地遵奉为“忠义”楷模，然而加入性维度考量的话，关羽的献身精神或许跟李渔的白话小说《男孟母教合三迁》的男主角有异曲同工之妙。《男孟母教合三迁》中的俊美少年挥刀自宫，以示对同性情郎的贞洁至死不渝。[31] 关羽、“男孟母”两则故事都意味着对男性的承诺（“从一而终”）。曹操“取异锦作战袍一领相赠。关公受之，穿于衣底，上仍用旧袍罩之”，解释说“旧袍乃刘皇叔所赐，……不敢以丞相之新赐而忘兄长之旧赐”。② 此举令曹操感而叹之：

①《三国演义》，第 25 回，第 222—224 页。

②《三国演义》，第 25 回，第 222 页。

“事主不忘其本，乃天下之义士也！”[1] 拒侍新主的关羽主要是因为其对旧主恩情未绝，尽管曹操屡屡表现出对关羽的爱慕和敬服，但是关羽不忘刘备的“知遇之恩”——这一提法在小说中比比皆是。忠贞之德与儒家道德规范中要求女性的贞节话语如出一辙，儒家文化将女性的物化（objectification），剥夺了她们的主体性，强调她们必得“从一而终”，因此，改嫁 / 易主都有违道德。重回前文对帝制时期中国政治结构中阴阳主体关系的讨论，我们不妨认为男性主体性在很大程度上也是缺失的，中国文化传统中的同性情爱 / 同性社交话语从根本上说是基于权力的。

上文已有提及，同性社交社群不仅将女性拒于千里之外，更将其
179 视为男性纽带关系的潜在威胁。这也能解释本章讨论的两部小说中众所周知的厌女倾向。女性一般都被排除在男性象征体系的主体之外。《三国演义》中有个令人惊愕骇异的故事足以说明这部小说中的女性地位：一次，刘备为吕布所败而“匹马逃难”，“途次绝粮，尝往村中求食。但到处，闻刘豫州，皆争进饮食”。猎户刘安一时无食可献，竟然杀妻割肉供刘备食用：

当下刘安闻豫州牧至，欲寻野味供食，一时不能得，乃杀其妻以食之。玄德曰：“此何肉也？”安曰：“乃狼肉也。”玄德不

[1]《三国演义》，第 25 回，第 224 页。

> 疑，乃饱食了一顿，天晚就宿。至晓将去，往后院取马，忽见一妇人杀于厨下，臂上肉已都割去。玄德惊问，方知昨夜食者，乃其妻之肉也。玄德不胜伤感，洒泪上马。①

故事以稀疏平常的随意语气讲述民众对刘备的全力支持，刘备和叙述者都推许猎户是忠义之士。

女色常被视为红颜祸水、暗藏杀机，耽于女色会使男性步往自溺（自我毁灭）。传统中国医学话语同样也赞成这一观点，认为女色是导致男子虚亏阳损的破坏之力。人们普遍认为与女交欢有损男子的健康与精气，所以男性理应节制房事、寡欲保精。[32]就上文提及的貂蝉来说，毛宗岗就在其“毛评本”中流露出对女色倾国的焦虑：“双股 180
剑、青龙刀、丈八蛇矛，俱不及女将军兵器。今日之好色者，仔细仔细！”[33]三件兵器分由刘备、关羽和张飞操持，三英联手斗吕布也不曾败下阵来；结果貂蝉的天姿国色比起这些兵器更具威力（因此对男人而言也更为致命）。饶有趣味的是，三般兵器都被诠释成男性阳根的象征，毛评此段因此清楚地表达出对女色颠覆力的男性焦虑。这种焦虑在历史白话小说中是常见主题。

笃信“女人乃罪恶之源”（因为“阴气”会损害侵蚀男性的“阳气”），既是小说作者薄情寡义地塑造《水浒传》中女英雄形象的根

①《三国演义》，第 19 回，第 166—167 页。原书漏标“第 166 页”。

源，也是对梁山英雄仇女表现的极力维护。厌女表现是阳刚英雄的共同特征。武松和鲁智深看到放荡轻佻的道士或僧人与女人厮混时，常常会勃然作色、怒不可遏；李逵甚至恼恨长相俊俏的女子。女性似乎要因“生而为女”接受惩罚，只因她们是对男性同性社交关系网络构成威胁的“他者”。

小说中虐杀私通女子的情节引起很多批评家的关注，其中手刃潘金莲和潘巧云是最骇人视听也最丧心病狂的。虐杀潘巧云时，“石秀便把那妇人头面首饰衣服都剥了，杨雄割两条裙带来，亲自用手把妇人绑在树上”，“杨雄向前，把刀先挖出舌头，一刀便割了，且教那妇人叫不的。杨雄却指着骂道：‘你这贼贱人，我一时间误听不明，险些被你瞒过了。一者坏了我兄弟情分，二乃久后必然被你害了性命。不如我今日先下手为强。我想你这婆娘心肝五脏怎地生着，我且看一看。’一刀从心窝里直割到小肚子下，取出心肝五脏，挂在松树上。杨雄又将这妇人七事件分开了，却将头面衣服都拴在包裹里了。”①

男性文化、历史话语与反抗

在英雄好汉话语体系中，男女之情不仅无处容身，而且备受指

①《水浒全传》，第 46 回，第 584 页。更正了原书中稍有舛误的人物关系。

摘，这与儒家文化中认为性是猥琐可耻的社会习俗是同频共振的。在
“好汉”意识形态中，真汉子不会对女人起色欲之心。一个耽溺于
“儿女情长”的男子会被认为“英雄气短”，不会为好汉豪杰的群体所
接纳，故在小说表述中会压制异性恋的男女私情。接下来我将要详叙 181
这一基于同性社交的男子气概话语体系，指出对男女之爱的抨击是父
权制等级象征秩序的主流叙事，而“才子佳人”类型故事则是对压制
异性情欲之念的一种明显反抗。

为了探讨“男性文化”与异性恋话语之间的关系，这里借用赵毅衡讨论中国传统白话小说的文化地位的学术观点。赵毅衡认为“中国传统白话小说是处于中国文化文类金字塔中的最底层的”。[34] 他将白话小说定义为一种亚文化（subcultural）话语，并根据社会学理论将“亚文化”与“反文化”（counter-cultural）加以区分，前者受控于主流意识形态的通俗化表意方式，而后者则拒绝加入文类层级规范之中，在抵制中确立自身价值，它们的相异之处主要表现在如下三方面：

其一，亚文化话语主要是为文化上与教育上处于劣势的社会阶层生产的，而反文化话语往往是为教育程度较高的阶层生产的。

其二，亚文化话语是为了消闲而生产的，而反文化话语是更“严肃”的精神活动产品。

其三，亚文化话语虽被既定文化势力视为异端，但不建构独立的文化释义系统，并对后者构成威胁，而反文化话语则试图建立独立价值标准来向既定话语规范挑战。[35]

参照这一框架标准，无论是历史或准历史英雄小说（如《三国演义》和《水浒传》），还是男女婚恋世情文学（如《西厢记》），都属亚文化文本。

在小说与戏曲的亚文化话语中，作为两大叙事主体的同性社交英雄气概与异性婚恋情欲色彩是共生共存的，这两类男性特质似乎处于平行空间。像李逵这样怀有厌女倾向的英雄豪杰注定成不了“才子佳人”世情文学的男主角，同样，像张生这样多愁善感的文弱书生，也很难想象能被梁山好汉欣然接受。

例如《三国演义》《水浒传》这类历史小说与历史演义（准历史小说），[36]显然都深受中国史传传统的影响。中国文化语境下的历史话语与小说/虚构话语的关系越发受到学界关注。[37]一方面，历史在
182 中国古典文学，尤其是叙事小说中扮演着核心角色，中国第一部纪传体通史《史记》多被认为是中国叙事小说的起源。浓郁厚重的“历史感”是中国小说最突出的特征。王德威（David Der-wei Wang）就指出“只要能跟历史情境扯上关联，则任一事物皆‘有其意义’”。[38]中国的小说家和剧作家皆以史料为故事素材或以典故来润文修辞，这已是约定俗成的传统惯例。另一方面，“历史”本质受主流话语干预。作为语言与话语惯习的产物，历史书写也受制于意识形态和文本阐释，而中国传统史纂所蕴含的意识形态显而易见。历史一直被视为宣扬儒学教义的媒介。

值得注意的是，在官方正史对英雄、官僚、诗人、皇帝及其他

"名士"的表述中，大多对性维度避而不谈。这一范式毋庸置疑地对历史小说与传奇戏曲产生了不可估量的影响。不仅因为这些小说戏曲有不少素材取自正史中的"真人真事"，而且正史"精神"也被小说话语体系传承。因此，在这些历史英雄人物的文学表述中，性被视为禁忌区域，符合中国史家"为贤者讳"的传统。

前文曾谈到，历史话语建构了一种同性社交式的"男性文化"。这一文化始终在中国传统话语实践中占据主流叙事或"阳"性的位置，其特点是遏抑男女异性情色欲望、倚赖男性同性社交纽带。借用路易·皮埃尔·阿尔都塞（Louis Pierre Althusser, 1918—1990）的术语来说，政治体制与儒家意识形态国家机器，都在同性关系中发挥效用，亦即父子、君臣、兄弟、朋友（强势 / 弱势）之间，等等。从某种意义上说，前现代中国的话语世界就是一个男性同性社交纽带关系编织的天下，重视同性之间的忠诚不渝、兄弟之间的同心同德。

"才子佳人"世情文学是白话小说戏曲的另一种叙事范式，即艳情叙述。无可否认，"才子佳人"展现了抵制、反抗男性主导文化的一类实例。这类故事颂美男女爱情，从而表达对超越、规避、违抗男性文化宰制的语言和性权力的渴望。 183

一般来说，"才子佳人"罗曼史是文人出于消遣而创作的。由于这些故事主题被官方史家归类为"轶事"，故作者与读者都未对其慎重看待。如前所述，才子形象可以解读为文人的一种自我表现，世情文学中的男主人公一般都是温文儒雅、志存高远的书生，与儒士文人的社会形象相通；他与才女的浪漫爱情，反映这一特定阶层的幻想或“投射”。然而，这些作品中的道德越界从未超出主流意识形态的容忍范围，因此，“才子佳人”类型未曾真正颠覆现有社会秩序或男性文化。它始终属于亚文化文本范畴。

与历史小说相比，“才子佳人”世情文学位处边缘。在某种程度上说，它们通过表达都市庶民百姓的欲望、幻想、需求和品味，体现出精英文化与大众文化之间的调解，而这也能部分解释仪式化阴阳对立二元论中位处“阴”位的性与爱何以见容的原因。例如，《西厢记》的世界就是阴性世界，奚如谷和伊维德曾指出：“《西厢记》的剧情都在一个由‘阴’主导的世界里展开，其中充满了代表暗黑与女界的传统意象，比如水、月、寺等。”[39]因此，较之同性社交“阳”性空间的英雄气概男性特质，这里的男性气概笼罩于“阴”性语境之下。张生在对公共政务竭力求索的途中，陷入女性主宰其行为举止的“阴”性世界里。当然，他最终得以重返“阳”界，完成男性气概建构的“入门仪式”。

为莺莺而战，还是战胜莺莺？

塞吉维克曾说，她对“同性社交渴望”这一术语的运用，在某种程度上类似于弗洛伊德式（Freudian）心理分析对“力比多”（libido）

的使用——“不是针对一种特定情感状态或情绪心境，而是一种情感力量或社群力量，甚至有时也不乏敌意、仇恨或不那么情绪化的某些东西，其像胶水一样塑造一种重要的关联。”[40]同性社交纽带不仅是指前文讨论过的手足情谊、兄弟情义等关系，有时也呈现出剑拔弩张 184
与兵戎相见的态势。性竞争是两个同性个体之间的一种重要社会关系形式。在《西厢记》的最后一本戏中，表现为张生与郑恒为争夺莺莺的较量，后者与崔夫人系姑侄，与莺莺原有婚约。历代学者对戏中的这一性竞争鲜有留意，而本节打算发掘这一性竞争背后隐藏的文化意义：将不同类型的男性特质之间的冲突解读为政治与社会张力的一种能指，并尝试揭示《西厢记》中的异性恋话语是如何被纳入男性同性社交文化的框架体系之中的。

在《西厢记》中争夺莺莺的男性角色有三个——才子张生、反派郑恒和叛将孙飞虎，分别代表文本权威、政治权威和军事权威。

角逐莺莺之主要对峙在张生和郑恒间展开。郑恒身为贵胄后代的纨绔子弟，是张生求偶莺莺的陪衬角色。但令人颇感讶异的是，二人的身世背景如出一辙：张生甫一出场就告知观众：“先人拜礼部尚书，不幸五旬之上因病身亡。后一年丧母。”①郑恒自报家门亦云：“先人拜礼部尚书，不幸早丧。后数年，又丧母。”②然而，大同小异的家庭出身却可能承载大相径庭的用意。对张生来说，这是他出身名门、家

①《西厢记》，第一本第一折，第 1 页。

②《西厢记》，第五本第三折，第 60—61 页。

世显赫的证明；但对郑恒而言，则可用以炫耀高贵血统、世袭特权：“我祖代是相国之门，倒不如你个白衣饿夫穷士。做官的则是做官。”①

郑恒在戏中被刻画成一个小人而非正人君子，既是一个毫无原则底线、令人憎恶腻烦、粗鄙不知廉耻的反派，也是仗势欺人的“衙内”。“先人在时，曾定下俺姑娘（崔夫人）的女孩儿莺莺为妻”，可
185 见，至少他自命不凡地认为，自己属于与莺莺匹配的特权阶层。

他对张生的态度骄横倨傲，得知莺莺许了张生恼羞成怒：“偏我不如他？我仁者能仁、身里出身的根脚，又是亲上做亲，况兼他父命。”②他强调自己与崔家的血缘关系，因为中国人传统上认为表亲婚可以“巩固旧情、亲上加亲”。然而，戏中张、郑的社会地位此消彼长：张生初登场时“书剑飘零，功名未遂”，③崔夫人以“俺三辈儿不招白衣女婿”④为由，不情愿将女儿许配与他；而此时郑恒身处优势，因为这桩包办婚姻可在崔郑两家豪门贵族之间缔结联谊。不过，当张生高中新科状元、授官河中府尹之际，就意味着他被统治阶层权力体系所接受并晋升为其中一员，因此就具备了成为崔府快婿的资格；而郑恒这时是无名无爵的一介布衣，再难与张生颉颃。杜确将军作为至尊皇权的见证代言人，力劝崔夫人“君瑞也是礼部尚书之子，况兼又

①《西厢记》，第五本第三折，第 62 页。原书对照中文文字稍误。

②《西厢记》，第五本第三折，第 61 页。

③《西厢记》，第一本第一折，第 1 页。

④《西厢记》，第四本第二折，第 48 页。

得一举”。① 这场较量遂以张生完胜而告终，而郑恒走投无路，“触树身死”。②

按照奚如谷和伊维德说法，作为元曲中的流行主题之一，文人—名妓—商贾之间的三角恋模式“为此剧铺设了一个隐性却重要的结构”。[41] 他们进一步阐述了《西厢记》与文人—名妓—商贾三角恋模式之间的相似之处：

> 鸨母通常固执己见让名妓下嫁与她选中的男人。这个男人多
> 半是一个丑陋粗鄙的商贾之子。另一方面，名妓通常会爱上穷书
> 生，而丫鬟则充当书生和名妓之间的媒人。而在此剧中也有诸多
> 的相似之处：崔夫人坚持要莺莺嫁给令人憎恶的郑恒，这显然是 186
> 基于鸨母和商贾关系的模式；张生是籍籍无名却深得莺莺依恋的
> 穷书生，同时，红娘在崔夫人盛怒之时扮演了情侣之间联络沟通
> 的角色。[42]

穷书生与奸商为名妓逐鹿争胜，而以书生最终胜出的情节模式，反映了元明时期这两类社会群体之间的政治张力。随着城市经济和商业的蓬勃发展，作为迅速崛起的新兴阶层，豪商巨贾开始涌现。尽管他们无法在传统的“文本文化”（前文已有论述）施展拳脚，但起码他

①《西厢记》，第五本第四折，第 67 页。

②《西厢记》，第五本第四折，第 68 页。

们可以斥资买春，这一点，文人则相形见绌。[43]蒙古统治者征服中原之后采纳了务实治国之策，他们最关心的是如何最大程度地盘剥利用被征服的人民，为进一步开疆拓土服务。因此，西域回鹘商人比中原知识精英更能获取统治者的信任和尊重。在这种社会情境下，“情欲三角”可被解读为被边缘化的文人幻想。在这两组群体之间的同性社交角力中，男女情爱主题与女性本身都只是媒介而已，或是“男性间交易”的场域。

和文人—名妓—商贾之间的三角恋相似，《西厢记》中书生与权贵竞逐莺莺同样具有同性社交性和政治性。在第五本第三折中，红娘与郑恒就莺莺的婚事唇枪舌剑，揭示出二男之间的竞争本质。二人争辩的焦点在于，郑恒通过鼓吹显赫家世来宣称自己理应占有莺莺，而红娘则以称颂张生的才德加以辩驳。红娘认为郑、张的天壤之别在于“他凭师友君子务本，你倚父兄仗势欺人”；① 郑恒声称“做官的只做官”，红娘斥曰：

187 你道是官人只合做官人，信口喷，不本分。你道穷民到老是穷民，却不道将相出寒门。②

这不正是视知识为权力形式与以血统为政治资产的两类人群之间

①《西厢记》，第五本第三折，第 62 页。

② 同上。

的对立冲突吗？如前所述，元朝统治者对科举取士并不重视，儒士文人被前所未有地边缘化，使元朝文人对于宋朝相对公平、公正、公开的选官制度，抚今怀昔地滋生出前朝旧梦的追忆。

尽管社会地位低下，汉族文人仍是文学文本的主要生产者，儒家思想还是支撑元代政权的意识形态国家机器。文人始终怀有精英地位的自我意识，也从未丧失道德优越感。因此，《剑桥中国史》就此提出元代两类精英是共生并存的，一是法理上的（如蒙古人、色目人），一是事实上的（如文人书生）：

> 这清楚地表明，中国社会等级中事实上的精英，虽然仍会受困于经济上的动荡性和心理上的抵触性，但实际上仍是社会上一个优越阶层。他们不再能够凭借科举考试获取地位、官职和财富。他们被迫与法理上的精英们合作，表现出各种高尚以及不那么高尚的动机。[44]

作为事实上的精英，汉族文人梦想着能够像前朝前辈那样，物善其用、人尽其才，发挥他们的天赋异禀和学问知识，成为国之栋梁。他们这种观念正如一部才子佳人戏《孟德耀举案齐眉》女主角所言，“秀才是草里幡竿，放倒低如人，立起高如人”。[45]

因此，清贫书生与纨绔子弟为了女性的较量比拼，正是体现了元代社会中事实上的精英（文本生产者）和法理上的精英（政治掌权者）之间的矛盾张力。剧作家以一种略带嘲讽的语气作诗收束全剧，188 其主题昭然若揭："只因月底聊诗句，成就了怨女旷夫。显得那有志的状元能，无情的郑恒苦！"① 张生力压郑恒，其实宣告了书生男性气概与文本权威的胜利。

《西厢记》的研究者普遍认为，传世本《西厢记》最后一本戏当是由另一位作者所续。与前四本戏相比，第五本在文体风格与题旨立意上都有明显背离。[46] 学界对大团圆方式结局的讨论多聚焦于"破坏了反封建主题"，批评其"不真实"。[47] 然而却鲜有留意最后一本戏文中的另一种背离，即从张生与莺莺之间的异性男欢女爱，转为张生与郑恒（及其暗含的权力关系）的同性社交竞争。张、郑的角力主要通过红娘对二人的评骘来呈现。虽然张、郑二人并无太多短兵相接，但第五本中的同性决胜却别有意味地显示张生最终"抱得美人归"的意义——以莺莺为胜果，而非为莺莺而取胜。换言之，莺莺被物化为在竞技中赢取的奖品，用以证明张生在道德与智识上胜人一筹，并奖励张生书生气的男性特质。戏中的异性恋话语被纳入同性社交等级秩序的框架中。

张生高中状元之后本可顺理成章地完成迎娶莺莺的心愿，这似乎让第五本戏显得有点画蛇添足。然而，张生在京城染恙卧床之后，情况就变得更为扑朔迷离。张生染病给了他的情敌郑恒可乘之机。后者

①《西厢记》，第五本第四折，第 68 页。

四处散播谣言，说张生已在京城做了尚书女婿。崔夫人闻讯，决定把女儿许配郑恒。幸好杜将军及时现身、出手相助（这又是利用了同性社交关系），挫败小人阴谋，使张生在这场性竞争中成了终极赢家。两名男性间竞争的情节为异性婚恋故事增添了同性社交的一种维度，也构成了对戏中颠覆性因素加以收编的部分。这种同性社交话语有助于稳固儒家思想体系与主导性的男性文化。

与西方文学中的“情欲三角”关系相比，戏中两名男子的双方 189
对峙颇具象征意味，通过红娘对二人的毁誉褒贬，呈现对两种不同的男性特质的判断。在第三折中，红娘与郑恒激辩，竭尽所能地贬郑褒张。耐人寻味的是，代表“好人”阵营出战、与恶痞正面交锋的，既不是张生，也不是莺莺，而是侍仆红娘。尽管她没有接受过教育，但却能巧用形象生动的俚语与平白的俗语来对郑恒冷嘲热讽。她对比二人的方法暗合于儒家话语君子 / 小人二元对立：“君瑞是君子清贤，郑恒是小人浊民。”①“你值一分，他是百十分，萤火焉能比月轮？”②“君瑞是个肖字这壁着个立人，你是个木寸马户尸巾。”③[48]

值得留意的是，对莺莺而言，尽管这则言情故事开头部分表露出她的逾矩性格，但在这部戏越往后发展，越把女主角视为男性争夺的物化对象与验证男性的运作机制。就她的肉身和性征而言，她在戏中

①《西厢记》，第五本第三折，第 61 页。

②《西厢记》，第五本第三折，第 62 页。

③ 同上。

是一种身体性的存在，在她首次出场即印证了这一点：

【元和令】颠不剌的见了万千，似这般可喜娘脸儿罕曾见。则着人眼花缭乱口难言，魂灵儿飞在半天。他那里尽人调戏亸着香肩，只将花笑拈。

……

【胜葫芦】则见他宫样眉儿新月偃，斜侵入鬓云边。……未语人前先腼腆。樱桃红绽，玉粳白露，半晌恰方言。

190 【幺】恰便似呖呖莺声花外啭，行一步可人怜。解舞腰肢娇又软，千般袅娜，万般旖旎，似垂柳晚风前。①

借用当代电影批评的术语来说，这种描写完全是出于一种“男性凝视”。她的身体被“碎片化”，被男性欲望割裂成一块块的断章残片——纤肩、蛾眉、发鬓、樱唇、皓齿、细腰，诸如此类，这也是文学表述对古典美人的常用修辞。更发人深省的是，在他们云雨幽会、初次有私的那折戏里，女性身体与性事被完全暴露于聚光灯之下：

【元和令】绣鞋儿刚半折，柳腰儿勾一搦，羞答答不肯把头抬，只将鸳枕捱。云鬟仿佛坠金钗，偏宜鬏髻儿歪。

①《西厢记》，第一本第一折，第3页。原书“玉粳”误作“玉梗”。

【上马娇】我将这纽扣儿松，把缕带儿解；兰麝散幽斋。不良会把人禁害，哈，怎不肯回过脸儿来？

【胜葫芦】我这里软玉温香抱满怀，呀，阮肇到天台。[49]春至人间花弄色。将柳腰款摆，花心轻折，露滴牡丹开。

【幺】但蘸着些儿麻上来，鱼水得和谐。嫩蕊娇香蝶恣采。 191
半推半就，又惊又爱，檀口揾香腮。①

这一情节将性置于知识与权力的场域之中，女性身体一如现代情色电影那样予以呈现：女体成了男人能够“凝视”并占有的知识学问。[50]

在最后一本戏中，身处捉对厮杀的两位男性之间，莺莺对自身命运无能为力，甚至连她在前半部戏中表现出来难能可贵的主动性也丧失殆尽。在决定她命运的最后一折中，她缄默不言、哑然无声，完全沦为一件等待被占有之物、一处同性必争之地。颇具讽刺意味的是，张生最终的胜利，是建立于其在同性社交领域的告捷之上，而同性社交领域却排斥女性和男女之爱。张崔成亲用来显示书生男性特质的优越。因此，尽管张生是“为”莺莺赴京赶考，然而他的最终胜利却是“对”莺莺的赢取。

（朱雪宁、周睿 译，周睿 校）

① 《西厢记》，第四本第一折，第 45 页。原书“哈”误作“哈”。

注　释

简体中文版序言

[1] Kam Louie, *Theorising Chinese Masculinity: Society and Gender in China*, Cambridge: Cambridge University Press, 2002, 中译本见雷金庆著，刘婷译：《男性特质论：中国的社会与性别》，南京：江苏人民出版社，2012 年。

[2] Martin W. Huang, *Negotiating Masculinities in Late Imperial China*, Honolulu: University of Hawai'i Press, 2006.

[3] Giovanni Vitiello, *The Libertine's Friend: Homosexuality and Masculinity in Late Imperial China*, Chicago: University of Chicago Press, 2011.

[4] Bret Hinsch, *Masculinities in Chinese History*, Lanham: Rowman & Littlefield, 2013.

[5] 参见 Geng Song and Derek Hird, *Men and Masculinities in Contemporary China*, Leiden: Brill, 2014; Derek Hird and Geng Song eds., *The Cosmopolitan Dream: Transnational Chinese Masculinities in a Global

Age, Hong Kong: Hong Kong University Press, 2018; 以及 Geng Song, *Televising Chineseness: Gender, Nation, and Subjectivity*, Ann Arbor: University of Michigan Press, 2022。

[6] Geng Song, "Masculinizing *Jianghu* Spaces in the Past and Present: Homosociality, Nationalism and Chineseness," *Nan Nü: Men, Women and Gender in China* 21.1 (2019): 107–129.

[7] Geng Song, "The Afterlife of a Tang Monk: Buddhist Masculinity and Transformations of the Image of Xuanzang in East Asia," *Nan Nü: Men, Women and Gender in China* 24.2 (2022): 296–318.

英文版序言

[1] Marie-Luise Latsch, *Peking Opera: As a European Sees It*, Dora Bradenberger and Kaethe Zhao trans., Beijing: New World Press, 1980, p. 16.

[2] 参 Geng Song, "Wax Spear-head: The Construction of Masculinity in Yuan Drama," *Tamkang Review* 30.1 (1999): 209–254; Geng Song, "Jasper-like Face and Rosy Lips: An Intertextual Reading of the Effeminate Male Body in Pre-Modern Chinese Romances," *Tamkang Review* 33.1 (2002): 77–111。

导 论

[1] Teresa de Lauretis, *Technologies of Gender: Essays on Theory, Film, and Fiction*, Bloomington, IN: Indiana University Press, 1987, p. 2.

[2] 例如，朱迪斯·巴特勒说："性别差异……从来都不只是受制于物质性差异的影响，后者并非由话语实践（discursive practices）同时标记和形塑而成。……其也不是关于身体的简单事实和静态状况，而是一个过程，在其中监管规范（regulatory norms）对'性别'物质化处理，并通过对这些规范的强制化复现（forcible reiteration）来完成物质化过程。" 见 Judith Butler, *Bodies That Matter: On the Discursive Limits of "Sex"*, New York, NY: Routledge, 1993, pp. 1–2；中译本见朱迪斯·巴特勒著，李钧鹏译:《身体之重：论"性别"的话语界限》，上海：上海三联书店，2011 年，导言第 1—2 页。

[3] Michel Foucault, *The History of Sexuality, Vol. 1: An Introduction*, Robert Hurley trans., New York, NY: Pantheon, 1978, p. 127；中译本见米歇尔·福柯著，佘碧平译:《性经验史》(增订版)，上海：上海人民出版社，2002 年，第 95 页。

[4] Judith Butler, *Gender Trouble: Feminism and the Subversion of Identity*, New York, NY: Routledge, 1990, pp. 25–26，中译本见朱迪斯·巴特勒著，宋素凤译:《性别麻烦：女性主义与身份的颠覆》，上海：上海三联书店，2009 年，第 34 页。

[5] Wilt Idema and Lloyd Haft, *A Guide to Chinese Literature*, Ann Arbor, MI: Center for Chinese Studies, University of Michigan, 1997, p. 45.

[6] Kenneth Clatterbaugh, *Contemporary Perspectives on Masculinity: Men, Women, and Politics in Modern Society*, Boulder, CO: Westview Press, 1990/New York, NY: Routledge, 1996(2nd edition), p. 3.

[7] 同上。

[8] 同上。

[9] 同上，p. 4。

[10] 大卫·D. 吉尔默（David D. Gilmore）在他的人类学著作《发明男性气概》一书中试图探索“男子气概的深层结构”，通过考察不同人类文化中的男子气概的观点概念来总结“男子气概的普世性原型”。其结论是并不存在这样的结构或原型，因为男性特质概念在不同的文化中有天壤之别。但是他也指出“对于大多数受调查的人类社会而言，要成为一个男人，他得能让女性成功受孕繁衍后代，能有效保护老弱病残免遭危险，能为家庭宗族贡献力量等。因为，尽管并没有一个‘统一标准的男性’，但或许可以根据这些行为表现的标准来说一种‘无处不在的男性’，不妨将这一‘准普世性’人物称为‘男人—授精者—保护者—提供者’”。见 David D. Gilmore, *Manhood in the Making: Cultural Concepts of Masculinity*, New Haven, NJ: Yale University Press, 1990, pp. 222–223；中译本见大卫·D. 吉尔默著，孙伟、张苗凤译：《发明男性气概》，杭州：浙江大学出版社，

2021 年。

[11] Michael S. Kimmel, “Masculinity as Homophobia: Fear, Shame and Silence in the Construction of Gender Identity,” in Harry Brod and Michael Kaufman eds., *Theorizing Masculinities*, Thousand Oaks, CA: SAGE Publications, 1994, p. 120.

[12] Berthold Schoene-Harwood, *Writing Men: Literary Masculinities from Frankenstein to the New Man*, Edinburgh: Edinburgh University Press, 2000, p. xii.

[13] Elisabeth Badinter, *XY: On Masculine Identity*, Lydia Davis trans., New York, NY: Columbia University Press, 1995, p. 26. 关于不同文化背景下男性气概概念及表现的人类学研究，参看大卫 · D. 吉尔默：《发明男性气概》。

[14] R. W. Connell, *Masculinities*, Berkeley, CA: University of California Press, 1995, p. 81；中译本见康奈尔著，柳莉、张文霞、张美川、俞东、姚映然译，赵平审校：《男性气质》，北京：社会科学文献出版社，2003 年，第 111 页。

[15] Michael S. Kimmel, “Masculinity as Homophobia,” p. 125.

[16] 同上，pp. 125–126。

[17] 对男性特质与父权体制之间差异的详论，参见 Arthur Brittan, *Masculinities and Power*, Oxford: Basil Blackwell, 1989, pp. 3–6。

[18] Thelma Fenster, “Preface: Why Men?,” in Clare A. Lees ed., *Medieval*

Masculinities: Regarding Men in the Middle Ages, Minneapolis, MN: University of Minnesota Press, 1994, p. x.

[19] John Tosh, "What Should Historians Do with Masculinity? Reflections on Nineteenth-Century Britain," *History Workshop Journal* 38(1994): 180.

[20] Judith Butler, *Gender Trouble*, p. 9；中译本，第 13 页。

[21] 雷金庆的著作《男性特质论：中国的社会与性别》是第一本从文武范式视角研究中国男性特质的系统专著，本章稍后还要详论此书。不过，该书的研究范围并未限于中国传统文化，作者旁征博引各类文献，从孔子的《论语》到张贤亮的小说，不一而足。钟雪萍的《受困的男性特质》(Xueping Zhong, *Masculinity Besieged?: Issues of Modernity and Male Subjectivity in Chinese Literature of the Late Twentieth Century*, Durham, NC: Duke University Press, 2000）聚焦于 20 世纪 80 年代的中国文学和电影，极富洞见地从女性主义精神分析角度研究中国男性主体性的问题。迄今为止，与中国男性特质研究相关耕耘最勤力的领域当属男性同性情爱研究，韩献博的《断袖之癖》(Bret Hinsch, *Passions of the Cut Sleeve : The Male Homosexual Tradition in China*, Berkeley, CA: University of California Press, 1990）是其中最广为人知且屡被征引的力作。魏浊安的论文 "Exemplary Sodomites: Chivalry and Love in Late Ming Culture"（*Nan Nü: Men, Women, and Gender in Early and Imperial China* 2.2 [2000], pp. 207–258）对明清男风文学加

以犀利批判性解读。[①] 有关中国文化中同性恋的讨论所引更多学术专著论文详情，参看本书第五章。近年来，历史学和人类学领域对中国男性特质的研究兴趣与日俱增，《美国历史评论》学刊出版了题为"中国历史中的性别与男性气概"的学术论丛，其中五篇文章集中讨论中国古代的同性社交纽带，详见"Gender and Manhood in Chinese History," *American Historical Review* 105.5(2000)；另外，包苏珊、华志坚主编的《中国女性特质和男性特质》也收录了一些关于中国古代男性特质饶有趣味的论文（Susan Brownell and Jeffrey N. Wasserstrom eds., *Chinese Femininities/Chinese Masculinities: A Reader*, Berkeley, CA: University of California Press, 2002）。

［22］Susan Mann, "The Male Bond in Chinese History and Culture," *American Historical Review* 105.5(2000): 1601.[②]

［23］R. W. Connell, *Masculinities*, p. 68；中译本，第 92 页。

［24］同上。

［25］Xueping Zhong, *Masculinity Besieged?*, p. 41.

［26］同上，p. 46。

---

① 魏浊安后有专书问世，*The Libertine's Friend : Homosexuality and Masculinity in Late Imperial China*, Chicago, IL: University of Chicago Press, 2011；中译本见魏浊安著，王晴锋译：《风流浪子的男友：晚明到清末的中国同性恋与男性气质》，台北：时报文化，2022 年。

② 原书引出处时仅见电子版文献出处。

[27] 孙隆基:《中国文化的“深层结构”》, 香港: 壹山出版社, 1983 年; 修订版: 香港: 花千树, 2005 年; 桂林: 广西师范大学出版社, 2011 年; 孙隆基:《未断奶的民族》, 台北: 巨流图书公司, 1995 年。

[28] Edward W. Said, *Orientalism*, New York, NY: Vintage Books, 1979, pp. 5–6; 中译本见爱德华 · W. 萨义德著, 王宇根译:《东方学》, 北京: 生活 · 读书 · 新知三联书店, 2007 年, 第 8 页; 爱德华 · W. 萨义德著, 王志弘、王淑燕、郭菀玲、庄雅仲、游美惠、游常山译:《东方主义》, 台北: 立绪文化事业有限公司, 1999 年。

[29] Robert J. C. Young, *Postcolonialism: An Historical Introduction*, Oxford, UK & Malden, MA: Blackwell Publishing, 2001, pp. 325–326; 中译本见罗伯特 · J. C. 扬著, 周素凤、陈巨擘译:《后殖民主义: 历史的导引》, 台北: 巨流图书公司, 2006 年, 第 336 页。

[30] Leela Gandhi, *Postcolonial Theory: A Critical Introduction*, New York, NY: Columbia University Press, 1998, pp. 99–100.

[31] 同上, p. 100。

[32] Frantz Fanon, *Black Skin, White Masks*, Richard Philcox trans., New York, NY: Grove Press, 1967; 中译本见弗朗茨 · 法农著, 万冰译:《黑皮肤, 白面具》, 南京: 译林出版社, 2005 年; 陈瑞桦译, 台北: 心灵工坊文化事业股份有限公司, 2005 年; 类似观点亦见 Leela Gandhi, *Postcolonial Theory*, pp. 98–101。

[33] Ashis Nandy, *The Intimate Enemy: Loss and Recovery of Self under Colonialism*,

Delhi: Oxford University Press, 1983, p. 4；中译本见阿希斯·南地著，丘延亮译：《贴身的损友：有关多重自身的一些故事》，台北：台湾社会研究杂志社，2012 年；北京：人民出版社，2017 年，第 8 页。①

[34] Kam Louie and Louise Edwards, "Chinese Masculinity: Theorizing *Wen* and *Wu*," *East Asian History* 8(1994): 147–148.

[35] 同上，p. 148。

[36] Tani Barlow, "Introduction: Gender, Writing, Feminism, China," *Modern Chinese Literature* 4(1988): 7.

[37] Tani Barlow, "Theorizing Woman: *Funü, Guojia, Jiating* [Chinese Women, Chinese State, Chinese Family]," *Genders* 10(1991): 133.

[38] Frank Dikötter（冯客），*Sex, Culture and Modernity in China: Medical Science and the Construction of Sexual Identities in the Early Republican Period*, Honolulu, HI: University of Hawai'i Press/Hong Kong: Hong Kong University Press, 1995.

[39] Tani Barlow, "Introduction: Gender, Writing, Feminism, China," p. 8.

[40] 埃莱娜·西苏（Hélène Gxous）指出："每一种文化理论、每一种社会理论和整个符号系统的集合体——所有的一切，也就是所有被言说的，被排序为话语、艺术、宗教、家庭的一切，所有抓住我们的一切，所有影响我们的一切，无不是围绕着男女对立这一等级秩序体系

① 中译本将 colonial homology 译为"同系逻辑"。

而展开……” 见 Hélène Cixous, “Castration or Decapitation?,” Annette Kuhn trans., *Signs: Journal of Women in Culture and Society* 7.1(1981): 44。

[41] David L. Hall and Roger T. Ames, *Thinking from the Han: Self, Truth, and Transcendence in Chinese and Western Culture*, Albany, NY: State University of New York Press, 1998, p. 81；中译本见郝大维、安乐哲著，施忠连译：《汉哲学思维的文化探源》，南京：江苏人民出版社，1999 年，第 85 页。

[42] David L. Hall and Roger T. Ames, *Thinking from the Han*, p. 31；中译本，第 35 页。

[43] Kam Louie, *Theorising Chinese Masculinity*, p. 11；中译本，第 17 页。

[44] 同上，p. 6；中译本，第 9 页。

[45] 同上，p. 17；中译本，第 25 页。

[46] 同上，p. 12；中译本，第 18 页。加粗字体为我所加。

[47] Martin W. Huang, *Desire and Fictional Narrative in Late Imperial China*, Cambridge, MA: Harvard University Asia Center, 2001, p. 58；中译本见黄卫总著，张蕴爽译：《中华帝国晚期的欲望与小说叙述》，南京：江苏人民出版社，2010 年，第 49 页。

[48] Kam Louie, *Theorising Chinese Masculinity*, p. 10；中译本，第 15 页。

[49] 同上。

[50] 同上。

[51] 例如，我试图尝试将 masculinity 译成中文，但发现很难找到一个恰当

的对应词。"男子汉气概"或"阳刚之气"显得太过褒义和诗性而丢失了该词原本的中性内涵。Masculine 的名词性结构应为"男性性"，但汉语中并无这一生造词。学界文章近来多用"男性建构"这一新词，用以指代作为文化建构的男性特质，但对于那些不了解建构主义理论的人来说，这一新词恐怕仍然令人费解。

[52] Susan Brownell and Jeffrey N. Wasserstrom eds., *Chinese Femininities/Chinese Masculinities: A Reader*, p. 26.

第一章

[1] 例见 William H. Nienhauser, Jr.（倪豪士）ed. and comp., *The Indiana Companion to Traditional Chinese Literature*, Bloomington, IN: Indiana University Press, 1986, pp.783–786; Richard C. Hessney, "Beautiful, Talented, and Brave: Seventeenth-Century Chinese Scholar-Beauty Romances," PhD diss., Columbia University, 1979 等。

[2] 对"中华帝国晚期"或"晚期帝制中国"的界定，汉学家提法各异，有时候单指清朝，更多时候概指明、清二朝。而本书则指元、明、清三朝，时间跨度约为 13 世纪至 19 世纪。

[3] 胡万川：《谈才子佳人小说》，载胡万川：《话本与才子佳人小说之研究》，台北：大安出版社，1994 年，第 223—224 页；重版：台北：五南图书，2018 年，第 188—197 页。

[4]《玉娇梨》，重刊收入《古本小说集成》，上海：上海古籍出版社，1994年，第5页。

[5]据周建渝考证，“才子”一词最早见于《左传》，在3世纪时被赋予“文才之士”的含义；“佳人”一词最早见于《楚辞》，首先用以指代美妇的用法出现在汉代宫廷乐师李延年（卒于公元前87年）向汉武帝举荐其姊的一首诗里，见Jianyu Zhou, “The *Caizi-Jiaren* Novel: A Historical Study of a Genre of Chinese Narrative from the Seventeenth Century to the Nineteenth Century,” PhD diss., Princeton University, 1995, pp. 5–20。

[6]司马迁：《史记》，卷117，北京：中华书局，1959年，第3000—3001页。

[7]Richard C. Hessney, “Beautiful, Talented, and Brave,” p. 42.

[8]刘义庆：《世说新语》，北京：新世界出版社，1995年，第479页。英译主要参考Richard B. Mather（马瑞志），*A New Account of Tales of the World*, 2nd ed., Ann Arbor, MI: University of Michigan, Center for Chinese Studies, 2002, p. 524，有微调。①

[9]元稹：《莺莺传》，载霍松林编：《西厢汇编》，济南：山东文艺出版社，1987年，第8页；英译参考James R. Hightower（海陶玮）版本，in Victor Mair（梅维恒）ed., *The Columbia Anthology of Traditional Chinese Literature*, New York, NY: Columbia University Press, 1994, p. 860。

---

① 原文校对参考徐震堮笺：《世说新语校笺》，卷下，北京：中华书局，1984年，第491—492页。

[10] 例如，姚树华在才子佳人戏剧的研究中指出，基于对“才子佳人”的评价标准可将这类故事分为三类：“士子娼妓之爱、士子鬼魄之情（人之鬼或非人之魄，如柳妖、狐媚）以及士子闺秀之（婚前）恋”，见 Christina Shu-hwa Yao, “*Cai-zi Jia-ren*: Love Drama during the Yuan, Ming and Qing Periods,” PhD diss., Stanford University, 1983, p. 4。不过更为学界普遍接受的界定一般会排除前两种类型。

[11] “诸宫调”也因以唱词的韵文和说白的散文相互间杂而被某些学者英译为 Chinese chantefable，如见 Li-li Ch'en, “Translator's Introduction,” in idem. trans., *Master Tung's Western Chamber Romance (Tung Hsi-hsiang chu-kung-tiao): A Chinese Chantefable*, Cambridge: Cambridge University Press, 1976, p. ix。

[12] Richard C. Hessney, “Beautiful, Talented, and Brave,” p. 63.

[13] 同上，p. 65。

[14] Li-li Ch'en, “Translator's Introduction,” pp. x–xi.

[15] Richard C. Hessney, “Beautiful, Talented, and Brave,” p. 65.

[16] 同上，p. 76。

[17] 吉川幸次郎：《元杂剧研究》，东京：岩波书店，1948 年；中译本见郑清茂译：《元杂剧研究》，台北：艺文印书馆，1960 年，第 71—163 页。

[18] Stephen H. West and W. L. Idema, “Introduction,” in idem. trans./eds., *The Moon and the Zither: The Story of the Western Wing*, Berkeley, CA: University of California Press, 1991, p. 11.

[19] Stephen H. West, "A Study in Appropriation: Zang Maoxun's *Injustice to Dou E*," *Journal of the American Oriental Society* 111.2 (1991): 283–302，中译本见奚如谷:《臧懋循改写〈窦娥冤〉研究》，张惠英译，《文学评论》，1992年第2期，第73—84页；W. L. Idema, "Why You Never Have Read a Yuan Drama: The Transformation of *Zaju* at the Ming Court," in *Studi in onore di Lanciello Lanciotti*, S. M. Carletti, M. Sacchetti and P. Santangelo eds., Napoli: Istituto Universitario Orientale, Dipartimento di Studi Asiatici, 1996, pp. 765–791；中译本见伊维德:《我们读到的是"元"杂剧吗？——杂剧在明代宫廷的嬗变》，宋耕译，《文艺研究》，2001年第3期，第97—106页。

[20] 罗锦堂:《现存元人杂剧本事考》，台北：中国文化事业股份有限公司，1960年，第440页；罗锦堂:《元杂剧本事考》，西安：陕西师范大学出版社，2017年，第393页。

[21] 冯瑞龙依据西方戏剧和原型理论将三十五种爱情剧又分为悲剧（两种）、悲喜剧（二十种）和喜剧（十三种），见冯瑞龙:《元代爱情剧研究》(A Critical Study of the Love Theme Plays of the Yuan Dynasty, 1279–1368)，香港：香港大学硕士论文，1988年。

[22] 宁宗一、陆林、田桂民编:《元杂剧研究概述》，天津：天津教育出版社，1987年，第181—187页。

[23] Li-li Ch'en trans., *Master Tung's Western Chamber Romance*, p. 113.

[24] Stephen H. West and W. L. Idema, "Introduction," pp. 59–61.

[25] Wu-chi Liu（柳无忌）, *An Introduction to Chinese Literature*, Bloomington, IN: Indiana University Press, 1966, p. 254.

[26] 关于明清文学中男性焦虑和女性代言之间关系的讨论，见 Martin Huang, *Literati and Self-Re/Presentation: Autobiographical Sensibility in the Eighteenth-Century Chinese Novel*, Stanford, CA: Stanford University Press, 1995, pp. 76–88。

[27] Richard C. Hessney, "Beautiful, Talented, and Brave," p. 65.

[28] 以最有影响的两本关于中国文学史的大学教材（分别由游国恩和中国社会科学院撰写）为例，二书对"才子佳人小说"只字未提。

[29] 参看 William Bruce Crawford, "Beyond the Garden Wall: A Critical Study of Three 'Ts'ai-tzu chia-jen' Novels," PhD diss., Indiana University, 1972; Richard C. Hessney, "Beautiful, Talented, and Brave"; Jianyu Zhou, "The *Caizi-Jiaren* Novel"; 周建渝：《才子佳人小说研究》，台北：文史哲出版社，1998年。

[30] W. L. Idema and Lloyd Haft, *A Guide to Chinese Literature*, Ann Arbor, MI: University of Michigan, Center for Chinese Studies, 1997, p. 227.

[31] Keith McMahon, "The Classical 'Beauty-Scholar' Romance and the Superiority of the Talented Woman," in Angela Zito（司徒安）and Tani E. Barlow eds., *Body, Subjects and Power in China*, Chicago, IL: University of Chicago Press, 1994, p. 244.

[32] 关于晚清文化中书生男性气质到侠士男子气概转变的讨论，参见 Giovanni Vitiello, "Exemplary Sodomites: Chivalry and Love in Late Ming Culture," pp. 207–258。

[33] Jianyu Zhou, "The *Caizi-Jiaren* Novel," p. 125.

[34] 周建渝在其博士论文中从《红楼梦》的人物类型、初见意义、花园布局、联曲功能等方面归纳了才子佳人小说对《红楼梦》的具体影响，见 "The *Caizi-Jiaren* Novel," pp. 168–191。

[35] Robert E. Hegel, *The Novel in Seventeenth Century China*, New York, NY: Columbia University Press, 1981, pp. 166–187.

[36] C. Hugh Holman and William Harmon, *A Handbook to Literature (Sixth Edition)*, New York, NY: Macmillan, 1992, p.413.

[37] 刘兑：《娇红记》，载周贻白编：《明人杂剧选》，北京：人民文学出版社，1958 年，第 1—83 页。

[38] 孟称舜著，卓连营注释：《娇红记》，北京：华夏出版社，2000 年，第 5 页。

[39] Giovanni Vitiello, "Exemplary Sodomites," p. 211.

[40] 对武侠发展史的详论参看陈山：《中国武侠史》，上海：上海三联书店，1992 年。

[41] Michel Foucault, *The Archaeology of Knowledge,* A. M. Sheridan Smith trans., London: Tavistock Publications, 1972, p. 85；中译本见米歇尔·福柯著，谢强、马月译：《知识考古学》，北京：生活·读书·新知三联书

店，1998 年；董树宝译：《知识考古学》，北京：生活·读书·新知三联书店，2021 年。

[42] Michel Foucault, *The History of Sexuality*, p. 101；中译本，第 134 页。

[43] David Buchbinder, *Masculinities and Identities*, Melbourne: Melbourne University Press, 1994, p.30.

[44] Michel Foucault, *Discipline and Punish: The Birth of the Prison*, Alan Sheridan trans., London: Allan Lane, 1977, p. 26；中译本见米歇尔·福柯著，刘北成、杨远婴译：《规训与惩罚——监狱的诞生》，北京：生活·读书·新知三联书店，1999 年，第 28 页。

[45] David Buchbinder, *Masculinities and Identities*, p. 30.

[46] 吴存存：《明清社会性爱风气》，北京：人民文学出版社，2000 年，第 262—271 页。

[47] Terry Eagleton, *Literary Theory: An Introduction*, Minneapolis, MN: University of Minnesota Press, 1983, p. 205；中文版见特雷·伊格尔顿著，伍晓明译：《二十世纪西方文学理论》，西安：陕西师范大学出版社，1987 年，第 224 页。

[48] 近数十年来中国内地学界越发重视这种传统方法论的问题，一些学者力倡对文学史加以宏观研究，相关成果收入“宏观文学史丛书”，其中最为人知且最富创见的莫过于陈伯海的《中国文学史之宏观》（北京：中国社会科学出版社，1995 年）、袁行霈的《中国文学概论》（北京：北京大学出版社，2010 年）。它们也明显带有深受这一观念

影响的痕迹。

[49] W. L. Idema, "Why You Never Have Read a Yuan Drama," p. 771；中译本，第 99 页。

第二章

[1] "il est une permutation de textes, une inter-textualité: dans l'espace d'un texte plusieurs énoncés pris à d'autres textes se croisent et se neutralisent,"（这是文本的排列组合，一种文本间性：在一个文本空间中，摘引自其他文本中的一些表述会交叠互错、彼此抵牾中和）Julia Kristeva, "Problèmes de la structuration du texte," in Michel Foucault, et al., *Théorie d'ensemble*, Paris: Éditions du Seuil, 1968, p. 299.

[2] Julia Kristeva, *Séméiôtiké: Recherches pour une sémanalyse*, Paris: Éditions du Seuil, 1969, p. 146; English trans., *Desire in Language: A Semiotic Approach to Literature and Art*, Oxford: Blackwell, 1980.

[3] 从狭义上讲，一个文本意指一篇文章作品；而从广义上来说，"文本"可用于指代任何一种符号表意系统的话语，这一术语几乎可以运用于所有社会现象。

[4] Michael Worton and Judith Still eds., *Intertextuality: Theories and Practices*, Manchester: Manchester University Press, 1990, p. 1.

[5] Jing Wang, *The Story of Stone: Intertextuality, Ancient Chinese Stone Lore, and*

the Stone Symbolism in Dream of the Red Chamber, Water Margin, and The Journey to the West, Durham, NC: Duke University Press, 1992, p. 7；中译本见王瑾著，傅圣迪译：《石头的故事：中国古代传说与〈红楼梦〉〈西游记〉〈水浒传〉》，上海：上海文艺出版社，2023 年，第 10—11 页。

[6] Jay Clayton and Eric Rothstein, "Figures in the Corpus: Theories of Influence and Intertextuality," in idem., *Influence and Intertextuality in Literary History*, Madison, WI: University of Wisconsin Press, 1991, p. 4.

[7] Norman Fairclough, *Discourse and Social Change*, Cambridge: Polity Press, 1993, pp. 102–103；中译本见诺曼・费尔克拉夫著，殷晓蓉译：《话语与社会变迁》，北京：华夏出版社，2003 年，第 94 页。

[8] Jing Wang, *The Story of Stone*, p. 9；中译本，第 12—13 页。

[9] Julia Kristeva, "Problèmes de la structuration du texte," p. 311.

[10] 阎步克：《士大夫政治演生史稿》，北京：北京大学出版社，1996 年，第 2—10 页。

[11] Denis Twitchett and Michael Loewe eds., *The Cambridge History of China, Vol.1, The Ch'in and Han Empires*, Cambridge: Cambridge University Press, 1986, p. 631；中译本见崔瑞德、鲁惟一编，杨品泉等译：《剑桥中国秦汉史》，北京：中国社会科学出版社，1992 年，第 674 页。

[12] Christopher Leigh Connery, *The Empire of the Text: Writing and Authority in Early Imperial China*, Lanham, MD: Rowman & Littlefield Publishers, 1998, p. 80.

[13] 胡适:《说儒》,载胡适:《胡适文存》,卷 4,台北:远东图书,1953 年,第 1—103 页。

[14] 叶舒宪:《诗经的文化阐释:中国诗歌的发生研究》,武汉:湖北人民出版社,1994 年,第 214—220 页。

[15] 同上,第 135—243 页。

[16] 杨伯峻注:《论语译注·学而篇》,北京:中华书局,1958 年,第 7 页。英译本综合参考 D. C. Lau(刘殿爵)trans. and intro, *The Analects*, London: Penguin Classics, 1979; Arthur Waley trans. and anno, *The Analects of Confucius*, London: George Allen & Unwin Ltd., 1938; David Hinton trans., *The Analects*, Berkeley, CA: Counterpoint Press, 1998; Simon Leys trans. and anno, *The Analects of Confucius*, New York, NY: W W Norton & Co Inc., 1997。

[17] John King Fairbank, *China: A New History*, Cambridge, MA: Belknap Press of Harvard University Press, 1992, p. 109; 中译本见费正清著,薛绚译:《费正清论中国:中国新史》,台北:正中书局,1994 年,第 113 页。

[18] 陈山:《中国武侠史》,上海:上海三联书店,1992 年,第 11—13 页。

[19] 于迎春:《秦汉士史》,北京:北京大学出版社,2000 年,第 1—2 页。

[20] 王弼注,孔颖达疏:《周易正义》,北京:北京大学出版社,2000 年,第 315 页;理雅各英译,秦颖、秦穗校:《周易》,长沙:湖南出版社,1993 年,第 296 页。

[21] Yu-lan Fung, *A History of Chinese Philosophy, Vol. II: The Period of Classcial*

Learning, Derk Bodde（布德）trans., London: George Allen & Unwin Ltd., 1953, p. 43；中文本见冯友兰：《中国哲学史》，重庆：商务印书馆，1944 年；台北：台湾商务印书馆股份有限公司，1994 年，第 522 页。

[22] Stephen H. West and W. L. Idema trans./eds., *The Moon and the Zither*, pp. 77–78.

[23] David L. Hall and Roger T. Ames, *Thinking from the Han*, p. 161；中译本，第 167 页。

[24]《周易正义》，第 396—397 页；理雅各英译：《周易》，第 352—354 页。

[25] 引自 Brian Carr and Indira Mahalingam eds., *Companion Encyclopedia of Asian Philosophy*, London: Routledge, 1997, p. 544。

[26]《周易正义》，第 37 页；理雅各英译：《周易》，第 22—23 页。

[27] Thomas Laqueur, "Introduction," in Susan Brownell and Jeffrey N. Wasserstrom eds., *Chinese Femininities/Chinese Masculinities: A Reader*, Berkeley, CA: University of California Press, 2002, p. xii.

[28] 最臭名昭著的例子当属明代太监头子魏忠贤（1568—1627），他于 1621 年至 1627 年期间专擅朝政，成为实际掌权者，官员起用全凭对其效忠与否，反对他的廷臣则被监禁、拷打和杀害。他的党羽望风献媚，争为立祠，遍布全国，甚至请以配祭孔子。相传魏忠贤自封"九千岁"，仅比皇帝"万岁"少一千岁。参见张廷玉辑：《明史》，卷 305，北京：中华书局，1974 年；Herbert Allen Giles, *China and the Manchus*, Cambridge: Cambridge University Press, 1912。

[29] Susan Brownell and Jeffrey N. Wasserstrom eds., *Chinese Femininities/ Chinese Masculinities*, p. 27.

[30] 同上。

[31] Geoffrey R. Waters, *Three Elegies of Ch'u: An Introduction to the Traditional Interpretation of the Ch'u Tz'u*, Madison, WI: University of Wisconsin Press, 1985, p. 15.

[32] 司马迁:《史记》, 卷 84, 北京: 中华书局, 1982 年, 第 2481—2504 页。

[33] 由于年代久远和文献匮乏, 学界对《楚辞》的作者问题甚至屈原的真实存在性一直有很大争议。屈原只是传说人物而非历史人物的说法最早由廖平、胡适、何天行等中国学者提出。他们质疑《史记・屈原贾生列传》的真实性, 认为《楚辞》内的作品也许由秦始皇时的宫廷诗人或西汉淮南王刘安(前 179—前 122)所撰。这种质疑为一些日本汉学家推进, 由此引发 20 世纪 80 年代中期中日学界的激烈争论。稻畑耕一郎、冈村繁、三泽玲尔等日本学者在《屈原贾生列传》中发现了更多疑点, 认为《楚辞》是先民集体创作的一种"民谣"。这类论点引起许多中国学者的强烈论争。他们以民族主义色彩发表了四十多篇文章, 驳斥否定派的观点, 证明屈原在历史上确有其人。参见黄中模编:《中日学者屈原问题论争集》, 济南: 山东教育出版社, 1990 年; 黄中模编:《与日本学者讨论屈原问题》, 武汉: 华中理工大学出版社, 1990 年。

[34] 刘毓庆:《泽畔悲吟——屈原: 历史峡谷中的永恒回响》, 太原: 山西

教育出版社，1994 年，第 67—76 页。作者用宋代王氏（未知其名）的一首五百句长诗《妾薄命叹》跟《离骚》比较。

[35] Burton Watson, *Early Chinese Literature*, New York, NY: Columbia University Press, 1962, p. 237.

[36] 刘毓庆：《泽畔悲吟——屈原：历史峡谷中的永恒回响》，第 68 页。

[37] 屈原等著，开贞译：《离骚译注》，香港：万里书店，1959 年，第 2 页；英译参考 David Hawkes trans., *Ch'u Tz'ŭ: The Songs of the South: An Ancient Chinese Anthology*, Oxford: Clarendon Press, 1959, p. 2。①

[38] Rey Chow, "Male Narcissism and National Culture: Subjectivity in Chen Kaige's *King of the Children*," in idem., *Primitive Passions: Visuality, Sexuality, Ethnography, and Contemporary Chinese Cinema*, New York, NY: Columbia University Press, 1995, pp. 134–135；中译本见周蕾著，孙绍谊译：《原初的激情：视觉、性欲、民族志与中国当代电影》，台北：远流事业股份有限公司，2001 年，第 201 页。

[39] Martin Huang, *Literati and Self Re/Presentation: Autobiographical Sensibility in the Eighteenth-Century Chinese Novel*, pp. 76–88.

[40] Arthur Waley, *A Hundred and Seventy Chinese Poems*, New York, NY: Alfred A. Knopf, 1919, p. 20.

[41]《离骚》是否为同性恋书写之辨，肇始于孙次舟《屈原是文学弄臣的

---

① 中文引文参考洪兴祖著，白化文校：《楚辞补注》，北京：中华书局，1983 年，第 5—6、17 页。

发疑》(《中央日报》, 1944年9月6—8日)。孙文认为屈原是楚怀王的朝中弄臣，操持宫中文学活动，初受怀王宠遇，后因佞臣谤言而被疏。深爱楚王的屈原远逐后沮丧失望，写下《离骚》与其他诗作来抒怀泄意，最终自沉。孙次舟的提法基于四条论据:(1)《史记·屈原贾生列传》不可靠;(2)汉代以前纯文艺家并没有尊崇的社会地位;(3)以宋玉的职业来证明屈原的身份。宋玉是陪君王说笑玩耍，"面目姣好、服饰华丽的小伙子"，继屈原之后的著名骚体诗人;(4)战国时期有崇尚男性姿容和男性姿态服饰以模拟女性为美的风气。《离骚》中屈原每以美人自拟，以芳草相比，说"昭质未亏"，说"孰求美而释女"，又好矜夸服饰，这都代表着那一时的风气，篇中多见弃妇之泪。孙次舟对屈原的"贬损"(abasement)旋即激起成都与重庆学界的强烈反响，义愤填膺的学者纷纷撰文驳斥其说。他们的愤怒不仅是因为屈原通常被奉为忠诚与奉献的典范化身，而且伴随左翼知识分子文化宣传(尤以郭沫若历史剧《屈原》为著)的屈原传说在抗日战争时期于政治上发挥爱国主义的象征价值。闻一多撰写《屈原问题》一文作为对孙次舟的回应，但他事实上肯定了孙的观点，不过进一步定位屈原是"奴隶中却不断地站起了辉煌的人物"而避免直接论及屈原作品的同性恋本质，称颂屈原是"人民诗人"，阐明奴隶与艺术之间的辩证关系：宫廷侍从出"文学"，文学弄臣出"诗人"，见闻一多:《屈原问题——敬质孙次舟先生》，载闻一多:《神话与诗》，北京：中华书局，1959年，第245—261页；斯维至：

《论〈楚辞〉的形成及秦楚文化圈》,《陕西师范大学学报》, 第 23 卷, 1994 年第 4 期, 第 23—29 页; 矛锋:《同性恋文学史》, 台北: 汉忠文化实业股份有限公司, 1996 年, 第 37—41 页。

[42] David Hawkes, "General Introduction," in idem., *Ch'u Tz'ŭ: The Songs of the South*, p. 10.

[43] 屈原等著, 王逸注:《楚辞章句》, 台北: 艺文印书馆, 1974 年, 第 34 页;《楚辞补注》, 第 14 页。

[44] 例见 Herrlee G. Creel (顾立雅), *Shen Pu-hai: A Chinese Political Philosopher of the Fourth Century B. C.*, Chicago, IL: University of Chicago Press, 1974, p. 45。

[45] Jacques Derrida, "White Mythology: Metaphor in the Text of Philosophy," F. C. T. Moore trans., *New Literary History* 6.1(1974): 5–74; 中译本见雅克·德里达著, 陈庆译, 牛宏宝校:《白色神话: 哲学文本中的隐喻》,《外国美学》, 2017 年第 1 期, 第 48—121 页。

[46] 唐圭璋辑:《全宋词》, 北京: 中华书局, 1965 年, 第 1867 页; 英译本参考叶嘉莹译文, 见 James Hightower and Florence Chia-ying Yeh (叶嘉莹), *Studies in Chinese Poetry*, Cambridge, MA: Harvard University Asia Center, 1974, pp. 335–336。

[47] David L. Hall and Roger T. Ames, *Thinking from the Han*, p. 79; 中译本, 第 82 页。

[48] Alison H. Black, "Gender and Cosmology in Chinese Correlative

Thinking," in Caroline Walker Bynum, Stevan Harrell, and Paula Richman eds., *Gender and Religion: On the Complexity of Symbols*, Boston, MA: Beacon Press, 1989, pp. 184–185.

[49] C. T. Hsia, "A Critical Introduction," in Wang Shifu, *The Romance of the Western Chamber*, S. I. Hsiung trans., New York, NY: Columbia University Press, 1968, p. xiv.

[50] 王实甫撰，吴书荫校点：《西厢记》，第一本第四折，沈阳：辽宁教育出版社，1997 年，第 13 页。本书对《西厢记》的引文均出自吴书荫校点本，该书底本是现存最早最全的明弘治十一年（1498 年）刊本。后文引文随文同上。① 英译参考 Stephen H. West and W. L. Idema trans./eds., *The Moon and the Zither*, 文辞稍有修改。

[51] Stephen H. West and W. L. Idema trans./eds., *The Moon and the Zither*, p. 122.

[52] 迂腐书生在中国民间俗语里常被称之为"醋大""酸子"，"酸秀才"酸如醋。

[53] 曹雪芹、高鹗：《红楼梦》，第 23 回，北京：人民文学出版社，1974 年，第 271 页。

[54] Mark Breitenberg, *Anxious Masculinity in Early Modern England*, Cambridge: Cambridge University Press, 1996, p. 1.

① 随文注改为页下注。

[55]“根据规定，其中半数名额分配给了蒙古人和色目人，他们参加考试要简单一些，评分标准也宽松一些”，见 Denis Twitchett and Herbert Franke eds., *The Cambridge History of China, Vol. 6: Alien Regimes and Border States, 907–1368*, Cambridge: Cambridge University Press, 1994, p. 638；中译本见傅海波、崔瑞德编，史卫民等译：《剑桥中国辽西夏金元史》，北京：中国社会科学出版社，1998 年，第 728 页。

[56]“四民分等”制按照等级高下依次是：蒙古人、色目人（包括中亚人、穆斯林、欧陆人，以及其他西域各色人等）、汉人（由原金朝治下的华北汉人，以及包括女真人、契丹人、渤海国人、高丽人等北方部落民族组成）、南人（原南宋治下的汉人）。前两等是特权阶层，高官厚禄多为其专属垄断；后两等是饱受政治和经济盘剥的汉人，他们通常很难担任重要官职。见 Denis Twitchett and Herbert Franke eds., *The Cambridge History of China, Vol. 6*, pp. 610–611；中译本，第 696—697 页。

[57]此说载于郑思肖（1241—1318）《心史》一书。郑思肖是南宋遗民，其书对蒙古征服者难免抱持强烈敌意。《心史》云：“鞑法：一官、二吏、三僧、四道、五医、六工、七猎、八民、九儒、十丐。”见郑思肖：《大义略叙》，载《心史》，香港：广智书局，1942 年，第 160 页，亦收入《北京图书馆古籍珍本丛刊》，卷 90，北京：书目文献出版社，1988 年，第 980b 页。当今中国学界普遍认为此说因不载于正史、缺少佐证而不足采信，但它确实能在某种程度上反映出儒生的低级社

会地位，见邓绍基：《元代文学史》，北京：人民文学出版社，1991 年，第 43 页；郭英德：《元杂剧与元代社会》，北京：北京师范大学出版社，1996 年，第 112 页。

[58] Jiang Tsui-fen, "Gender Reversal: Women in Chinese Drama under Mongol Rule(1234–1368)," PhD diss., University of Washington, 1991, p. 22.

[59] 同上，pp. 19–20。

[60] 杨伯峻译注：《孟子译注·滕文公章句上》，北京：中华书局，1960 年，第 141 页。英译本参考 James Legge trans. and intro, *The Analects*, London: Penguin Classics, 1979; Arthur Waley trans., *The Chinese Classics Vol. II: The Works of Mencius*, Hong Kong: Hong Kong University Press, 1960, p. 265。

[61] James T. C. Liu, *China Turning Inward: Intellectual-Political Changes in the Early Twelfth Century*, Cambridge, MA: Council on East Asian Studies, Harvard University, 1988, p. 56；中译本见刘子健著，赵冬梅译：《中国转向内在：两宋之际的文化内向》，南京：江苏人民出版社，2002 年，第 48 页。

[62] 南宋文人和元代宋遗民撰写的笔记小说与野史杂论多有表达记录这些强烈的愤怒与羞耻，如辛弃疾《窃愤录续录》《南烬纪闻录》（北京：中华书局，1991 年）、李天民 / 王成棣辑《靖康稗史》（郑州：中州古籍出版社，1993 年）、郑思肖《心史》等。

[63] 转引自万绳楠:《文天祥传》, 郑州:河南人民出版社, 1985 年, 第 123 页。

[64] 1126 年, 宋徽宗和宋钦宗为金兵所掳, 北狩不归, 二帝分别于 1135 年和 1161 年离世, 见邱树森、陈振江编:《新编中国通史》, 第 2 册, 福州:福建人民出版社, 1993 年, 第 274 页。

[65] James T. C. Liu, *China Turning Inward*, pp. 56–57; 中译本, 第 48—49 页。

[66] Kaja Silverman, *Male Subjectivity at the Margins*, New York, NY: Routledge, 1992, p. 55.

[67] 同上。

第三章

[1] Robert H. van Gulik, *Sexual Life in Ancient China: A Preliminary Survey of Chinese Sex and Society from ca. 1500 B.C. till 1644 A.D.*, Leiden: Brill, 1974/2003, p. 296; ① 中译本见高罗佩著, 李零、郭晓惠等译:《中国古代房内考:中国古代的性与社会》, 上海:上海人民出版社, 1990 年, 第 393 页; 台北:桂冠图书股份有限公司, 1991 年, 第 313 页。

[2] Barry Smart, *Michel Foucault*, Chichester: Ellis Horwood, 1985, p. 75.

[3] Michel Foucault, *Discipline and Punish*, p. 136; 中译本, 第 154 页。

---

① 原书页码出处误为"第 188 页"。

[4] Christopher Leigh Connery, *The Empire of the Text: Writing and Authority in Early Imperial China*, p. 81. 康纳瑞认为“归于这一人群中的成员能够撰文，大多数情况下他们就是文本的主体。此外，他们作为在一定程度上取决于外在认同的一个群体，这种认同就是以文本形式存在的”。见 Christopher Leigh Connery, *The Empire of the Text*, p. 81。

[5] 同上，p. 23。引号强调出自本书英文原文。

[6] 同上，p. 8。

[7] 同上，p. 7。

[8] 宫崎市定：《科挙：中国の试験地狱》，东京：中央公论新社，1963 年；Conrad Schirokauer trans., *China's Examination Hell: The Civil Service Examinations of Imperial China*, New York, NY: Weatherhill, 1976, p. 631；中译本见宫崎市定著，宋宇航译：《科举：中国的考试地狱》，杭州：浙江大学出版社，2019 年。

[9] 白仁甫：《墙头马上》，载臧晋叔编：《元曲选》，卷 1，北京：中华书局，1958 年，第 332 页。

[10] 云封山人编次：《铁花仙史》，载《古本小说集成》，上海：上海古籍出版社，1994 年，第 382—384 页。

[11] 作为“真才子”的陪衬面，“假才子”的角色在世情文学中颇为常见。例如，吴炳《绿牡丹》中，两位不学无术的富家公子试图请一位才子代笔赢得佳侣，但他们的诡计被他们所追求的、聪慧善察的女子戳穿。该女子最终为自己寻求到更好的夫婿。类似的“假才子”还

包括《玉娇梨》中的张轨如与苏有德、《平山冷燕》中的宋信与窦国一，他们都是窃诗为己、假扮斯文。

[12] 天花藏主人著，李致中校点：《平山冷燕·序》，沈阳：春风文艺出版社，1982 年，第 232 页。

[13] 天花才子：《快心编》，载《古本小说集成》，上海：上海古籍出版社，1994 年，第 88 页。

[14] 荑秋散人：《玉娇梨》，第 6—12 回，载《古本小说集成》，上海：上海古籍出版社，1994 年。

[15] 杨儒宾：《儒家身体观》，台北："中央研究院"中国文史哲研究所，1996 年，第 15—16 页。

[16] 荀子著，杨正翠、粘子瑛、吴桂满、谢宝莲校注：《荀子新注》，第 1 章，台北：里仁书局，1983 年，第 10 页。

[17] 关汉卿：《玉镜台》，载臧晋叔编：《元曲选》，卷 1，北京：中华书局，1958 年，第 95 页。英译主要参考 Yang Hsien-yi（杨宪益）and Gladys Yang（戴乃迭）eds., *Selected Plays of Kuan Han-ching*, Shanghai: New Art and Literature Publishing House（新文艺出版社）, 1958, pp. 153—177，文辞稍有修改。

[18] 关汉卿：《玉镜台》，第 92 页。

[19] 同上。

[20] 同上。

[21] 同上，第 93 页。

[22] 同上，第 95 页。

[23] 同上，第 96 页。

[24] 同上，第 94 页。

[25] 例如，我们可以从汉语中诸多“文”“武”并举对立的修辞用词管窥这一微妙平衡，比如“文韬武略”“文治武功”“文武双全”等并列短语，无不彰显出“文武”的分庭抗礼，尽管“文”总是置于“武”前。这一平衡思想可谓历史传统悠久，被儒家奉为圣君的周朝前两任国王分别被追谥为周文王、周武王。

[26] 翟林奈英译，程郁、张和生校：《孙子兵法》，长沙：湖南出版社，1993 年，第 62 页。

[27] John King Fairbank, *China: A New History*, Cambridge, MA: Belknap Press of Harvard University Press, 1992, p. 109；中译本见费正清著，薛绚译：《费正清论中国：中国新史》，台北：正中书局，1994 年，第 113 页。文举与武举的考试地位问题，宫崎市定认为“科举也分为文考和武考两类，但前者比后者重要得多，以至于‘科举’一词本身所指的只是被深入研究过的文官考试制度。官僚机构与公众视野都不重视武举，武举出身者也多被忽视或轻视”。见宫崎市定：《科挙：中国の试験地狱》，第 102 页。

[28] 雷金庆在《中国的男性特质：“文 / 武”范式化》一文中指出古代中国的男性特质“允文允武，兼美则优”；他还注意到宋代之后“武”黯然衰颓：“黄（宽重）在追溯至上古时代文武平衡的动力时发现，

早期中国的'文/武'是没有高低之分的，在战国和东晋时武人地位低落，但到唐代重得提升、日趋重要，不过到宋代之后又被严重贬抑"，见 Kam Louie and Louise Edwards, "Chinese Masculinity: Theorizing *Wen* and *Wu*," *East Asian History* 8 (1994): 144–145。①

[29] 曹丕：《典论·论文》，载曹丕著，夏传才、唐绍忠校：《曹丕集校注》，郑州：中州古籍出版社，1992 年，第 240 页。

[30] 杨伯峻译注：《孟子译注·滕文公章句上》，北京：中华书局，1960 年，第 124 页。

[31] John King Fairbank, *China: A New History*, p. 109；中译本，第 114 页。

[32] John King Fairbank, *China: A New History*, p. 111；中译本，第 116 页。

[33] Saeki Tomi（佐伯富），"The New Sung Culture," in James T. C. Liu and Peter J. Golas（葛平德）eds., *Changes in Sung China: Innovation or Renovation?*, Lexington, MA: Heath, 1969, p. 94.

[34] James T. C. Liu and Peter J. Golas eds., *Changes in Sung China: Innovation or Renovation?*, pp. vii–xiv; James T. C. Liu, *China Turning Inward*, p. 9；中译本，第 6 页。

[35] James T. C. Liu, *China Turning Inward*, p. 9；中译本，第 6 页。

[36] 这里借用路易·阿尔都塞的术语，见 Louis Althusser, "Ideology and Ideological State Apparatuses (Notes towards an Investigation)," in

① 转引自黄宽重：《南宋军政与文献探索》，台北：新文丰出版公司，1990 年，第 388—392 页。

idem., *Lenin and Philosophy and Other Essays*, Ben Brewster trans., New York, NY: Monthly Review Press, 1971, pp. 127–186。

[37] John W. Chaffee, *The Thorny Gates of Learning in Sung China: A Social History of Examinations*, Cambridge: Cambridge University Press, 1985, p. 4；中译本见贾志扬：《宋代科举》，台北：东大图书股份有限公司，1995 年，第 5 页；贾志扬：《棘闱：宋代科举与社会》，南京：江苏人民出版社，2022 年，第 5 页。

[38] 关于 7 世纪至 12 世纪中国文士精英文化共同体转变的研究，特别是唐代门阀士族的衰落与宋代士大夫和地方文士精英的崛起，参看 Peter K. Bol, *"This Culture of Ours": Intellectual Transitions in T'ang and Sung China*, Stanford, CA: Stanford University Press, 1992；中译本见包弼德著，刘宁译：《斯文：唐宋思想的转型》，南京：江苏人民出版社，2001 年。

[39] Peter K. Bol, *"This Culture of Ours"*, p. 55；中译本，第 60 页。

[40] 例见罗烨：《醉翁谈录》，上海：古典文学出版社，1957 年。

[41] Patricia Buckley Ebrey, *The Inner Quarters: Marriage and the Lives of Chinese Women in the Sung Period*, Berkeley, CA: University of California Press, 1993, pp. 32–33；中译本见伊沛霞著，胡志宏译：《内闱：宋代的婚姻和妇女生活》，南京：江苏人民出版社，2010 年，第 28—29 页。

[42] Ann Anagnost, "The Politicized Body," in Angela Zito and Tani E. Barlow eds., *Body, Subjects and Power in China*, Chicago, IL: University of

Chicago Press, 1994, p. 135.

[43] 同上, p. 133。

第四章

[1] Kam Louie, *Theorising Chinese Masculinity*, p. 59; 中译本, 第 83 页。

[2] "君子" 多英译为 gentleman、superior man、exemplary man 或 great man, 但由于缺少西方文化中的恰当对应词, 故而本书中该术语一律以汉语拼音代之。

[3] Dorothy Ko, *Teachers of the Inner Chambers: Women and Culture in Seventeenth-Century China*, Stanford, CA: Stanford University Press, 1994, p. 17; 中译本见高彦颐著, 李志生译:《闺塾师: 明末清初江南的才女文化》, 南京: 江苏人民出版社, 2005 年, 第 18 页。

[4] Simon Leys, "Introduction," in idem., trans. and anno, *The Analects of Confucius*, New York, NY: W W Norton & Co Inc., 1997, p. xvi.

[5] 子曰:"圣人, 吾不得而见之矣; 得见君子者, 斯可矣。" 见杨伯峻注:《论语译注 · 述而篇》, 北京: 中华书局, 1958 年, 第 78 页。

[6] 参见林义正:《论孔子的 "君子" 概念》,《文史哲学报》, 第 33 期, 1984 年, 第 145 页; 刘振东:《孔子论君子》,《孔子研究》, 1992 年第 1 期, 第 30 页。《论语》中孔子自称 "君子" 一次 (《子罕篇》), 弟子或他人称孔子 "君子" 五次 (《八佾篇》、《述而篇》、《子罕篇》两次、

《乡党篇》), 孔子称弟子“君子”两次 (《公冶长篇》《宪问篇》)。

[7] Arthur Waley, “Introduction,” in idem., trans. and anno, *The Analects of Confucius*, London: George Allen & Unwin Ltd., 1938, p. 34.

[8] Xin Hu, “A Study on Confucius' Philosophy of *Junzi* (The Gentle Person) in *The Analects*,” MA diss. thesis, Berkeley, CA: California Institute of Integral Studies, 1996, p. 6.

[9] 儒家的女德规范主要见于《礼记》《白虎通》《列女传》等。数部由女性撰写、专为教导年轻女性为人的女德专论在古代中国流传甚广，其中最具影响的当属汉代班昭的《女诫》、唐代宋若莘、宋若昭的《女论语》①、明代徐皇后的《内训》及明代刘氏的《女范捷录》, 此四著合称“女四书”, 是为女子教育的蒙学教材, 其中心思想皆为劝诫女子遵守顺从父权“三纲”制。参见朱义禄:《儒家理想人格与中国文化》, 沈阳: 辽宁教育出版社, 1991 年, 第 122—163 页。

[10] 杨伯峻注:《论语译注 · 雍也篇》, 第 68—69 页。

[11] 朱义禄:《儒家理想人格与中国文化》, 第 51—52 页。

[12] David L. Hall and Roger T. Ames, *Thinking from the Han*, p. 156; 中译本, 第 162 页。

[13] 这一名句出自儒家经典《大学》:“物格而后知至，知至而后意诚，意诚而后心正，心正而后身修，身修而后家齐，家齐而后国治，国治而

① 原文“宋若莘”误作“宋若华”, 漏署“宋若昭”之名。

后天下平。”

[14] 范仲淹:《岳阳楼记》,载沈松勤、王兴华注译,叶国良校阅:《新译范文正公选集》,台北:三民书局,1997 年,第 114 页。

[15] David Hinton, “Key Terms,” in idem., trans., *The Analects*, Berkeley, CA: Counterpoint Press, 1998, p. 247.

[16] 同上。

[17]《礼记》,卷 42,台北:商务印书馆,1969 年,第 792 页;郑玄注,孔颖达疏:《礼记正义》,卷 61,载阮元:《十三经注疏》,上海:上海古籍出版社,1997 年,第 1681 页。英译主要参考 James Legge trans., *Li Chi: Book of Rites*, New Hyde Park, NY: University Books, 1967,文辞稍有修改。

[18]《礼记》,第 791 页;《礼记正义》,第 1680 页。

[19] 班固:《白虎通》,载《古今逸史》,卷 2,台北:商务印书馆,1969 年,第 41—42 页;陈立撰,吴则虞注:《白虎通疏证》,卷 10,北京:中华书局,1994 年,第 452 页。

[20] 刘安:《淮南子》,卷 20,广州:广东人民出版社,1994 年,第 1038 页;刘文典撰,冯逸、乔华点校:《淮南鸿烈集解》,卷 20,北京:中华书局,1989 年,第 697 页。①

[21]《礼记》,卷 1,第 18—19 页;《礼记正义》,卷 2,第 1240—1241 页。

---

① 原书中文引文若干错误处,取《淮南鸿烈集解》校正,原书页码误为“第 1083 页”。

[22] Zhu Xi, *Conversations of Master Chu*, Daniel K. Gardner（贾德讷）trans., Berkeley, CA: University of California Press, 1990, p. 51；中文版见朱熹著，黎靖德编，王星贤点校：《朱子语类》，卷 13，北京：中华书局，1994 年，第 224 页。

[23] Simon Leys, "Introduction," p. xxii.

[24] 刘振东：《孔子论君子》，第 36 页。

[25] 此句出自《诗经·小雅·蓼莪》，英译参见 Stephen H. West and W. L. Idema trans./eds., "Introduction," *The Moon and the Zither*, p. 193。

[26] C. T. Hsia, "A Critical Introduction," in Wang Shifu, *The Romance of the Western Chamber*, S. I. Hsiung trans., New York, NY: Columbia University Press, 1968, p. xviii.

[27] Chung-wen Shih, *Golden Age of Chinese Drama: Yüan Tsa-Chü*, Princeton, NJ: Princeton University Press, 1976, p. 71.

[28] 吴存存《明清社会性爱风气》（北京：人民文学出版社，2000 年）一书认为在中国话语体系中"情欲合一"，"情"与"欲"事实上是"不可分割的整体"（第 9—13 页）。其书阐释性之于中国情爱求偶中的意义上高屋建瓴、发人深省，但论点上却流于简单演绎。"情"的哲思内涵远不止于单纯的"性"的冰山一角，这在冯梦龙的《情史》中对"情"的肯定可见一斑，本书后文将会详论。

[29] Stephen H. West and W. L. Idema trans./eds., *The Moon and the Zither*, p. 193.

[30] 汉语中"㞗""屌"都是指男根的俚词俗语。

[31] 相关文献参考 William Theodore de Bary（狄培理）, "Individualism and Humanitarianism in Late Ming Thought," in idem., *Self and Society in Ming Thought*, New York, NY: Columbia University Press, 1970, pp. 145–247；夏咸淳:《晚明士风与文学》，北京：中国社会科学出版社，1994 年，第 179—208 页；郭英德:《痴情与幻梦——明清文学随想录》：北京：生活·读书·新知三联书店，1992 年，第 79—98 页；冯达文:《宋明新儒学略论》：广州：广东人民出版社，1997 年，第 221—284 页；王岗:《浪漫情感与宗教精神——晚明文学与文化思潮》，香港：天地图书有限公司，1999 年。

[32] William Theodore de Bary, "Individualism and Humanitarianism in Late Ming Thought," p. 157.

[33] Dorothy Ko, *Teachers of the Inner Chambers*, p. 80；中译本，第 84 页。

[34] 冯梦龙:《情史》，载魏同贤主编:《冯梦龙全集》，影印本，卷 37—38，上海：上海古籍出版社，1993 年，第 7—9 页，英译参考 Hua-yuan Li Mowry（李华元）trans., *Chinese Love Stories from "Ch'ing-shih"*, Hamden, CT: Archon Books, 1983, p. 13，文辞稍有修改。

[35] Dorothy Ko, *Teachers of the Inner Chambers*, p. 81；中译本，第 85 页。

[36] 曹雪芹、高鹗:《红楼梦》，第 35 回，第 427 页。英译主要参考 David Hawkes and John Minford trans., *The Story of the Stone*, 5 vols, Harmondsworth: Penguin, 1973–1986，参校 Yang Hsien-yi and Gladys

Yang, trans., *A Dream of Red Mansions*, 3 vols, Beijing: Foreign Languages Press, 1978，文辞稍有修改。

[37] 关汉卿的散曲名篇《一枝花·不伏老》可作为这类愤世嫉俗文人书生多才多艺的注脚：“分茶撷竹，打马藏阄，通五音六律滑熟……我也会围棋会蹴鞠会打围会插科，会歌舞会吹弹会咽作会吟诗会双陆。”载隋树森编：《全元散曲》，北京：中华书局，1964 年，第 172—173 页；英译参见 Wayne Schlepp（施文林）trans., in Victor H. Mair ed., *The Columbia Anthology of Traditional Chinese Literature*, New York, NY: Columbia University Press, 1994, pp. 349–350。①

[38] 荑秋散人：《玉娇梨》，载《古本小说集成》，第 550 页。

[39] 同上，第 482 页。

[40] 洪昇著，徐朔方校注：《长生殿》，北京：人民文学出版社，1980 年，第 1 页。

[41] Dorothy Ko, *Teachers of the Inner Chambers*, p. 80 引；中译本，第 84 页。

[42] 同上。

[43] 汤显祖：《牡丹亭·题词》，北京：人民文学出版社，1998 年，第 1 页；英译参见 Cyril Birch（白之）trans., *The Peony Pavilion (Mudan Ting)*, Bloomington, IN: Indiana University Press, 1980, p. ix，略有微调。

---

① 关汉卿散曲原文在梅维恒编的《哥伦比亚中国古典文学作品选》中似为节选改编，此据《全元散曲》改。

[44] Haiyan Lee, "Love or Lust? The Sentimental Self in *Honglou meng*," *Chinese Literature: Essays, Articles, Reviews (CLEAR)* 19(1997): 107.

[45] 周建渝:《才子佳人小说研究》，台北：文史哲出版社，1998 年，第 207—212 页。

[46] 卫泳:《悦容编》，载《笔记小说大观》五编，台北：新兴书局，1980 年，第 311—312 页。

[47] 冯梦龙:《情史》，第 5—6 页。

[48]《礼记》，第 794 页;《礼记正义》，第 1683 页。

[49] 例见刘备类比"妻子如衣服"的名言，见罗贯中:《三国演义》，第 15 回，北京：人民文学出版社，1979 年，第 129 页。①

[50] Jonathan Dollimore, *Sexual Dissidence: Augustine to Wilde, Freud to Foucault*, Oxford: Clarendon Press, 1991, p. 81.

[51] 白仁甫:《墙头马上》，载臧晋叔编:《元曲选》，卷 1，北京：中华书局，1958 年，第 346 页。

[52] 李奉戬:《论元杂剧的"暗合姻缘"现象》,《晋阳学刊》，1993 年第 5 期，第 90—92 页。

[53] 曾瑞卿:《留鞋记》，载臧晋叔编:《元曲选》，卷 3，第 1271 页。

[54] 关于英雄的起始之旅的神话原型研究，参见 Joseph Campbell, *The Hero with a Thousand Faces*, Princeton, NJ: Princeton University Press, 1949;

① 原书"罗贯中"误作"罗冠中"。

中译本见约瑟夫·坎贝尔著，朱侃如译：《千面英雄》，新北：立绪文化事业有限公司，1997 年；北京：金城出版社，2012 年；Geng Song, "Wax Spear-head: The Construction of Masculinity in Yuan Drama," *Tamkang Review* 30.1(1999): 232–237。

[55] Terry Eagleton, *Ideology: An Introduction*, London: Verso, 1991, p. 45.

[56] Robert E. Hegel, *The Novel in Seventeenth Century China*, New York: Columbia University Press, 1981, pp. 166–187.

[57] 同上。

[58] 李渔：《肉蒲团》，载马汉茂辑：《李渔全集》，台北：成文出版社，1970 年，第 17 页；陈庆浩、王秋桂主编：《思无邪汇宝》，卷 15，台北：台湾大英百科股份有限公司，1994 年，第 154 页。

[59] 李渔：《肉蒲团》，第 68 页；陈庆浩、王秋桂主编：《思无邪汇宝》，第 229 页。

[60] 众所周知，"才子佳人"故事分别为"顽石"和贾母痛批，分见《红楼梦》第 1、54 回，第 3、683 页。

[61] 李希凡：《前言》，见曹雪芹、高鹗：《红楼梦》，第 36—37 页。

[62] 霍克思在他的《红楼梦》英译本的《导言》中就讨论过通灵宝玉作为男根性别象征的可能性，见 David Hawkes and John Minford trans., *The Story of the Stone*, Vol.1, 1973, p. 32, n. 8。

[63] 第一次是龄官在雨中画"蔷"字，贾宝玉提醒她"不用写了"。她抬头一看，宝玉"刚露着半边脸儿"，遂"只当也是个丫头，再不想是

宝玉，因笑道：‘多谢姐姐提醒了我’。”第二次是宝玉“穿大红猩猩毡”从栊翠庵摘梅归来，贾母道：“那又是那个女孩儿？”分见《红楼梦》，第30回，第366—367页；第50回，第627页。

[64] Louise P. Edwards, *Men and Women in Qing China: Gender in The Red Chamber Dream*, Leiden: Brill, 1994, pp. 33–49；中译本见李木兰著，聂友军译：《清代中国的男性与女性：〈红楼梦〉中的性别》，北京：北京大学出版社，2014年，第37—54页。

[65] Haiyan Lee, "Love or Lust? The Sentimental Self in *Honglou meng*," p. 97.

[66] Louise P. Edwards, *Men and Women in Qing China*, p. 43；中译本，第48页。

[67] Haiyan Lee, "Love or Lust? The Sentimental Self in *Honglou meng*," p. 90.

第五章

[1] Berthold Schoene-Harwood, *Writing Men: Literary Masculinities from Frankenstein to the New Man*, Edinburgh: Edinburgh University Press, 2000, p. xiv.

[2] 对英语文学中同性恋书写中女性化取向文学遗产的讨论，参见 Joseph Bristow, *Effeminate England: Homoerotic Writing After 1885*, New York, NY: Columbia University Press, 1995; Alan Sinfield, *The Wilde Century: Effeminacy, Oscar Wilde, and the Queer Moment*, London: Cassell, 1994; New York: Columbia University Press, 1994。

[3] David M. Halperin, "'Homosexuality': A Cultural Construct," in idem., *One Hundred Years of Homosexuality: And Other Essays on Greek Love*, New York, NY: Routledge, 1990, pp. 41–53.

[4] David M. Halperin, "Sex Before Sexuality: Pederasty, Politics, and Power in Classical Athens," in Martin Duberman, Martha Vicinus and George Chauncey, Jr., et al., *Hidden from History: Reclaiming the Gay and Lesbian Past*, New York, NY: Meridian, 1989, pp. 37–53.

[5] 小明雄认为中国古代并非同性恋者的东方天堂，他把传统中国社会之于同性恋的偏见称之为"心照不宣的恐同心"或"隐而不发的恐同症"，但他同时也承认，较之西方历史对"娈奸"的法理判罪和宗教迫害而言，缺少同性恋/异性恋二分法的中国，总体来说对男子同性性关系较为豁达包容。见小明雄:《中国同性爱实录》：香港：粉红三角出版社，1997年。

[6]"男风"一词首见于《金瓶梅》，但本书以此词代指中国古代史上源远流长的男男亲昵传统，包括出自那些时代早于《金瓶梅》的文献材料。

[7] David M. Halperin, *One Hundred Years of Homosexuality*.

[8] Michel Foucault, *The History of Sexuality*, Vol. 1 and Vol. 2, Robert Hurley trans., New York, NY: Pantheon, 1978；中译本见佘碧平译:《性经验史》（增订版），上海：上海人民出版社，2002年；Arnold I. Davidson, "Sex and the Emergence of Sexuality," *Critical Inquiry* 14.1 (1987): 16–48.

[9] Byrne Fone, *Homophobia: A History*, New York, NY: Metropolitan Books, 2000, p. 3.

[10] David M. Halperin, "Sex Before Sexuality: Pederasty, Politics, and Power in Classical Athens," p. 46.

[11] David Buchbinder, *Masculinities and Identities*, Melbourne: Melbourne University Press, 1994, p. 58.

[12] 同上, p. 52。

[13] Geoffrey Gorer, *The American People: A Study in National Character*, New York, NY: W.W. Norton, 1964, p. 129.

[14] Michael S. Kimmel, "Masculinity as Homophobia: Fear, Shame and Silence in the Construction of Gender Identity," in Harry Brod and Michael Kaufman eds., *Theorizing Masculinities*, Thousand Oaks, CA: SAGE Publications, 1994, p. 131.

[15] 关于中国文化中雌雄同体人格话语与阴阳理论及道家学说之间的关系，参见 Sukie Colegrave, *The Spirit of the Valley: Androgyny and Chinese Thought*, London: Virago, 1979。

[16] Ray Billington, *Understanding Eastern Philosophy*, London: Routledge, 1997, p. 110.

[17] Kari Weil, *Androgyny and the Denial of Difference*, Charlottesville, VA: University of Virginia Press, 1992, p. 3.

[18] 小明雄:《中国同性爱实录》, 第 12 页。

[19] 然而，在书面文学与口头文学中都鲜有男扮女装的故事，在现在对过去的表述中至少看似如此。在某种程度上来说，女性对性别秩序的逾礼行为更能被包容甚至被褒奖，而男性的“纡尊降贵”至女性低卑地位对社会秩序而言更具威胁挑衅意味。中西方文化在这一点上大同小异、不分伯仲。

[20] Charlotte Furth, “Androgynous Males and Deficient Females: Biology and Gender Boundaries in Sixteenth- and Seventeenth-Century China,” *Late Imperial China* 9.2 (1988): 3.

[21] 关于雌雄同体人格形象在 16 到 18 世纪中国小说与戏剧中的角色呈现，最为详尽独创的研究参见 Zhou Zuyan（周祖炎）, *Androgyny in Late Ming and Early Qing Literature*, Honolulu, HI: University of Hawai'i Press, 2003.

[22] Zhou Zuyan, *Androgyny in Late Ming and Early Qing Literature*, p. 1.

[23] 朱庆馀:《近试上张水部》，载马茂元、赵昌平选注:《唐诗三百首新编》，长沙：岳麓书社，1985 年，第 368 页。英译参考 Witter Bynner and Kiang Kang-Hu（江亢虎）trans., *The Jade Mountain: A Chinese Anthology, Being Three Hundred Poems of the T'ang Dynasty, 618–906*, New York, NY: Knopf, 1929, p. 24。①

[24] 张籍:《节妇吟》，载《唐诗三百首新编》，第 302—303 页。英译参考

①《唐诗三百首新编》所录诗题为《闺意献张水部》。

W. J. B. Fletcher 译本，载吕叔湘、许渊冲编:《中诗英译比录》，香港：三联书店（香港）有限公司，1988 年，第 232 页。①

［25］Jacques Corraze, *L'homosexualité*, Paris: Presses Universitaires de France, 1982；中译本见陈浩译:《同性恋》，台北：远流出版事业股份有限公司，1992 年，第 23—26 页。

［26］David F. Greenberg, *The Construction of Homosexuality*, Chicago, IL: University of Chicago Press, 1988, p. 25.

［27］Bret Hinsch, *Passions of the Cut Sleeve*, p. 11.

［28］同上，p. 13。

［29］Sophie Volpp, "Gender, Power and Spectacle in Late-Imperial Chinese Theater," in Sabrina Petra Ramet ed., *Gender Reversals and Gender Cultures: Anthropological and Historical Perspectives*, London & New York, NY: Routledge, 1996, p. 142.

［30］Sophie Volpp, "The Discourse on Male Marriage: Li Yu's 'A Male Mencius's Mother'," *Positions* 2.1(1994): 113–132.

［31］Bret Hinsch, *Passions of the Cut Sleeve*, p. 10.

［32］Charlotte Furth, "Androgynous Males and Deficient Females," p. 7.

［33］应该指出的是，对中国古代的同性爱恋的包容接纳并非毫无保留的，只有在对现有社会秩序不构成威胁的时候，它才受到宽容的对待。

---

①《唐诗三百首新编》本"红罗襦"作"碧罗襦"。

例如，为了应对是时男风日“盛”的世俗共识，清政府于1740年《大清律例》规定：“如和同鸡奸者，照军民相奸例，枷号一个月，杖一百。”这是保守主义对晚明以来渐炽男风的抵制之举。

[34] Bret Hinsch, *Passions of the Cut Sleeve*, p. 4.

[35] Robert H. van Gulik, *Sexual Life in Ancient China*, p. 28；中译本见高罗佩著，李零、郭晓惠等译：《中国古代房内考：中国古代的性与社会》，上海：上海人民出版社，1990年，第41页。

[36] Bret Hinsch, *Passions of the Cut Sleeve*, p. 7.

[37] 此事初载于《汉书》。汉哀帝（前6—前1年在位）爱上“为人美丽自喜”的董贤，“说其仪貌”“拜为黄门郎，由是始幸”。董一路攀至高位，“贤宠爱日甚，为驸马都尉侍中，出则参乘，入御左右，旬月间赏赐累巨万，贵震朝廷”；“常与上卧起。尝昼寝，偏藉上袖，上欲起，贤未觉，不欲动贤，乃断袖而起。其恩爱至此”。见班固：《汉书》，卷93，北京：中华书局，1962年，第3733页。

[38] 此事见于《韩非子·说难》(作者是著名思想家韩非，卒于公元前233年)：“昔者弥子瑕有宠于卫君（卫灵公，前534—前493年在位）。卫国之法：窃驾君车者罪刖。弥子瑕母病，人间往夜告弥子，弥子矫驾君车以出，君闻而贤之曰：‘孝哉！为母之故，忘其刖罪。’异日，与君游于果园，食桃而甘，不尽，以其半啖君，君曰：‘爱我哉！忘其口味，以啖寡人。’”见王先慎：《韩非子集解》，卷4，北京：中华书局，1998年，第93—94页。

[39] 据《战国策·魏策》载:"魏王与龙阳君共船而钓,龙阳君得十余鱼而涕下。王曰:'有所不安乎?如是,何不相告也?'对曰:'臣无敢不安也。'王曰:'然则何为涕出?'曰:'臣为王之所得鱼也。'王曰:'何谓也?'对曰:'臣之始得鱼也,臣甚喜,后得又益大,今臣直欲弃臣前之所得鱼也。今以臣凶恶,而得为王拂枕席。今臣爵至人君,走人于庭,辟人于途。四海之内,美人亦甚多矣,闻臣之得幸于王也,必褰裳而趋王。臣亦犹曩臣之前所得鱼也,臣亦将弃矣,臣安能无涕出乎?'魏王曰:'误!有是心也,何不相告也?'于是布令于四境之内曰:'有敢言美人者族。'"见刘向著,高诱注:《战国策》,第3册,卷25,上海:上海书店出版社,1987年,第25页。

[40] 安陵君是楚国廷臣,江乙说于安陵君:"愿君必请从死,以身为殉,如是必长得重于楚国。"后楚王游于云梦,安陵君泣数行而进曰:"臣入则编席,出则陪乘。大王万岁千秋之后,愿得以身试黄泉,蓐蝼蚁,又何如得此乐而乐之。"王大说,乃封坛为安陵君。见刘向著,高诱注:《战国策》,第2册,卷14,第17页。

[41] 当然,证据不足也可借用福柯《疯癫与文明》中"语言的沉默"来解释,参见 Michel Foucault, *Madness and Civilization*, Richard Howard trans., London: Random House, 1965, p. xi;中译本见米歇尔·福柯著,刘北成、杨远婴译:《疯癫与文明:理性时代的疯癫史》,北京:生活·读书·新知三联书店,2012年,前言第3页。

[42] Sophie Volpp, "The Discourse on Male Marriage," and "Gender, Power

and Spectacle in Late-Imperial Chinese Theater”. 李渔其他作品参见李渔：《无声戏 / 十二楼》，西安：太白文艺出版社，1996 年。

[43] Sophie Volpp, “Gender, Power and Spectacle in Late-Imperial Chinese Theater,” p. 139.

[44] 朱大可：《戏曲的话语误读及其矫正》，载《今日先锋》编委会编：《今日先锋》，北京：生活·读书·新知三联书店，1994 年，第 128—134 页；亦收入朱大可：《逃亡者档案》，上海：学林出版社，1999 年，第 32—38 页。

[45] Siu Leung Li（李小良）, “Gender, Cross-dressing and Chinese Theater,” PhD diss., University of Massachusetts Amherst, 1995.

[46]《西厢记》中也有一些同性情爱暗示情节，例如法本和尚打趣张生“就与老僧同榻如何”，见《西厢记》，第一本第二折，第 6 页。

[47] 参见朱碧莲：《宋玉辞赋真伪辨》，载朱碧莲编注：《宋玉辞赋译解》，北京：中国社会科学出版社，1987 年，第 15—24 页；宇文所安在《诺顿中国文学选集》中认为“多被认为是屈原弟子的宋玉（其师以北方语境方式来看显得比较巧言善夸、雄辩滔滔），拥有《高唐赋》《神女赋》二作的署名权。二赋不可能是宋玉作品，而更像是因为宋玉是文本结构中的叙述者而归于其名下的汉代作品，在赋体设置的故事框架中，宋玉是一个极受欢迎的角色”，见 Stephen Owen ed. & trans., *An Anthology of Chinese Literature: Beginnings to 1911*, New York, NY: W. W. Norton, 1996, p. 189。

[48] 宋玉:《登徒子好色赋》,载朱碧莲编注:《宋玉辞赋译解》,第 100 页;英译主要参考 Arthur Waley ed. & trans., *One Hundred and Seventy Chinese Poems*, New York: Knopf, 1919, pp. 13–14。

[49] 同上。

[50] 闻一多:《屈原问题——敬质孙次舟先生》,载闻一多:《神话与诗》,北京:中华书局,1959 年,第 246 页。

[51] Bret Hinsch, *Passions of the Cut Sleeve*, p. 20.

[52] 290 年,杨骏推举潘岳为太傅主簿,而后杨骏在贾后主导的宫廷清洗中伏诛受戮,"时骏纲纪皆当从坐",相关百官皆受株连遇害,而潘岳受到旧友公孙弘的佑庇"故得免"而贬为庶人。此事令潘岳重审权斗时势,眼见贾家势头正劲,遂"趋世利"而"谄事贾谧"。贾谧是贾后之姨甥,组织了一个文学沙龙性质的文人小团体,称为"贾谧二十四友"。即使"其母数诮之……而岳终不能改",甚至"每候其出,与(石)崇辄望尘而拜"。300 年,晋帝之弟司马伦发动另一场宫廷政变,废黜贾后,贾家全族被夷灭。司马伦辅政,"常衔忿"于潘岳的中书令孙秀趁机落井下石,"遂诬岳及石崇、欧阳建谋奉淮南王允、齐王冏为乱,诛之,夷三族。……岳母及兄侍御史释、弟燕令豹、司徒掾据、据弟诜,兄弟之子,已出之女,无长幼一时被害",潘岳终年 53 岁。

[53] 房玄龄:《晋书》,卷 55,北京:中华书局,1974 年,第 1507 页。

[54] Robert H. van Gulik, *Sexual Life in Ancient China*, pp. 159–160;中译本,

第 208 页。高罗佩特别指出说咸宁（275—279）、太康（280—289）年间“男子同性恋盛行”。

[55] 王书奴:《中国娼妓史》引《宋书 · 五行志》, 上海: 生活书店, 1934 年, 第 64 页; 原文见沈约:《宋书》, 卷 34, 北京: 中华书局, 1974 年, 第 1006 页。

[56] 转引自矛锋:《同性恋文学史》, 台北: 汉忠文化实业股份有限公司, 1996 年, 第 62 页; 原文见徐陵编, 吴兆宜注, 程琰删补, 穆克宏点校:《玉台新咏笺注》, 卷 7, 北京: 中华书局, 1985 年, 第 301—302 页; 英译参考 John Marney trans., *Beyond the Mulberries: An Anthology of Palace-Style Poetry by Emperor Chien-wen of the Liang Dynasty (503–551)*, Taipei: Chinese Materials Center, 1982, pp. 115–116; 亦见 Anne Birrell（白安妮）trans., *New Songs from a Jade Terrace: An Anthology of Early Chinese Love Poetry, Translated with Annotations and an Introduction*, London: George Allen & Unwin, 1982, pp. 200–201。

[57] 冯梦龙:《情史》, 载魏同贤主编:《冯梦龙全集》, 影印本, 卷 37—38, 上海: 上海古籍出版社, 1993 年, 第 2136—2137 页, 英译参考 Bret Hinsch, *Passions of the Cut Sleeve*, pp. 71–72, 订正个中舛误。①

[58] Bret Hinsch, *Passions of the Cut Sleeve*, p. 73.

[59] 冯梦龙:《情史》, 第 2137 页, 文词稍有疏漏, 据《玉台新咏》改,

① 原书“年有十五”误作“年十有五”。

《玉台新咏笺注》，卷 8，第 334 页；英译参考 Anne Birrell, *New Songs from a Jade Terrace*, p. 213。

[60] 荑秋散人：《玉娇梨》，第 4 回，载《古本小说集成》，第 135 页。

[61] Sophie Volpp, "The Discourse on Male Marriage," p. 118.

[62] Michael Szonyi, "The Cult of Hu Tianbao and the Eighteenth-Century Discourse of Homosexuality," *Late Imperial China*, 19.1(1998): 1–25.

[63] Lin Yutang, *My Country and My People*, London: Heinemann, 1936, p. 17；中译本见《吾国吾民　八十自叙》，载林语堂著，张振玉等译：《林语堂文集：第八卷》，北京：作家出版社，1996 年，第 26—27 页；林语堂著，黄嘉德译：《吾国与吾民》，台北：天地图书有限公司，2005 年，第 32 页。

[64] 嗜于声色、耽于颓靡的"末代君主"是政治孱弱无能南方小朝廷的历史与文学话语系统中的常见形象。除了沉迷于鱼水之欢与断袖之癖之外，这些皇帝还多在音乐、绘画、文学方面展现出天分造诣。例如陈朝的最后一位帝王长于谱曲，王国覆灭之后后人视之为"亡国之音"；而前文提及的宋徽宗是一位天赋极高的画家。在这些委顿羸弱的南方政权中最为人知的亡国之君，大概非南唐后主李煜（937—978）莫属。南唐是唐亡之后被割据一方的地方政权之一，李后主降宋之后被囚禁在宋都开封，死于囹圄之中。有一传说称他的一首怀念故国之词（"故国不堪回首月明中"）触怒宋太宗而被下令毒死。他的现存词作多带有典型的南方情感：多愁善感、哀婉

凄恻。

[65] William Dolby, *A History of Chinese Drama*, London: Paul Elek, 1976, p. 86.

[66] 徐渭著，李复波、熊澄宇注释:《南词叙录注释》，北京：中国戏剧出版社，1989 年，第 76 页；徐渭:《南词叙录》，载《中国古典戏曲论著集成》，第三册，北京：中国戏剧出版社，1959 年，第 245 页；英译亦见 William Dolby, *A History of Chinese Drama*, p. 74。

[67] 王骥德著，陈多、叶长海注释:《王骥德曲律》，长沙：湖南人民出版社，1983 年，第 34 页；王骥德:《曲律》，载《中国古典戏曲论著集成》，第四册，北京：中国戏剧出版社，1959 年，第 57 页；英译亦见 William Dolby, *A History of Chinese Drama*, p. 74。

[68] 蒋星煜:《〈西厢记〉受南戏、传奇影响之迹象》，载蒋星煜:《〈西厢记〉的文献学研究》，上海：上海古籍出版社，1997 年，第 605—618 页。

[69] Stephen H. West and W. L. Idema trans./eds., "Introduction," *The Moon and the Zither*, p. 11.

[70] William Dolby, *A History of Chinese Drama*, p. 70.

[71] Jianyu Zhou, "The *Caizi-Jiaren* Nove," p. 70.

[72] 即梅兰芳、程砚秋、荀慧生、尚小云。①

[73] 章俊弟:《中国戏剧中的人神恋神话原型研究》,《文艺研究》，1993 年

① 原文衍一"荀"字。

第 5 期，第 102—110 页；William Dolby, *A History of Chinese Drama*, pp. 157–183.

[74] 陈凯歌的获奖电影《霸王别姬》可为京剧男旦的同性恋隐含寓意做极佳的注脚，参见 Siu Leung Li, "Gender, Cross-dressing and Chinese Theater," pp. 167–203; Pang Laikwan（彭丽君）, "From Gender to Nation: A Reading of Farewell My Concubine," *New Perspectives: A Comparative Literature Yearbook* 2(1996): 107–129。

第六章

[1] 杨伯峻注：《论语译注 · 雍也篇》，北京：中华书局，1958 年，第 68—69 页。"子见南子" 详载于司马迁《史记》，卷 47，北京：中华书局，1982 年，第 1920—1921 页。南子是卫灵公的夫人，以好色惑淫著称，在卫国有垂帘听政之实权。孔子或希望凭借其权势在卫国实施儒家主张。①

[2] Susan Mann, "The Male Bond in Chinese History and Culture," p. 1601.②

[3] 同上，p. 1606。

[4] Good man 是对 "好汉" 一词的字面直译，更恰当的英译或许该是 tough man（硬汉）。

① 原书 "卷 47" 误作 "卷 17"。

② 原书引出处时仅见电子版文献出处。

[5] 施耐庵、罗贯中:《水浒全传》,第20回,上海:上海人民出版社,1975年,第238页。英译主要参考 Sidney Shapiro(沙博理)trans., *Outlaws of the Marsh*, 3 vol., Beijing: Foreign Language Press, 1980,文辞稍有修改;兼参 John Dent-Young and Alex Dent-Young trans., *The Broken Seals: Part One of The Marshes of Mount Liang*, Hong Kong: Chinese University of Hong Kong Press, 1994; idem., *The Tiger Killer: Part Two of The Marshes of Mount Liang*, Hong Kong: Chinese University of Hong Kong Press, 1997。

[6] Hu Ying(胡缨), "Angling with Beauty : Two Stories of Women as Narrative Bait in *Sanguozhi yanyi*," *Chinese Literature: Essays, Articles, Reviews* 15 (1993): 104–107. 吴国主公孙权及其大将周瑜设计以孙权之妹诱刘备入吴幽囚,但诸葛亮将计就计,以著名的三个"锦囊妙计"化解。刘备借国太孙老夫人与周瑜岳父乔国老之东风而得以假戏真唱,赚娶孙夫人。结亲之后,刘备又劝得孙夫人随他同返荆州。后孙权派兵追赶,却又中了诸葛亮的计谋而败归。参见罗贯中:《三国演义》,第54—55回,北京:人民文学出版社,1979年,第461—476页;英译主要参考 C. H. Brewitt-Taylor(邓罗)trans., *Romance of the Three Kingdoms*, Singapore: Graham Brash, 1985; 兼参 Moss Roberts(罗慕士)trans., *Three Kingdoms: A Historical Novel*, Beijing: Foreign Language Press/Berkeley, CA: University of California Press, 1994。

[7] Shelley Hsueh-lun Chang, *History and Legend: Ideas and Images in the Ming*

Historical Novels, Ann Arbor, MI: University of Michigan Press, 1990, p. 65.

[8] 同上，p. 81。

[9] 作为一种中国文化阐释世界的形塑力量，对中国人的饮食经验与实践颇见新意的研究，参见 Gang Yue（乐钢）, *The Mouth That Begs: Hunger, Cannibalism, and the Politics of Eating in Modern China*, Durham, NC: Duke University Press, 1999，尤见第一章。乐钢认为，口腔 / 味觉 / 咀嚼经验（oral experiences）既联系肉身与身体政治，又要满足人体能量与欲望，这有助于加深我们对中国小说中胡吃海喝与男性气概构建之间关系的理解。

[10] Keith McMahon, *Causality and Containment in Seventeenth-Century Chinese Fiction*, Leiden: Brill, 1988, p. 52.

[11] Andrew H. Plaks, *The Four Masterworks of the Ming Novel: Ssu ta ch'i-shu*, Princeton, NJ: Princeton University Press, 1987, pp. 338–339；中译本见浦安迪著，沈亨寿译：《明代小说四大奇书》，北京：生活·读书·新知三联书店，2006 年，第 316—317 页。

[12] Sun Lung-kee, "Without Sex and Violence: The 'UnAmerican' Personality," *New Perspectives: A Comparative Literature Yearbook* 2(1996): 16.

[13] C. T. Hsia, *The Classic Chinese Novel*, New York, NY: Columbia University Press, 1968, p. 88; Hong Kong: Chinese University of Hong

Kong Press, 2015, p. 82；中译本见夏志清著，胡益民等译，陈正发校：《中国古典小说史论》，南昌：江西人民出版社，2001 年，第 88 页；何欣等译：《中国古典小说》，香港：香港中文大学出版社，2016 年，第 66 页；台北：联合文学，2016 年，第 138 页；上海：上海人民出版社，2019 年，第 78 页。

[14] 在小说中，好几位通奸"淫妇"（如潘金莲、阎婆惜和潘巧云）都被男人残杀，三位女侠顾大嫂、孙二娘和扈三娘则被描写成"好汉"，在某种程度上"去性别化"后而为男性世界接受。唯一展露女性魅力的女英雄扈三娘在《水浒传》中没有几句台词，是一个彻底"消声"的角色。大多数的梁山好汉，书中都未提及其妻妾。总之，在整部小说里，女人和性，几乎完全缺席。

[15] C. T. Hsia, *The Classic Chinese Novel*, p. 88；中译本，第 88、66、138 页。小说中李逵斥责宋江："我当初敬你是个不贪色欲的好汉，你原来是酒色之徒。杀了阎婆惜，便是小样；去东京养李师师，便是大样。"见施耐庵、罗贯中：《水浒全传》，第 72 回，第 902 页。

[16] 杨义：《新诠释学下的〈三国〉〈水浒〉〈西游〉：中国民间文化的精神史诗》，载辜美高、黄霖主编：《明代小说面面观：明代小说国际研讨会论文集》，上海：学林出版社，2002 年，第 41 页。

[17] Irene Eber, "Weakness and Power: Women in The Water Margin," in Anna Gerstlacher, Ruth Keen（金如诗）, Wolfgang Kubin（顾彬）, Margit Miosga and Jenny Schon eds., *Woman and literature in China*, Bochum:

Studienverlag Dr. N. Brockmeyer, 1985, p. 21.

[18] 四位通奸人妻是阎婆惜、潘金莲、潘巧云和贾氏，故事分见《水浒传》第 20—22、23—26、44—46 和 61—62 回。

[19] Norman Kutcher, "The Fifth Relationship: Dangerous Relationships in the Confucian Context," *American Historical Review* 105.5 (2000): 1628.①

[20] Eve Kosofsky Sedgwick, *Between Men: English Literature and Male Homosocial Desire*, New York, NY: Columbia University Press, 1985/2015, pp. 1–2；中译本见伊芙·科索夫斯基·塞吉维克著，郭劼译：《男人之间：英国文学与男性同性社会性欲望》，上海：上海三联书店，2011 年，第 1—2 页。

[21] Gayle Rubin, "The Traffic in Women: Notes on the 'Political Economy' of Sex," in Rayna R. Reiter ed., *Toward an Anthropology of Women*, New York, NY: Monthly Review Press, 1975, pp. 157–210;② see also Luce Irigaray, *This Sex Which Is Not One*, Carolyn Burke and Catherine Porter trans., Ithaca, NY: Cornell University Press, 1985, especially in the chapter titled "Women on the Market", pp. 170–191.

[22] Eve Sedgwick, *Between Men*, p. 50；中译本，第 64 页。

[23] Shelley Hsueh-lun Chang, *History and Legend*, p. 107.

---

① 原书引出处时仅见电子版文献出处。

② 原书引出处时论文题目有误，此已更正。

[24] Kam Louie, "Sexuality, Masculinity, and Politics in Chinese Culture: The Case of the 'Sanguo' Hero Guan Yu," *Modern Asian Studies* 33.4(1999): 852.

[25] 同上，p. 859。

[26] Henry Y. H. Zhao, *The Uneasy Narrator: Chinese Fiction from the Traditional to the Modern*, Oxford: Oxford University Press, 1995, pp. 199–200；中文本见赵毅衡：《苦恼的叙述者：中国小说的叙述形式与中国文化》，北京：十月文艺出版社，1994 年，第 224 页。①

[27] 董卓擅权，一时所向披靡，很大程度上是基于他与骁勇善战的义子吕布之间的结盟关系。讨董派的司徒王允用美女貂蝉为计离间董吕联盟。貂蝉是王允侍女，后为义女；王允"欲用连环计：先将汝许嫁吕布，后献与董卓"。貂蝉令本以父子相称的董、吕二人产生嫌隙，并挑动吕布背弃"义父"，而后董卓、吕布先后伏诛。见《三国演义》，第 8—9 回。

[28] 玩花主人选，钱德苍续选，汪协如校：《缀白裘》，第 11 卷，上海：中华书局，1940 年。②

[29] Andrew H. Plaks, *The Four Masterworks of the Ming Novel*, pp. 338–339；中译本，第 316—318 页。

[30] 关于楚霸王兴衰史参见司马迁：《史记》，卷 7，北京：中华书局，

---

① 中文原文为"史书是中国文化文类等级最高的叙述文类"。

② 原书出版地作"昆明"。

1982 年。

[31] 这个故事讲述的“尤莫盛于闽中”的男风婚姻。俊挺鳏居的许季芳爱上清秀少年尤瑞郎，为了迎娶瑞郎，卖掉田产准备尤父索要的“聘金”，也为尤母举丧送终。出于感激，瑞郎“过门”嫁与季芳，甚至挥刀自宫，以示对同性情郎的贞洁至死不渝。婚后瑞郎“索性教他做妇人打扮起来”，成为贤妇典范，以女工针凿“做个内助供给季芳读书”，还在季芳逝后抚养其子。参见 Sophie Volpp, “The Discourse on Male Marriage: Li Yu's ‘A Male Mencius's Mother’,” pp. 113–132。

[32] 一些道士认为与年轻女子交媾有益于男性身心健康，当然他得知道如何采阴补阳、“吸取”精气。这一“绝技”被认为是养生的灵丹妙药。不过，这一观点在中国历史的性和医学健康话语体系中绝非主流。此外，这还意味着不具备性“技”的男子仍然处于被女性反噬的危险境地。参见 Robert H. van Gulik, *Sexual Life in Ancient China*；中译本见高罗佩著，李零、郭晓惠等译：《中国古代房内考：中国古代的性与社会》，上海：上海人民出版社，1990 年；台北：桂冠图书股份有限公司，1991 年。

[33] 转引自 Hu Ying, “Angling with Beauty,” p. 112；原文见罗贯中著，毛宗岗评：《三国演义：毛评本》，上海：上海古籍出版社，1989 年，第 105 页。①

① 原书引文字词稍误，已据原文改。

[34] Henry Y. H. Zhao, *The Uneasy Narrator*, p. 177；中文本，第 197—198 页。

[35] 同上，pp. 179–180；中文本，第 200—201 页。

[36] 夏志清如此评说《三国演义》的历史真实性："《三国演义》是想按历史叙事而不是西方所谓的历史小说来书写的，书中角色几乎都是有名有姓的历史人物，情节也是有史有据，虽然部分借鉴了'说话'的民间口头传统，但其显然更接近于西方的史诗。"参见 C. T. Hsia, *The Classic Chinese Novel*, p. 34；中译本，第 37、27 页。至于《水浒传》，小说的历史真相蓝本出于 12 世纪初宋江为首的义军在汴京开封附近活跃之事，后来，附会于这群绿林好汉身上的传奇传说不断衍生，有些故事首见于成书约为 13 世纪的平话《宣和遗事》，元杂剧和明初杂剧也多敷演水浒故事。尽管梁山好汉的故事有一些"史实"支撑，但绝大多数故事情节都出自说书人和小说家的杜撰。然而《水浒传》总体来说还是模仿历史小说文体风格，因此可被归为"准历史小说"或"伪历史小说"。

[37] Shelley Hsueh-lun Chang, *History and Legend*; David Der-wei Wang, "Fictional History/Historical Fiction," in Tak-Wai Wong ed., *East-West Comparative Literature: Cross-cultural Discourse*, Hong Kong: Department of Comparative Literature, University of Hong Kong, 1993, pp. 31–47; 中译本见《历史・小说・虚构》，载王德威：《想象中国的方法：历史・小说・叙事》，北京：生活・读书・新知三联书店，1998 年，第 297—314 页；Chou Ying-hsiung（周英雄），"Between the Substantive

and the Empty: The Chinese Historical Novel as Mediation," in Tak-wai Wong ed., *East-West Comparative Literature*, pp. 49–87; Gang Xu（许钢）, "The Past Is Eternal: Chinese Pan-historicism as Manifested in Poetry on History," PhD diss., Ohio State University, 1996.

[38] David Der-wei Wang, "Fictional History/Historical Fiction," p. 39；中译本，第 303 页。

[39] Stephen H. West and W. L. Idema trans./eds., *The Moon and the Zither*, p. 78.

[40] Eve Sedgwick, *Between Men*, p. 2；中译本，第 2 页。

[41] Stephen H. West and W. L. Idema trans./eds., *The Moon and the Zither*, pp. 143–144. 对文人—名妓—商贾之间的三角恋戏曲的研究，详见郑振铎：《论元人所写商人、士子、妓女间的三角恋爱剧》，载《郑振铎文集》，卷 5，北京：人民文学出版社，1988 年，第 486—506 页。

[42] Stephen H. West and W. L. Idema trans./eds., *The Moon and the Zither*, p. 144.

[43] 例见 Jacques Gernet, *Daily Life in China on the Eve of the Mongol Invasion, 1250–1276*, H. M. Wright trans., Stanford, CA: Stanford University Press, 1962, pp. 76–91；中译本见谢和耐著，刘东译：《蒙元入侵前夜的中国日常生活》，南京：江苏人民出版社，1995 年，第 51—64 页。

[44] Denis Twitchett and Herbert Franke eds., *The Cambridge History of*

China, Vol. 6: Alien Regimes and Border States, 907–1368, p. 634；中译本见傅海波、崔瑞德编，史卫民等译：《剑桥中国辽西夏金元史》，北京：中国社会科学出版社，1998 年，第 723 页。

[45]《孟德耀举案齐眉》，载臧晋叔编：《元曲选》，卷 3，北京：中华书局，1958 年，第 916 页。

[46] 宁宗一、陆林、田桂民编：《元杂剧研究概述》，天津：天津教育出版社，1987 年，第 204—207 页。

[47] 同上，第 204 页。

[48]"肖""人"合字为"俏"，"木""寸"合字为"村"，"马""户"合字为"驴"，"尸""巾"合字为"屌"。

[49] 天台山事典关涉性事交欢。据《太平广记》引《神仙记》载："（东汉）刘晨、阮肇，入天台采药，远不得返。……欲下山，以杯取水，……复有一杯流下，有胡麻饭焉，……遂渡山，出一大溪。溪边有二女子，色甚美，……二女遂忻然如旧相识，因邀还家。……笑曰：'贺汝婿来。'……至十日求还，苦留半年。……归思甚苦。女遂相送，指示还路。乡邑零落，已十世矣。"见李昉：《太平广记》，卷 61，北京：中华书局，1961 年，第 383 页。①

[50] 据福柯的说法："性肯定不是一种权力试图掌控的自然赋予，也不是一个知识力图揭秘的晦暗领域；它是一个历史性建构而出的名称：其

① 原书作"七世孙"，与原文"已十世矣"稍异。

并非一个难以把控的隐秘现实，而是一个硕大的表层网络，在其间，感官刺激、快感激增、话语煽动、特殊知识成型、控制与抵抗的加剧，都按照知识和权力的一些基本策略相互联系。”（Michel Foucault, *The History of Sexuality*, pp. 105–106；中译本，第 79 页。）

参考文献

Althusser, Louis. "Ideology and Ideological State Apparatuses (Notes towards an Investigation)." In *Lenin and Philosophy and Other Essays*. Translated by Ben Brewster. New York: Monthly Review Press, 1971, 127–186.

The Analects of Confucius. Translated and annotated by Arthur Waley. London: George Allen and Unwin, 1938.

——. Translated with an introduction by D. C. Lau. Middlesex: Penguin Books, 1979.

——. Translated by Simon Leys. New York: W. W. Norton, 1997.

——. Translated by David Hinton. Washington, DC: Counterpoint, 1998.

Badinter, Elisabeth. *XY, on Masculine Identity*. Translated by Lydia Davis. New York: Columbia University Press, 1995.

Barlow, Tani. "Introduction: Gender, Writing, Feminism, China." *Modern Chinese Literature* 4 (1988): 7–17.

——. "Theorizing Woman: *Funü, Guojia, Jiating* [Chinese Women, Chinese

State, Chinese Family].” *Genders* 10 (1991): 132–160.

Berger, Maurice, Brian Wallis and Simon Watson. *Constructing Masculinity*. New York: Routledge, 1995.

Billington, Ray. *Understanding Eastern Philosophy*. London: Routledge, 1997.

Black, Alison H. “Gender and Cosmology in Chinese Correlative Thinking.” In *Gender and Religion: On the Complexity of Symbols*. Edited by Caroline Walker Bynum, Stevan Harrell, and Paula Richman. Boston: Beacon Press, 1989, 166–195.

Bol, Peter K. *“This Culture of Ours”: Intellectual Transitions in T’ang and Sung China*. Stanford: Stanford University Press, 1992.

Breitenberg, Mark. *Anxious Masculinity in Early Modern England*. Cambridge: Cambridge University Press, 1996.

Brittan, Arthur. *Masculinity and Power*. Oxford: Basil Blackwell, 1989.

Brod, Harry and Michael Kaufman. *Theorizing Masculinities*. Thousand Oaks: SAGE Publications, 1994.

Brownell, Susan and Jeffrey Wasserstrom. *Chinese Femininities/Chinese Masculinities: A Reader*. Berkeley: University of California Press, 2002.

Buchbinder, David. *Masculinities and Identities*. Melbourne: Melbourne University Press, 1994.

Butler, Judith. *Gender Trouble: Feminism and the Subversion of Identity*. New York: Routledge, 1990.

——. *Bodies That Matter: On the Discursive Limits of "Sex"*. New York: Routledge, 1993.

Campbell, Joseph. *The Hero with a Thousand Faces*. Princeton: Princeton University Press, 1949.

Cao Pi (曹丕). "Dianlun lunwen" (典论论文 [Authoritative discourse: on literature]). In *Cao Pi ji jiao zhu* (曹丕集校注 [Annotated complete works of Cao Pi]). Collated and annotated by Xia Chuancai (夏传才) and Tang Shaozhong (唐绍忠). Zhengzhou: Zhongzhou guji chubanshe, 1992, 236–243.

Cao Xueqin (曹雪芹) and Gao E (高鹗). *Honglou meng* (红楼梦 [Dream of the red chamber]). 4 vols. Beijing: Renmin wenxue chubanshe, 1974.

——. *The Story of the Stone: A Chinese Novel by Cao Xueqin in Five Volumes*. Translated by David Hawkes and John Minford. 5 vols. Harmondsworth: Penguin, 1973–1986.

——. *A Dream of Red Mansions*. Translated by Yang Hsien-yi and Gladys Yang. 3 vols. Beijing: Foreign Languages Press, 1978.

Carr, Brian and Indira Mahalingam, eds. *Companion Encyclopedia of Asian Philosophy*. London: Routledge, 1997.

Chaffee, John W. *The Thorny Gates of Learning in Sung China: A Social History of Examinations*. Cambridge: Cambridge University Press, 1985.

Chang, Shelley Hsueh-lun. *History and Legend: Ideas and Images in the Ming*

Historical Novels. Ann Arbor: University of Michigan Press, 1990.

Chen Shan (陈山). *Zhongguo wuxia shi* (中国武侠史 [History of the Chinese chivalrous knights]). Shanghai: Sanlian shudian, 1992.

Chow, Rey. "Male Narcissism and National Culture: Subjectivity in Chen Kaige's *King of the Children*." In *Primitive Passions: Visuality, Sexuality, Ethnography, and Contemporary Chinese Cinema*. New York: Columbia University Press, 1995, 108–141.

Cixous, Hélène, "Castration or Decapitation?" Translated by Annette Kuhn. *Signs* 7.1 (1981): 41–55.

Clatterbaugh, Kenneth. *Contemporary Perspectives on Masculinity: Men, Women, and Politics in Modern Society*. Boulder: Westview Press, 1990.

Clayton, Jay and Eric Rothstein. *Influence and Intertextuality in Literary History*. Madison: University of Wisconsin Press, 1991.

Colegrave, Sukie. *The Spirit of the Valley: Androgyny and Chinese Thought*. London: Virago, 1979.

Connell, R. W. *Masculinities*. Berkeley: University of California Press, 1995.

Connery, Christopher Leigh. *The Empire of the Text: Writing and Authority in Early Imperial China*. Lanham: Rowman & Littlefield Publishers, 1998.

Corraze, Jacques. *L'homosexualité*. Translated by Chen Hao (陈浩). Taipei: Yuanliu, 1992.

Crawford, William Bruce. "Beyond the Garden Wall: A Critical Study of Three

'Ts'ai-tzu Chia-jen' Novels." PhD dissertation, Indiana University, 1972.

Creel, H. G. *Shen Pu-hai: A Chinese Political Philosopher of the Fourth Century BC*. Chicago: University of Chicago Press, 1974.

de Bary, Wm. Theodore, comp. *Sources of Chinese Tradition*. New York: Columbia University Press, 1963.

——. "Individualism and Humanitarianism in Late Ming Thought." In *Self and Society in Ming Thought*. New York: Columbia University Press, 1970, 145–247.

de Lauretis, Teresa. *Technologies of Gender: Essays on Theory, Film, and Fiction*. Bloomington: Indiana University Press, 1987.

Deng Shaoji (邓绍基). *Yuandai wenxue shi* (元代文学史 [History of the literature in Yuan dynasty]). Beijing: Renmin wenxue chubanshe, 1991.

Derrida, Jacques. "White Mythology: Metaphor in the Text of Philosophy." Translated by F. C. T. Moore. *New Literary History* 6 (1974): 5–74.

Dikötter, Frank. *Sex, Culture and Modernity in China: Medical Science and the Construction of Sexual Identities in the Early Republican Period*. Hong Kong: Hong Kong University Press, 1995.

Dolby, William. *A History of Chinese Drama*. London: Paul Elek, 1976.

——. comp. and trans., *Eight Chinese Plays: from the Thirteenth Century to the Present*. London: Paul Elek, 1978.

Dollimore, Jonathan. *Sexual Dissidence*. Oxford: Clarendon Press, 1991.

Dong, Jieyuan (董解元 [Master Dong]). *Master Tung's Western Chamber Romance (Tung Hsi-hsiang Chu-kung-tiao): A Chinese Chantefable*. Translated with introduction by Li-li Ch'en. London: Cambridge University Press, 1976.

Dong, Lorraine. "The Creation and Life of Cui Yingying (c. 803–1969)." PhD dissertation, University of Washington, 1978.

Duberman, Martin, Martha Vicinus and George Chauncey, Jr., eds. *Hidden from History: Reclaiming the Gay and Lesbian Past*. New York: Meridian, 1989.

Eagleton, Terry. *Literary Theory: An Introduction*. Minneapolis: University of Minnesota Press, 1983.

——. *Ideology: An Introduction*. London: Verso, 1991.

Eber, Irene. "Weakness and Power: Women in the *Water Margin*." In Anna Gerstlacher, Ruth Keen, Wolfgang Kubin, Margit Miosga, Jenny Schon, eds. *Woman and Literature in China*. Bochum: Studienverlag Brockmeyer, 1985, 3–28.

Ebrey, Patricia Buckley. *The Inner Quarters: Marriage and the Lives of Chinese Women in the Sung Period*. Berkley: University of California Press, 1993.

Edwards, Louise P. *Men and Women in Qing China: Gender in The Red Chamber Dream*. Leiden: E. J. Brill, 1994.

Fairbank, John King. *China: A New History*. Cambridge, MA: Belknap Press of

Harvard University Press, 1992.

Fairclough, Norman. *Discourse and Social Change*. Cambridge, UK: Polity Press, 1992.

Fang Xuanling (房玄龄), et al. *Jinshu* (晋书 [The history of Jin]). Beijing: Zhonghua shuju, 1974.

Fanon, Frantz. *Black Skin, White Masks*. Translated by Charles Lam Markmann. New York: Grove Press, 1967.

Feng Menglong (冯梦龙). *Chinese Love Stories from "Ch'ing-shih"*. Translated by Huayuan Li Mowry. Hamden, CT: Archon Books, 1983.

——. *Qing shi* (情史 [History of love]). In *Feng Menglong quan ji* (冯梦龙全集 [Collective works of Feng Menglong]). Vols. 37–38. Shanghai: Shanghai guji chubanshe, 1993, reprint.

Fone, Byrne. *Homophobia: A History*. New York: Metropolitan Books, 2000.

Foucault, Michel. *Madness and Civilization*. Translated by Richard Howard. London: Random House, 1965.

——. *The Archaeology of Knowledge*. Translated by A. M. Sheridan Smith. London: Tavistock Publications, 1972.

——. *Discipline and Punish: The Birth of the Prison*. Translated by Alan Sheridan. London: Allen Lane, 1977.

——. *The History of Sexuality, vol. 1: An Introduction*. Translated by Robert Hurley. New York: Pantheon, 1978.

——. "Truth and Power: An Interview with Alessandro Fontano and Pasquale Pasquino." In Meaghan Morris and Paul Patton, eds. *Michel Foucault: Power/Truth/Strategy*. Sydney: Feral Publications, 1979.

——. *Power/Knowledge: Selected Interviews and Other Writings 1972–1977*. Edited by Colin Gordon. Translated by Colin Gordon, Leo Marshall, John Mepham and Kate Soper. New York: Pantheon, 1980.

Foucault, Michel, et al. *Théorie d'ensemble*. Paris: Édition du Seuil, 1968.

Franke, Herbert and Denis Twitchett. *The Cambridge History of China, vol. 6: Alien Regimes and Border States*. Cambridge, UK: Cambridge University Press, 1994.

Fung Yu-lan [Feng Youlan]. *A History of Chinese Philosophy, vol. II: The Period of Classical Learning*. Translated by Derk Bodde. London: George Allen & Unwin Ltd., 1953.

Furth, Charlotte. "Androgynous Males and Deficient Females: Biology and Gender Boundaries in Sixteenth-and Seventeenth-Century China." *Late Imperial China* 9.2 (December 1988): 1–31.

Gandhi, Leela. *Postcolonial Theory: A Critical Introduction*. New York: Columbia University Press, 1998.

Gilmore, David D. *Manhood in the Making: Cultural Concepts of Masculinity*. New Haven: Yale University Press, 1990.

Giles, Herbert Allen. *China and the Manchus*. Cambridge, UK: Cambridge

University Press, 1912.

Gernet, Jaques. *Daily Life in China: On the Eve of the Mongol Invasion, 1250–1276*. Translated by H. M. Wright. Stanford: Stanford University Press, 1962.

Graham, A. C. *Yin-Yang and the Nature of Correlative Thinking*. Singapore: Institute of East Asian Philosophies, National University of Singapore, 1986.

Greenberg, David F. *The Construction of Homosexuality*. Chicago: University of Chicago Press, 1988.

Guan Hanqing [Kuan Han-ching]. *Selected Plays by Kuan Han-ching*. Translated by Yang Hsien-yi and Gladys Yang. Shanghai: New Art and Literature Publishing House, 1958.

Guo Yingde (郭英德). *Yuan zaju yu Yuandai shehui* (元杂剧与元代社会 [Yuan *zaju* and the society of the Yuan dynasty]). Beijing: Beijing shifan daxue chubanshe, 1996.

Hall, David L. and Roger T. Ames. *Thinking from the Han: Self, Truth, Transcendence in Chinese and Western Culture*. Albany: State University of New York Press, 1998.

Halperin, David M. *One Hundred Years of Homosexuality and Other Essays on Greek Love*. New York: Routledge, 1990.

Haoqiu zhuan (好逑传 [The fortunate union]). Shanghai: Shanghai guji chubanshe, 1994.

Hegel, Robert E. *The Novel in Seventeenth-Century China.* New York: Columbia University Press, 1981.

Hessney, Richard C. "Beautiful, Talented, and Brave: Seventeenth-Century Chinese Scholar-Beauty Romances." PhD dissertation, Columbia University, 1979.

Hightower, James R. and Florence Chia-ying Yeh. *Studies in Chinese Poetry.* Cambridge, MA: Harvard University Asia Center, 1998.

Hinsch, Bret. *Passions of the Cut Sleeve: The Male Homosexual Tradition in China.* Berkeley: University of California Press, 1990.

Hong Sheng (洪昇). *Changsheng dian* (长生殿 [The palace of eternal youth]). Annotated and collated by Xu Shuofang (徐朔方). Beijing: Renmin wenxue chubanshe, 1980.

Hsia, C. T. *The Classic Chinese Novel.* New York: Columbia University Press, 1968.

Hu Wanchuan (胡万川). *Huaben yu caizi jiaren xiaoshuo zhi yanjiu* (话本与才子佳人小说之研究 [Studies on *huaben* and *caizi-jiaren* fiction]). Taipei: Da'an chubanshe, 1994.

——. "Tan caizi jiaren xiaoshuo" (谈才子佳人小说 [On *caizi-jiaren* fiction]). In *Huaben yu caizi jiaren xiaoshuo*, 207–226.

Hu, Xin. "A Study on Confucius' Philosophy of *Junzi* (The Gentle Person) in *The Analects*." MA thesis. Berkeley: California Institute of Integral Studies, 1996.

Hu, Ying. "Angling with Beauty: Two Stories of Women as Narrative Bait in *Sanguozhi yanyi*." *Chinese Literature: Essays, Articles, Reviews* 15 (1993): 99–112.

Huang, Martin W. *Literati and Self Re/Presentation: Autobiographical Sensibility in the Eighteenth-Century Chinese Novel*. Stanford: Stanford University Press, 1995.

——. *Desire and Fictional Narrative in Late Imperial China*. Cambridge, MA: Harvard University Asia Center, 2001.

Huang Zhongmo (黄中模), ed. *Zhong-Ri xuezhe Qu Yuan wenti lunzheng ji* (中日学者屈原问题论争集[Disbute on Qu Yuan between Chinese and Japanese scholars]). Ji'nan: Shandong jiaoyu chubanshe, 1990.

——. *Yu Riben xuezhe taolun Qu Yuan wenti* (与日本学者讨论屈原问题[Discussions on Qu Yuan with Japanese scholars]). Wuhan: Huazhong ligong daxue chubanshe, 1990.

Idema, Wilt. "Why You Never Have Read a Yuan Drama: The Transformation of *Zaju* at the Ming Court." In *Studi in Onore di Lanciello Lanciotti*. Edited by S. M. Carletti, M. Sacchetti, P. Santangelo. Napoli: Instituto Universiatorio Orientale, Dipartimento di Studi Asiatici, 1996, 765–791.

Idema, Wilt and Lloyd Haft. *A Guide to Chinese Literature*. Ann Arbor: Center for Chinese Studies, University of Michigan, 1997.

Jiang Tsui-fen, "Gender Reversal: Women in Chinese Drama under Mongol Rule (1234—1368)." PhD dissertation, University of Washington, 1991.

Jiang Xingyu (蒋星煜). *Xixiang ji de wenxianxue yanjiu* (《西厢记》的文献学研究 [A documental study of *Xixiang ji*]). Shanghai: Shanghai guji chubanshe, 1997.

——. "*Xixiang ji* shou nanxi, chuanqi yingxiang zhi jixiang" (《西厢记》受南戏、传奇影响之迹象 [Evidences of the influences of *nanxi* and *chuanqi* on *Xixiang ji*]). In *Xixiang ji de wenxianxue yanjiu*, 605–618.

Kimmel, Michael S. "Masculinity as Homophobia: Fear, Shame, and Silence in the Construction of Gender Identity." In *Theorizing Masculinities*. Edited by Harry Brod and Michael Kaufman. Thousand Oaks: SAGE Publications, 1994, 119–141.

Ko, Dorothy. *Teachers of the Inner Chambers: Women and Culture in Seventeenth-Century China*. Stanford, CA: Stanford University Press, 1994.

Kristeva, Julia. *Semiotiké: Recherches pour une sémanalyse*. Paris: Seuil, 1969.

Kutcher, Norman. "The Fifth Relationship: Dangerous Relationships in the Confucian Context." *The American Historical Review* 105.5 (2000): 41 pars., http://www.historycooperative.org/journals/ahr/105.5/ah001615.html. Accessed on 20 June 2002.

Kuaixin bian (快心编 [A gratifying story]). Reprinted in *Guben xiaoshuo jicheng*.

Shanghai: Shanghai guji chubanshe, 1994.

Laozi (Dao De jing) (老子道德经). Translated by Arthur Waley. Changsha: Hunan chubanshe, 1994.

Latsch, Marie-Luise. *Peking Opera: As a European Sees It*. Beijing: New World Press, 1980.

Lee, Haiyan. "Love or Lust? The Sentimental Self in *Honglou meng*." *Chinese Literature: Essays, Articles, Reviews* 19 (1997): 85–111.

Lees, Clare A., ed. *Medieval Masculinities: Regarding Men in the Middle Ages*. Minneapolis: University of Minnesota Press, 1994.

Li Fengjian (李奉戬). "Lun Yuan zaju de 'anhe yinyuan' xianxiang" (论元杂剧的暗合姻缘现象 [On the phenomenon of the "coincidental marriage" in Yuan *zaju* drama]). *Jinyang xuekan* (晋阳学刊) 5 (1993): 90–92.

Liji (礼记 [Book of rites]). Taipei: Shangwu yinshuguan, 1969.

Li, Siu Leung. "Gender, Cross-dressing and Chinese Theatre." PhD dissertation, University of Massachusetts Amherst, 1995.

Li, Wai-yee. *Enchantment and Disenchantment: Love and Illusion in Chinese Literature*. Princeton, NJ: Princeton University Press, 1993.

Li Yu (李渔). *Rou putuan* (肉蒲团 [The prayer mat of flesh]). Taipei: Zhongwen chubanshe (publishing date unknown).

Lin Yizheng (林义正). "Lun Kongzi de 'junzi' gainian" (论孔子的 '君子' 概念 [On Confucius' concept of *junzi*]). *Wen shi zhe xuebao* (文史哲学

报）33 (1984): 139–187.

Lin, Yutang. *My Country and My People*. London: Heinemann, 1936.

Liu, James T. C. *China Turning Inward: Intellectual-Political Changes in the Early Twelfth Century*. Cambridge, MA: Council on East Asian Studies, Harvard University, 1988.

Liu, James T. C. and Peter J. Golas, eds. *Change in Sung China: Innovation or Renovation?* Lexington, MA: Heath, 1969.

Liu, Wu-chi. *An Introduction to Chinese Literature*. Bloomington: Indiana University Press, 1966.

Liu Yiqing（刘义庆）. *Shishuo xinyu*（世说新语［A new account of tales of the world］). 2 vols. Beijing: Xin shijie chubanshe, 1995.

——. *"Shih-shuo Hsin-yü": A New Account of Tales of the World (Second Edition)*. Translated with introduction and notes by Richard B. Mather. Ann Arbor: Center for Chinese Studies, The University of Michigan, 2002.

Liu Yuqing（刘毓庆）. *Zepan beiyin-Qu Yuan: lishi xiagu zhong de yongheng huixiang*（泽畔悲吟——屈原：历史峡谷中的永恒回忆［Qu Yuan: the eternal echo in the valley of history］). Taiyuan: Shanxi jiaoyu chubanshe, 1994.

Liu Zhendong（刘振东）. "Kongzi lun junzi"（孔子论君子［Confucius' remarks on *junzi*］). *Kongzi yanjiu*（孔子研究）1 (1992): 30–36.

Louie, Kam. "Chinese Masculinity: Theorizing *Wen* and *Wu*." *East Asian History* 8 (1994): 135–148.

——. “Sexuality, Masculinity and Politics in Chinese Culture: The Case of ‘Sanguo’ Hero Guan Yu.” *Modern Asian Studies* 33.4 (1999): 835–859.

——. *Theorising Chinese Masculinity: Society and Gender in China*. Cambridge: Cambridge University Press, 2002.

Lunyu yizhu (论语译注 [The Analects of Confucius]). Annotated by Yang Bojun (杨伯峻). Beijing: Zhonghua shuju, 1958.

Luo Guanzhong (罗贯中). *Sanguo yanyi* (三国演义 [Romance of the three kingdoms]). 2 vols. Beijing: Renmin wenxue chubanshe, 1979.

——. *Romance of the Three Kingdoms*. Translated by C. H. Brewitt-Taylor. Singapore: Graham Brash, 1985.

——. *Three Kingdoms: A Historical Novel*. Translated by Moss Roberts. Beijing/Berkeley: Foreign Languages Press/University of California Press, 1994.

Luo Jintang (罗锦堂). *Xiancun Yuanren zaju benshi kao* (现存元人杂剧本事考 [Studies on the original stories of extant Yuan *zaju* plays]). Taipei: Zhongguo wenhua shiye gufen youxian gongsi, 1960.

Luo Ye (罗烨), ed. *Zuiweng tanlu* (醉翁谈录 [Talks of an old drunken]). Shanghai: Gudian wenxue chubanshe, 1957.

Mair, Vitor, ed. *The Columbia Anthology of Traditional Chinese Literature*. New York: Columbia University Press, 1994.

Mao Feng (矛锋). *Tongxinglian wenxueshi* (同性恋文学史 [History of homosexual Literature]). Taipei: Hanzhong wenhua shiye gufen youxian gongsi, 1996.

Mann, Susan. “The Male Bond in Chinese History and Culture.” *The American Historical Review* 105.5 (2000): 21 pars., http://www.historycooperative.org/journals/ahr/105.5/ah001600.html. Accessed on 20 June 2002.

McMahon, Keith. *Causality and Containment in Seventeenth-century Chinese Fiction*. Leiden: E. J. Brill, 1988.

——. “The Classic ‘Beauty-Scholar’ Romance and the Superiority of the Talented Woman.” in *Body, Subject and Power in China*. Edited by Angela Zito and Tani Barlow. Chicago: University of Chicago Press, 1994, 227–252.

Meng Chengshun (孟称舜). *Jiao Hong ji* (娇红记 [Jiaoniang and Feihong]). Annotated by Zhuo Lianying (卓连营). Beijing: Huaxia chubanshe, 2000.

Mengzi yizhu (孟子译注). Annotated by Yang Bojun (杨伯峻). 2 vols. Beijing: Zhonghua shuju, 1960.

Mills, Sara. *Discourse*. London: Routledge, 1997.

Miyazaki, Ichisada. *China's Examination Hell: The Civil Service Examinations of Imperial China*. Translated by Conrad Schirokauer. New York: Weatherhill, 1976.

Nandy, Ashis. *The Intimate Enemy: Loss and Recovery of Self under Colonialism*. Delhi: Oxford University Press, 1983.

Ng, Viven W. “Homosexuality and the State in Late Imperial China.” In

Hidden from History, Reclaiming the Gay and Lesbian Past. Edited by Martin Duberman, Martha Vicinus and George Chauncey, Jr. New York: Meridian, 1989, 76–89.

Nienhauser, William H. Jr, ed. & comp. *The Indiana Companion to Traditional Chinese Literature*. Bloomington: Indiana University Press, 1986.

Ning Zongyi（宁宗一）et al. *Yuan zaju yanjiu gaishu*（元杂剧研究概述 [Introduction to studies on Yuan drama]). Tianjin: Tianjin jiaoyu chubanshe, 1987.

Owen, Stephen, ed. & trans. *An Anthology of Chinese Literature: Beginnings to 1911*. New York: W. W. Norton, 1996.

Pang, Laikwan. "From Gender to Nation: A Reading of *Farewell My Concubine*." *New Perspectives: A Comparative Literature Yearbook* 2 (1996): 107–129.

Ping Shan Leng Yan（平山冷燕）. Shenyang: Chunfeng wenyi chubanshe, 1982.

Plaks, Andrew H. *The Four Masterworks of the Ming Novel*. Princeton: Princeton University Press, 1987.

Qiu Shusen（邱树森）and Chen Zhenjiang（陈振江）, et al. *Xinbian Zhongguo tongshi*（新编中国通史 [A new general history of China]). Vol. 2. Fuzhou: Fujian renmin chubanshe, 1993.

Qiu, Xiaolong. "Love in Classical Chinese Literature: Cathayan Passion vs. Confucian Ethics." PhD dissertation, Washington University, 1994.

Qu Yuan (屈原). *Lisao yizhu* (离骚译注 [Encountering sorrow]). Annotated by Kai Zhen (开贞). Hong Kong: Wanli shudian, 1959.

——, et al. *Chuci zhangju* (楚辞章句). Annotated by Wang Yi (王逸). Taipei: Yiwen yinshuguan, 1974.

——, et al. *Ch'u Tz'u: The Songs of the South: An Ancient Chinese Anthology*. Translated by David Hawkes. Oxford: Clarendon Press, 1959.

Rubin, Gayle. "The Traffic in Women: Notes Toward a Political Economy of Sex." In *Toward an Anthropology of Women*. Edited by Rayna Reiter. New York: Monthly Review Press, 1975, 157–210.

Said, Edward W. *Orientalism*. New York: Vintage Books, 1979.

Schneider, Laurence A. *A Madman of Ch'u: The Chinese Myth of Loyalty and Dissent*. Berkeley: University of California Press, 1980.

Schoene-Harwood, Berthold. *Writing Men: Literary Masculinities from Frankenstein to the New Man*. Edinburgh: Edinburgh University Press, 2000.

Scott, John, ed. & trans. *Love and Protest: Chinese Poems from the Sixth Century B. C. to the Seventeenth Century A. D.* London: Rapp and Whiting, 1972.

Sedgwick, Eve Kosofsky. *Between Men: English Literature and Male Homosocial Desire*. New York: Columbia University Press, 1985.

Shi Nai'an (施耐庵) and Luo Guanzhong (罗贯中). *Shuihu quanzhuan* (水浒全传 [The complete version of water margin]). Shanghai: Shanghai renmin chubanshe, 1975.

——. *Outlaws of the Marsh*. Translated by Sidney Shapiro. 3 vols. Beijing: Foreign Languages Press, 1980.

Shih, Chung-wen. *The Golden Age of Chinese Drama: Yüan Tsa-chü*. Princeton: Princeton University Press, 1976.

Si Weizhi（斯维至）. "Lun *Chuci* de xingcheng ji Qin-Chu wenhua quan"（论《楚辞》的形成及秦楚文化圈［On the evolution of *Chuci* and the Qin-Chu cultural circle］). *Shaanxi Shida xuebao*（陕西师范大学学报）23 (1994): 23–29.

Silverman, Kaja. *Male Subjectivity at the Margins*. New York: Routledge, 1992.

Sima Qian（司马迁）. *Shiji*（史记［Records of the Historian］). Beijing: Zhonghua shuju, 1959.

——. *Records of the Grand Historian of China*. Translated by Burton Watson. New York: Columbia University Press, 1961.

Smart, Barry. *Michel Foucault*. Chichester, UK: Ellis Horwood, 1985.

Sommer, Matthew. *Sex, Law and Society in Late-imperial China*. Stanford: Stanford University Press, 2000.

Song, Geng. "Wax Spear-head: The Construction of Masculinity in Yuan Drama." *Tamkang Review* 30.1 (1999): 209–254.

——. "Jasper-like Face and Rosy Lips: An Intertextual Reading of the Effeminate Male Body in Pre-modern Chinese Romances." *Tamkang*

Review 33.1(2002): 77–111.

Song Yu (宋玉). *Song Yu ci fu yi jie* (宋玉辞赋译解 [Translation and annotation of Song Yu's works]). Edited and annotated by Zhu Bilian (朱碧莲). Beijing: Zhongguo shehui kexue chubanshe, 1987.

Sun, Lung-kee [Sun Longji] (孙隆基). *Zhongguo wenhua de "shenceng jiegou"* (中国文化的 "深层结构" [The "deep structure" of Chinese culture]). Hong Kong: Yishan chubanshe, 1983.

——. *Wei duannai de minzu* (未断奶的民族 [A people not yet weaned]). Taipei: Juliu tushu gongsi, 1995.

——. "Without Sex and Violence: The 'UnAmerican' Personality." *New Perspectives: A Comparative Literature Yearbook* 2 (1996): 1–70.

Sunzi (孙子). *Sunzi bingfa* (孙子兵法 [The art of war]). Translated by Lionel Giles. Changsha: Hunan chubanshe, 1993.

Szonyi, Michael. "The Cult of Hu Tianbao and the Eighteenth-Century Discourse of Homosexuality." *Late Imperial China* 19.1 (June 1998): 1–25.

Tang Guizhang (唐圭璋), comp. *Quan Song ci* (全宋词 [Complete anthology of Song *ci* lyrics]). Beijing: Zhonghua shuju, 1965.

Tang Xianzu (汤显祖). *Mudan ting* (牡丹亭 [The peony pavilion]). Beijing: Renmin wenxue chubanshe, 1998.

——. *The Peony Pavilion*. Translated by Cyril Birch. Bloomington: Indiana University Press, 1980.

Tie hua xianshi (铁花仙史 . [The fairy tale of iron and flower]). Reprinted in *Guben xiaoshuo jicheng*. Shanghai: Shanghai guji chubanshe, 1994.

Tosh, John. "What Should Historians Do with Masculinity? Reflections on Nineteenth-century Britain," *History Workshop Journal* 38(1994): 179–202.

Tuo Tuo (脱脱). *Songshi* (宋史 [History of the Song dynasty]). Beijing: Zhonghua shuju, 1977.

Twitchett, Denis and Michael Loewe, eds. *The Cambridge History of China, vol. 1: The Ch'in and Han Empires*. Cambridge, UK: Cambridge University Press, 1986.

Van Gulik, R. H. *Sexual Life in Ancient China: A Preliminary Survey of Chinese Sex and Society from ca. 1500 B. C. till 1644 A. D.* Leiden: E. J. Brill, 1974.

Vitiello, Giovanni. "Exemplary Sodomites: Chivalry and Love in Late Ming Culture." *Nan Nü: Men, Women and Gender in Early and Imperial China* 2.2 (2000): 207–258.

Volpp, Sophie. "The Discourse on Male Marriage: Li Yu's 'A Male Mencius's Mother.' " *Positions* 2.1 (Spring 1994): 113–132.

——. "Gender, Power and Spectacle in Late-Imperial Chinese Theater." In *Gender Reversals and Gender Cultures: Anthropological and Historical Perspectives*. Edited by Sabrina Petra Ramet. London & New York: Routledge, 1996, 138–147.

Waley, Arthur, ed. & trans. *One Hundred and Seventy Chinese Poems*. New York: Knopf, 1919.

——. ed. & trans. *The Temple and Other Poems*. New York: Knopf, 1923.

Wan Shengnan (万绳楠). *Wen Tianxiang zhuan* (文天祥传 [Biography of Wen Tianxiang]). Zhengzhou: Henan renmin chubanshe, 1985.

Wang, David D. W. "Fictional History/Historical Fiction." In *East-West Comparative Literature: Cross-cultural Discouse*. Edited by Tak-wai Wong, 31–47.

Wang Jide (王骥德). *Qu lü* (曲律). Annotated by Chen Duo (陈多) and Ye Changhai (叶长海). Changsha: Hunan renmin chubanshe, 1983.

Wang, Jing. *The Story of Stone*. Durham: Duke University Press, 1992.

Wang Shifu (王实甫). *Xixiang ji* (西厢记 [The story of the western wing]). Annotated by Wu Shuyin (吴书荫). Shenyang: Liaoning jiaoyu chubanshe, 1997.

——. *The Romance of the Western Chamber*. Translated by S. I. Hsiung. New York: Columbia University Press, 1968.

——. *The Moon and the Zither: The Story of the Western Wing*. Edited and translated with an introduction by Stephen H. West and Wilt L. Idema. Berkeley: University of California Press, 1991.

Wang Shunu (王书奴). *Zhongguo changji shi* (中国娼妓史 [History of Chinese prostitution]). Shanghai: Shenghuo shudian, 1934.

Waters, Geoffrey R. *Three Elegies of Ch'u: An Introduction to the Traditional Interpretation of the Ch'u Tz'u*. Madison: University of Wisconsin Press, 1985.

Watson, Burton. *Early Chinese Literature*. New York: Columbia University Press, 1962.

Wei Yong (卫泳). *Yue rong bian* (悦容编 [On women]). In *Biji xiaoshuo daguan* (笔记小说大观 [Collection of literary sketches]). Taipei: Xinxing shuju, 1980.

Weil, Kari. *Androgyny and the Denial of Difference*. Charlottesville, VA: University Press of Virginia, 1992.

Wen Yiduo (闻一多). "Qu Yuan wenti: Jing zhi Sun Cizhou xiansheng" (屈原问题——敬质孙次舟先生 [The question of Qu Yuan: a discussion with Sun Cizhou]). In *Shenhua yu shi* (神话与诗 [Myth and poetry]). Beijing: Zhonghua shuju, 1959, 245–261.

West, Stephen H. "A Study in Appropriation: Zang Maoxun's Injustice to Dou E." *Journal of the American Oriental Society* 111.2 (1991): 283–302.

Wilhelm, Hellmut and Richard Wilhelm. *Understanding the I ching: The Wilhelm Lectures on The Book of Changes*. Princeton: Princeton University Press, 1995.

Wong, Tak-wai, ed. *East-West Comparative Literature: Cross-cultural Discourse*. Hong Kong: Department of Comparative Literature, the University of

Hong Kong, 1993.

Worton, Michael and Judith Still, eds. *Intertextuality: Theories and Practices*. Manchester: Manchester University Press, 1990.

Wu Bing 吴炳 . *Lü mudan* (绿牡丹 [The green peony]). Collated and annotated by Luo Sining (罗斯宁). Shanghai: Shanghai guji chubanshe, 1985.

Wu Cuncun (吴存存). *Ming-Qing shehui xing'ai fengqi* (明清社会性爱风气 [Sex and sensibility in Ming and Qing Society]). Beijing: Renmin wenxue chubanshe, 2000.

Xiaomingxiong [Samshasha] (小明雄). *Zhongguo tongxing'ai shilu* (中国同性爱史录 [A history of homosexuality in China]). Hong Kong: Rosa Winkel Press, 1997.

Xijing zaji (西京杂记 [Miscellanies of the western capital]). Annotated by Cheng Lin (成林) and Cheng Zhangcan (程章灿). Guiyang: Guizhou renmin chubanshe, 1993.

Xu Wei (徐渭). *Nanci xulu* (南词叙录). Annotated by Li Fubo (李复波) and Xiong Chengyu (熊澄宇). Beijing: Zhongguo xiju chubanshe, 1989.

Xu, Yuan-zhong, trans & comp. *Song of the Immortals: An Anthology of Classical Chinese Poetry (Bilingual Edition)*. Beijing: New World Press, 1994.

Yan Buke (阎步克). *Shidafu zhengzhi yansheng shigao* (士大夫政治演生史稿 [History of the political evolution of the *shi*]). Beijing: Beijing daxue chubanshe, 1996.

Yang Rubin (杨儒宾). *Rujia shenti guan* (儒家身体观 [The Confucian body]). Taipei: "Zhongyang" yanjiuyuan Zhongguo wenzhe yanjiusuo choubeichu, 1996.

Yang Yi (杨义). "Xin quanshixue xia de *Sanguo, Shuihu, Xiyou*: Zhongguo minjian wenhua jingshen de shishi" (新诠释学下的《三国》《水浒》《西游》: 中国民间文化精神的史诗 [New interpretations of *The Three Kingdoms, The Water Margin* and *The Journey to the West*: epics of Chinese folk culture]). In *Mingdai xiaoshuo mianmian guan: Mingdai xiaoshuo guoji xueshu yantaohui lunwenji* (明代小说面面观: 明代小说国际研讨会论文集 [Aspects of Ming fiction: Proceedings of an international conference on Ming fiction]). Edited by Kow Mei Kao (辜美高) and Huang Lin (黄霖). Shanghai: Xuelin chubanshe, 2002, 34–41.

Yao, Christina Shu-hwa. "Cai-zi Jia-Ren: Love Drama During the Yuan, Ming and Qing Periods." PhD dissertation, Stanford University, 1983.

Ye Shuxian (叶舒宪). *Shijing de wenhua chanshi* (诗经的文化阐释 [The Book of Songs: a cultural hermeneutics]). Wuhan: Hubei renmin chubanshe, 1994.

Yoshikawa Kōjirō (吉川幸次郎). *Gen zatsugeki kenkyū* (元杂剧研究 [Studies on Yuan *zaju*]). Translated by Zheng Qingmao (郑清茂). Taipei: Yiwen yinshuguan, 1960.

Young, Robert J. C. *Postcolonialism: A Historical Introduction*. Oxford, UK/

Malden, MA: Blackwell Publishers, 2001.

Yu Jiao Li (玉娇梨). Reprinted in *Guben xiaoshuo jicheng*. Shanghai: Shanghai guji chubanshe, 1994.

Yu Yingchun (于迎春). *Qin Han shi shi* (秦汉士史 [The history of the shi in Qin and Han dynasties]). Beijing: Beijing daxue chubanshe, 2000.

Yuan Xingpei (袁行霈). *Zhongguo wenxue gailun* (中国文学概论 [A brief introduction to Chinese literature]). Hong Kong: Sanlian shudian, 1990.

Yuan Zhen (元稹). "Yingying zhuan" (莺莺传 [The story of Yingying]). In *Xixiang huibian* (西厢汇编 [Collection of different versions of the story of the western wing]). Compiled by Huo Songlin (霍松林). Ji'nan: Shandong wenyi chubanshe, 1987, 2–8.

Yue, Gang, *The Mouth That Begs: Hunger, Cannibalism, and the Politics of Eating in Modern China*. Durham: Duke University Press, 1999.

Zang Jinshu (臧晋叔), comp. *Yuanqu xuan* (元曲选 [Selected Yuan plays]). 4 vols. Beijing: Zhonghua shuju, 1958.

Zhang Geng (张庚) and Guo Hancheng (郭汉城), et al. *Zhongguo xiqu tongshi* (中国戏曲通史 [A general history of traditional Chinese drama]). 3 vols. Beijing: Zhongguo xiju chubanshe, 1994.

Zhang Jundi (章俊弟). "Zhongguo xiju zhong renshenlian shenhua yuanxing yanjiu" (中国戏剧中人神恋神话原型研究 [Study on the mythical archetype of love between human beings and goddess in Chinese drama]). *Wenyi yanjiu* 5 (1993): 102–110.

Zhang Tingyu (张廷玉), et al. *Mingshi* (明史 [The history of Ming]). 332 vols. Beijing: Zhonghua shuju, 1974.

Zhao, Henry Y. H. *The Uneasy Narrator: Chinese Fiction from the Traditional to the Modern*. Oxford: Oxford University Press, 1995.

Zheng Sixiao (郑思肖). *Xin shi* (心史 [History of the mind]). In *Beijing tushuguan guji zhenben congkan vol. 90* (北京图书馆古籍珍本丛刊). Beijing: Shumu wenxian chubanshe, 1988.

Zheng Zhenduo (郑振铎). "Lun Yuanren suo xie shangren, shizi, jinü jian de sanjiaolian'ai ju" (论元人所写商人、士子、妓女间的三角恋爱剧 [On merchant-courtesan-scholar love triangle plays written by the Yuan playwrights]). In *Zheng Zhenduo wenji* (郑振铎文集 [Complete works of Zheng Zhenduo]). Beijing: Renmin wenxue chubanshe, 1988, vol. 5, 486–506.

Zhong, Xueping. *Masculinity besieged? Issues of Modernity and Male Subjectivity in Chinese Literature of the Late Twentieth Century*. Durham: Duke University Press, 2000.

Zhou, Jianyu. "The *Caizi-jiaren* Novel: A Historical Study of a Genre of Chinese Narrative from the Seventeenth Century to the Nineteenth Century." PhD dissertation, Princeton University, 1995.

——(周建渝). *Caizi jiaren xiaoshuo yanjiu* (才子佳人小说研究 [Study on the *caizi-jiaren* fiction]). Taipei: Wen shi zhe chubanshe, 1998.

Zhou Yi (周易 [Book of Changes]). Translated by James Legge. Changsha: Hunan chubanshe, 1993.

Zhou Yibai (周贻白). *Mingren zaju xuan* (明人杂剧选 [Selected Ming *zaju* plays]). Beijing: Renmin wenxue chubanshe, 1958.

Zhou, Zuyan. *Androgyny in Late Ming and Early Qing Literature*. Honolulu: University of Hawai'i Press, 2003.

Zhu Dake (朱大可). "Xiqu de huayu wudu jiqi jiaozheng" (戏曲的话语误读及其矫正 [The misreading of the dramatic discourse in traditional China and the rectification of it]). In *Jinri xianfeng* (今日先锋). Beijing: Sanlian shudian, 1994, 128–134.

Zhu Yilu (朱义禄). *Rujia lixiang renge yu Zhongguo chuantong wenhua* (儒家理想人格与中国传统文化 [The Confucian ideal personality and traditional Chinese culture]). Shenyang: Liaoning jiaoyu chubanshe, 1991.

Zhu Xi (朱熹). *Conversations of Master Chu* (朱子语类). Translated by Daniel K. Gardner. Berkeley: University of California Press, 1990.

Zito, Angela and Tani Barlow, eds. *Body, Subject and Power in China*. Chicago: University of Chicago Press, 1994.

索　引

（页码为原书页码，即本书边码）

A

A New Account of Tales of the World, see *Shishuo xinyu*
Althusser, Louis, 182, 205 n36
Ames, Roger T., 12, 49, 60, 91
Anagnost, Ann, 85
Analects of Confucius, see *Lunyu*
androgyny: in Chinese culture, 12, 35, 44, 52–54, 129–130, 210 n21; in Judeo-Christian culture, 129; and *yin/yang*, 45–60, 129–130, 210 n15
Anling, Lord, 139, 211 n40
anxiety, male, 6, 8–9, 38, 41, 61–64, 78–79, 151, 179–180, 197 n26
appropriation: of Western gender discourse, 12

B

Badinter, Elisabeth, 4
Bai Renfu, 203 n9
Bai Xingjian, 24
Baihu tong, 206 n9, 206 n19
Baiyue ting (The moon-prayer pavilion), 29, 117
Ban Gu, 206 n19, 211 n37
Ban Zhao, 53, 206 n9
Barlow, Tani, 11–12
Bawang bie Ji (Farewell my concubine) (film), 214 n74
Beijing (Peking), 152, 155
Beijing, Prince (Prince of Northern Tranquility), 135. See also *Honglou meng*
Bi taohua (Peach blossom), 29, 117

Billington, Ray, 129
bisexuality: in Chinese culture, 17, 125–126, 137, 142; in Jia Baoyu, 121
Black, Alison, 60
body: association with women, 6–7, 77; "docile bodies", 16, 69–71, 79–85; ideal male body in Chinese literature, 8, 16, 83–85, 125–126, 140, 150, 156; invisibility of male body, 6–7; male beauty during Six Dynasties, 144–146; manipulation of, 40, 84; and text, 74–79. *See also* bodily rhetoric; mind/body dichotomy
bodily rhetoric: of the fragile scholar, 16, 39, 40, 61, 69–71, 83–85, 96, 126. *See also* body; *caizi*, effeminate body of
Bol, Peter K., 82, 205 n38
Book of Changes, see *Yijing*
Book of Rites, see *Liji*
Brannon, Robert, 5
Breitenberg, Mark, 64
Britain: construction of Protestant masculinity in colonies, 9–10
Brittan, Arthur, 194 n17
Brownell, Susan, 15, 50, 194 n21
Buchbinder, David, 36
Buddhism, 35, 99–100, 105
Butler, Judith, 2, 7, 193 n2

C

cai (literary talent): and *mao*, 44, 74, 143; as the primary feature of the *caizi*, 38; and *qing*, 33–34, 104, 106–107; and textuality, 73–79; as transcendental merit, 73–74, 106
caizi (talented scholar): containment of subversiveness in, 110–118; deviation from the official masculinity, 97–104; different versions of, 33–35; discourse of, viii, 2–3, 19, 34, 38–41, 67, 104, 119–124, 132, 140, 151, 158; effeminate body of, 16, 47, 60–64, 69, 125, 150; image of, viii–ix, 14, 37, 44, 66–67, 83,

154; and *junzi*, 87–104, 110–112, 118, 123; literary talent, 73–79; as male fantasy, 3, 73, 149, 186; masculinity, 8, 13, 16, 35, 63; origin of the word, 196 n5; as "projection" of the literati, 183, 186; prototypes of, 21–22, 44; stereotype, 20, 27, 30, 109. See also *caizi-jiaren* model; *caizi-jiaren* romances; *jiaren*; *junzi*; masculinity in Chinese culture; Zhang Sheng

caizi-jiaren (scholar-beauty) model: and Confucian gender discourse, 111–112, 181–183; criticism of, 208 n60; definition of, 20, 196 n10; development of, 19–30, 153; impact of, 34; parody of, 118–119; as subcultural discourse, 182–183

caizi-jiaren (scholar-beauty) romances, vii, 13, 16, 75, 101, 108, 110, 113, 118, 126, 140, 158, 175, 182–183, 187; *caizi-jiaren xiaoshuo*, 32–34, 73, 106–107, 116, 155; *chuanqi* drama, 30–32; definition of, 34; as subgenre, 32, 37, 39

Campbell, Joseph, 208 n54

Cantonese opera: *wenwusheng*, 33

Cao Cao, 160–162, 164, 169, 176, 178. See also *Sanguo yanyi*

Cao Pi, 204 n29

Cao Xueqin, 104

Cao Zhi, 44, 73, 143

catemites, see *luantong*

Chang, Shelley Hsueh-lun, 161–164, 174, 217 n37

"Changmen fu" (Song of the long gate), 59

Changsheng dian (The palace of eternal life), 106

Chen Li-li, 26, 196–197 n11

Chen Kaige, 214 n74

Cheng Yanqiu, 214 n72

Cheng-Zhu school, 95, 104. *See also* Neo-Confucianism

Chou, Ying-hsiung, 217 n37

Chow, Rey, 55–56

Christianity, 127

chuanqi (drama): in the Ming and Qing dynasties, 30, 152–155
chuanqi (short stories): in the Tang dynasty, 21, 23–25
Chuci (Songs of Chu), 39, 51, 140, 196 n5, 200 n33
civil service examinations, see *keju*
Cixous, Hélène, 195 n40
Classic of Odes, The, see Shijing
Clatterbaugh, Kenneth, 3–4
Clayton, Jay, 43
Colegrave, Sukie, 210 n15
collective unconscious, see *shi*, collective unconscious of
colonialism, 2, 8–11
colonialization, 5
Confucianism, 32, 159, 182; code of behavior, 61, 94, 114, 118, 206 n9; on the body, 74; distain for the military, 80; and the examination system, 46–47, 82–83; and *junzi*, 16, 88–97, 111; myth of a state by virtue, 80–81, 96; as the official discourse, 46–49, 90, 99–101, 105–106, 111–112, 120, 123–124, 137, 151, 163, 174, 187; parallelism between family and state, 48–49; poetic-teaching tradition, 45; and the *shi*, 46, 90–91; various versions of, 40; and *wen/wu*, 80–84; and *yin/yang*, 12–13, 47–50, 131–133. *See also* masculinity in Chinese culture, Confucian conception
Confucius, 14, 45, 57, 87–93, 95, 99, 157, 205 n5, 205 n6, 214 n1; image in *Analects*, 96
congyi er zhong (with one person all the way till the end), 176, 178
Connell, R. W., 5, 8
Connery, Christopher Leigh, 45, 71–73
containment, *see* subversion and containment
co-option: by official discourse, 110–118, 188
courtly love: in European literature, viii, 102, 166
Crawford, William Bruce, 197 n29
Creel, H. G., 201 n44
cross-dressing: in Chinese culture, 130,

135, 139, 155, 210 n19
Cui, Madame, 24, 26, 29–30, 75, 98, 101, 184–186, 188; "parents' command", 114–116. See also *Xixiang ji*
Cui Yingying, *see* Yingying
"cultural reading": definition of, 38–41

D

da zhangfu (great man), 158–159
dan (female role), 33; and homoeroticism, 135, 139, 155–156, 214 n72, 214 n74
Dao: and *yin/yang*, 47
Daoism, 35, 47, 130–131, 210 n15, 216 n32
Davidson, Arnold I., 209 n8
Daxue (The great learning), 206 n13
de Lauretis, Teresa, 1
Dengtuzi (Master Dengtu), *see* "Dengtuzi haose fu"
"Dengtuzi haose fu" (*Fu* on the licentious Master Dengtu), 140–142
Derrida, Jacques, 57
diangu (allusion), 44
Diaochan, 175, 179–180, 216 n27. See also *Sanguo yanyi*
Dikötter, Frank, 195 n38
discipline: Foucauldian concept of, 71, 84–85
discourse: definition of, 36–37; dominant and marginal ones, 37. See also *caizi*, discourse of
Dolby, William, 152, 154, 214 n73
Dollimore, Jonathan, 113
Dong Jieyuan (Master Dong), 24, 25, 116
Dong Xian, 136, 146–147, 211 n37
Dong Zhongshu, 47–49, 131
Dong Zhuo, 175, 216 n27. See also *Sanguo yanyi*
Dongqiang ji (The eastern wall), 29, 117
Dream of the Red Chamber, see *Honglou meng*
Du Liniang, 30–31, 107–108. See also *Mudan ting*
Du Que, General, 26, 30, 75, 111–112, 165–166, 185, 188. See also *Xixiang ji*

Du Yi, 145
Duanxiu pian (Records of the cut sleeve), 139

E

Eagleton, Terry, 38, 118
Eber, Irene, 171
Ebrey, Patricia Buckley, 83
Edwards, Louise, 121, 123
effeminacy: in Chinese literature, 15; in English literature, 209 n2; and southern culture, 150–151, 213 n64
eunuchs: in pre-modern China, 50, 157, 199 n28
examinations, see *keju*

F

Fairbank, J. K., 80–81
Fairclough, Norman, 43
Fan Zhongyan, 92
Fanon, Frantz, 10
favoritism, male: in pre-modern China, 138, 144
femininity, 126, 127; as arbitrary and conventional signifier, 1; association with poetic subjectivity, 122–123; association with southern Chinese, 150–151; in Chinese "national character", 9, 11; repudiation of, 4, 127; as signifier of the colonized, 9–10; translation of the term into Chinese, 15. *See also* gender; masculinity; women
feminism, 6–7, 160
Feng Menglong, 104–105, 110, 207 n28
fengliu (amorousness), 112
Fenster, Thelma, 6
Five Dynasties, 151
Fone, Byrne, 127
Fortunate Union, see *Haoqiu zhuan*
Foucault, Michel, 2, 16, 36, 38, 43, 69, 71, 83–85, 126, 209 n8, 212 n41, 218 n50
Four Books, The, 124
"Four Books for Women", 206 n9

Franke, Herbert, 202 n55
Freud, Sigmund, 9, 56, 183
Fu jinding, 29
Fujian, province of, 150, 216 n31
Fung Shui Lung, 28, 197 n21
Fung Yu-lan (Feng Youlan), 48
Furth, Charlotte, 130, 137

G

Gandhi, Leela, 10
"Gaotang fu" (*Fu* on Gaotang), 141, 212 n47
gender, 37; in Chinese culture, 11–15, 59–60, 129–134; construction of, 1–2; Foucauldian understanding of, 2; and politics, ix, 2, 90–91. *See also* gender studies; femininity; masculinity; sexual difference; *wen/wu* paradigm; *yin/yang* binary
gender studies, 6–7, 122
Gernet, Jacques, 217 n43
Gilmore, David D., 193 n10
globalization, 10
gongti shi (palace style poetry), 146
Gorer, Geoffrey, 128
Greece: paederasty in ancient times, 126–127, 134
Greenberg, David F., 134
Gu, the Elder Sister, 215 n14. See also *Shuihu zhuan*
Guan Hanqing, 29, 207 n37
Guan Yu, viii, 14, 155, 159, 161, 168, 174–176, 178, 180. See also *Sanguo yanyi*
Guo Hua, 117. See also *Liuxie ji*
Guo Moruo, 201 n41

H

Haft, Lloyd, 3, 32
Hall, David L., 12, 49, 60, 91
Halperin, David, 126–127
Han dynasty, 46–48, 51, 56–57, 59, 80, 82, 88, 131, 138, 144, 196 n5, 201 n41, 211 n37, 212 n47
Han Fei Zi, 211 n38
Han Shou, 22–23
Hanshu, 211 n37

haohan (good man), 158, 162–168, 180, 204 n4, 215 n15; and female sexuality, 170–171
Haoqiu zhuan (The fortunate union), 32–33, 107
Hawkes, David, 57, 209 n62
He Tianxing, 200 n33
He Yan, 144–145
"Heavenly Principle", 95, 104
Hegel, Robert, E., 34, 118–119
heroism: in traditional Chinese literature, ix, 16, 35, 158–172; and desexualization, ix, 12, 158; and eroticism, 159, 181; and food and wine, 164, 215 n9
Hessney, Richard, 22, 25, 27, 33, 197 n29
heterosexual/homosexual binary: absence in Chinese culture, 1, 11, 140, 150, 174, 209 n5; as a cultural construction in the West, 126
Hinsch, Bret, 134–135, 137, 142, 148, 194 n21, 211 n36
Hinton, David, 92
homoeroticism: and the aesthetics of male beauty, 140–150; in Chinese literature, 16, 126, 146–149, 194 n21, 200 n41; and Chinese theatre, 139–140, 155–156
homophobia, 125, 132, 173; lack in Chinese culture, 60, 125, 174, 209 n5; in Western culture, 6, 127–128
homosexuality, 125, 172; in pre-modern China, 56, 125, 131, 133–140, 178, 194 n21, 209 n5, 210 n33; in *Honglou meng*, 123, 135; as a modern concept, 126; and southern culture, 142–149, 213 n54; terminology, 138–139; and *yin/yang* power relations, 133–135, 137, 151; in the West, 127–128, 134. *See also* heterosexual/homosexual binary homoeroticism
"homosocial desire", Sedgwick's theory of, 172–173, 183
homosociality, 8, 17, 51, 96, 126, 139, 194 n21; and Chinese historical discourse, 181–183;

homoerotic overtone, 176; "male culture", 160, 181–183; and rivalry between men, 183–189; in *Sanguo* and *Shuihu*, 172–180; and women, 157, 180

Hong Niang, 26, 61, 67, 98, 101–102, 111, 113–114, 186, 188–189; as matchmaker, 116; as the mouthpiece of uncultured discourse, 63. See also *Xixiang ji*

Hong Sheng, 106

Hong Yu, 74. See also *Yu Jiao Li*

hongguan wenxueshi, see "macroscopic literary history"

Honglou meng (Dream of the red chamber), 34, 39, 64, 101, 103–104, 106, 109, 120–124, 135, 197 n34, 208 n60; jade as phallic symbol, 209 n62

Hong gaoliang (Red Sorghum) (film), 8

Hsia, C. T., 60, 102, 168, 216 n36

Hsiung, S. I., 102

Hu Shi, 45, 200 n33

Hu Wanchuan, 20

Hu, Xin, 205 n8

Hu, Ying, 214 n6

Hua Mulan, 130

huaben, 83

huabu (flowery section), 155

Huainanzi, 206 n20

Huang, Martin W., 56, 195 n47, 197 n26

Huang Zhongmo, 200 n33

Huatu yuan (Romance of the paintings), 32

Huiming (the monk), 165–166. See also *Xixiang ji*

"Huizhen ji", *see* "Yingying zhuan"

Huizong, Emperor of the Song dynasty, 169, 203 n64

"huo ni" (Delusion and infatuation), 22

"Huo Xiaoyu zhuan"(The story of Huo Xiaoyu), 24

I

Idema, Wilt, 3, 28, 32, 39, 48, 63, 103, 154, 183, 185

ideology, 3, 10, 36, 38, 118–119, 122, 173, 182; masculinity as, 4;

Inahata Koichiro, 200 n33

industrialization, 3
initiation: of masculinity, 118–120, 134, 183, 208 n54
intertextuality, 43–44, 146
Irigaray, Luce, 215 n21

J

Ji Kang, 145
Jia Baoyu, 64, 101–102, 106, 135; as alternative male subjectivity, 108, 120–124; male identity, 121, 209 n62, 209 n63; as "Other" to the symbolic order, 122; unusual gender preference, 120–121. See also *Honglou meng*
Jia, Grandma, 122, 208 n60, 209 n63. See also *Honglou meng*
Jia Huan, 123. See also *Honglou meng*
Jia, Lady (Lu Junyi's wife), 215 n18. See also *Shuihu zhuan*
Jia Mi, 144, 212 n52
Jia Zheng, 122–124. See also *Honglou meng*
Jiang Fang, 24
Jiang Shilong, 117. See also *Baiyue ting*
Jiang Tsui-fen, 65
Jiang Xingyu, 153–154
Jianwen, Emperor of the Liang dynasty, 146
jianxiong (arch-careerist), 161
Jiao Hong ji (Jiaoniang and Feihong), 35
jiaren (beauty), 2, 19, 111, 114, 119; origin of the word, 196 n5; prototype of, 21–22; stereotype, 20, 25, 30, 109. See also *caizi; caizi-jiaren* romances
Jin dynasty (266–420), 143, 151, 204 n28
Jin (Jurchen) dynasty, 24–25, 58, 66
Jin Ping Mei, 209 n6
jing, role of, 165
jinlan (sworn brothers), 139
Jinshi yuan (Marriage between gold and stone), 33
Jinqian ji (The coins), 29
jinshi, 85. See also *keju*
Jinshu (History of Jin), 143
"Jiu bian" (The nine disputations), 140
Ju'an qimei (Holding the tray level with

the brows), 29, 117, 187

junzi (gentleman), 87, 110–112, 114, 118, 123, 184, 189, 205 n2, 205 n5, 205 n6; androgynous feature of, 45; Confucian discourse of, ix, 14, 16, 74, 89–97, 205 n5; different versions of, 96; and the private/public dichotomy, 91–93, 97, 118; and the repression of sexual desire, 93–96. See also *caizi; xiaoren*

Jurchens, *see* Jin dynasty

juren, 85. See also *keju*

K

keju (civil service examinations), 7, 34, 72, 75, 87, 132, 202 n55; in the *caizi-jiaren* model, 20, 109, 110, 113–114, 116, 119, 185, 191; and the bodily rhetoric of *wen*, 83–85; implementation of, 46–47; as an institution, 41, 81; and rituals, 85; suspension of, 27, 65. *See also* Confucianism

Kimmel, Michael, 4, 128

knightly masculinity: in European literature, viii, 158

Ko, Dorothy, 88, 104–105

Kristeva, Julia, 43–44, 198 n1

Kunqu (Kun opera), 152, 155

Kutcher, Norman, 172

L

laosheng (old male role), vii

Laqueur, Thomas, 50

Lee, Haiyan, 108, 122

Leys, Simon, 96

li (profit), 91

li (ritual), 92–94, 97; and marriage, 94

Li Gu, 177. See also *Shuihu zhuan*

Li Kui, 14, 159, 162, 164–165, 168, 173–174, 176, 181, 215 n15. See also *Shuihu zhuan*

Li Qianjin, 116–117. See also *Qiangtou mashang*

"Li sao", 51–60

Li Shidao, 133

Li Shijie, 116–117. See also *Qiangtou*

mashang
Li Shimin, 159
Li Shishi, 168–169, 215 n15
Li, Siu Leung, 214 n74
Li Tianmin, 203 n62
"Li Wa zhuan" (The story of Li Wa), 23–24
Li Xifan, 208 n61
Li Yu (the last emperor of the southern Tang dynasty), 213 n64
Li Yu (Ming dramatist), 118, 135, 139, 150, 178, 212 n42, 216 n31
Liang jiaohun (The double marriage), 32
"*lianhuan ji*" (double intrigue), 175, 216 n27. See also *Sanguo yanyi*
Liao Ping, 200 n33
Lienü zhuan (Biographies of exemplary women), 206 n9
Liji (Book of rites), 94, 112, 206 n9
Lin Daiyu, 64, 121. See also *Honglou meng*
Lin Yutang, 150–151
Liu An, 206 n20
Liu Bang, 159
Liu Bei, 159–162, 164, 169, 174, 176, 179–180, 208 n49, 214 n6. See also *Sanguo yanyi*
Liu Chen, 217 n49
Liu Dui, 35
Liu, James T. C., 66, 81
Liu Mengmei, 30–31, 108. See also *Mudan ting*
Liu Xiang, 211 n39, 211 n40
Liu Xianglian, 135. See also *Honglou meng*
Liu Yiqing, 21
Liu Yuqing, 52–54
Liu Zun, 148
Liuxie ji (Leaving the shoe), 29, 117
Longyang, Lord, 139, 211 n39
Louie, Kam, 8, 10, 13–14, 87, 174, 194 n21, 204 n28
Lü Bu, 33, 175, 180, 216 n27. See also *Sanguo yanyi*
Lu Junyi (the Jade Unicorn), 169, 176–177. See also *Shuihu zhuan*
Lü mudan (The green peony), 32, 203 n11
Lu Xun, 34
Lu Zhishen, 164–165, 180. See also *Shuihu zhuan*

luantong (catemites), 138, 146–148, 150
Lunyu (Analects of Confucius), 114, 194 n21; on *junzi*, 88–93, 96, 112; and women, 90–91, 157. *See also* Confucianism; Confucius
Luo Jintang, 28

M

"macroscopic literary history", 198 n48
Manchus, see Qing dynasty
"Mandarin Duck and Butterfly" novels, 34
male bond, *see* homosociality
male/female binary: absence in Chinese culture, 1–2, 11, 14–15, 129–130; in Western culture, 12, 127–128, 195 n40
"male gaze", 31, 191
Mandate of Heaven, 161
Mann, Susan, 7, 157–158
Mao Zonggang, 179
Marxism, 88
masculinity: as arbitrary and conventional signifier, 1; crisis of, 7–8; definitions of, 3–4, 8; diversity of, 4–5; dominant Western concept of, 5–6, 9, 127; and modernity, 3, 8; as myth, 4–6; and patriarchy, 6, 194 n17; and Self/Other dichotomy, 127; and sexual virility, 5; translation of the term into Chinese, 15, 195 n51. *See also* gender; masculinity in Chinese culture
masculinity in Chinese culture: Confucian conception, 65, 90–97, 171–172; and homosocial bond, 158–159, 172; and nationalism, 65–67; postcolonial reading of, 8–12; and the public realm, 64, 91–93, 97, 172; and the *wen/wu* matrix, 13–15; and the *yin/yang* binary, 47–60. *See also caizi*; gender, in Chinese culture; *junzi*; *wen/wu* paradigm; *yin/yang* binary
mao (looks), 44
McMahon, Keith, 33, 164
Mei Lanfang, 155, 214 n72

"men's movement": in the West, 7
Meng Chengshun, 35
Mencius, 65, 80, 88
mind: association with men, 7. *See also* mind/body dichotomy
mind/body dichotomy, 45–46, 77, 80, 90, 96; absence in Chinese culture, 12
Ming dynasty, 19, 25, 28, 30, 35, 38, 40, 69, 72, 88–89, 95–97, 104–109, 119, 130, 135, 152–153, 158, 186, 211 n33, 217 n36; cult of *qing*, 104; homoeroticism, 138–139, 150
mingjiao (Teaching of the Names), 32
Misawa Reiji, 200 n33
misogyny: in Chinese construction of heroism, 168, 171, 172, 175–176, 179–180
Miyazaki, Ichisada, 203 n8, 204 n27
Mizi Xia, 146–147, 211 n38
mo, role of, 154
"Mo yu'er" (Groping for fish), 58–59. *See also* Xin Qiji
modernity: Enlightenment, 3; Chinese, 11–12, 16, 81
modernization, 2–3, 5, 11
Mongols, *see* Yuan dyansty
Mudan ting (The peony pavilion), 30–31, 104, 107–108
myth: masculinity as, 4

N

Nandy, Ashis, 10
nanfeng (male fashion), 126, 140, 142, 150, 209 n6
nanxi (southern drama), 35, 152–155
Nanzi, 91, 157, 214 n1. *See also* Confucius; *Lunyu*
naiyou xiaosheng (young man as soft as cream), vii, 9
narcissism: of Chinese literati, 41, 56, 73, 79
Neixun (Instructions for the inner chambers), 206 n9
Neo-Confucianism, 22, 27, 32, 81, 85, 92, 94–95, 97, 131
Nü Lunyu (Analects for women), 206 n9
Nüfan jielu (Short stories of exemplary women), 206 n9
Nüjie (Precepts for women), 206 n9

nüse (female sexuality), 91; and *haohan* heroism, 170–171, 175; fear of, 179–180

O

Okamura Shigeru, 200 n33
Orientalism, 9
Owen, Stephen, 212 n47

P

paederasty, 127, 134
Pan An (or Pan Yue), 16, 44, 140, 143–144, 149, 150, 212 n52
Pan Jinlian, 170–171, 167, 180, 215 n14, 215 n18. See also *Shuihu zhuan*
Pan Qiaoyun, 175–176, 180, 215 n14, 215 n18. See also *Shuihu zhuan*
Pan Yue, *see* Pan An
Pang, Laikwan, 214 n74
Pei Kai, 145
Pei Shaojun, 73, 117. See also *Qiangtou mashang*
Pei Xingjian, 116–117. See also *Qiangtou mashang*
Peking opera, 154, 214 n74; effeminacy in, vii; and homoeroticism, 155–156; *wenwuxiu*, 33
Ping Shan Leng Yan, 32, 74, 108, 203 n11
Plaks, Andrew H., 215 n11
polygyny, 33
postmodernism, 7
poststructuralism, 7
power: and body, 71, 84, 126; Foucauldian concept of, 36–37; and knowledge, 46, 78, 83, 96, 165, 186, 218 n50; masculinity and, 5, 10, 13, 90–91; of naming, 79, 85; negotiations, 38, 118; and *yin/yang*, 45–50
power relations, *see* power

Q

Qiannü lihun (Qiannü's soul leaves her body), 28–29, 117
Qiangtou mashang (By the wall, on the

horse), 28, 73, 116–117
Qianying, 76–78. See also *Yu jingtai*
Qin Zhong, 135. See also *Honglou meng*
qing (feelings, sentiment), 31, 103, 112, 123; compared with *cai*, 33; containment by official ideology, 106–108; cult of, 104–105; difference from Western Romanticism, 109; romanticism, 99, 102, 120; and sensibility, 105–107; and sexuality, 106–109, 207 n28; subversiveness of, 105, 108–109
Qing (Manchu) dynasty, 19, 25, 30, 32, 34, 38, 72, 104, 106–109, 130, 155, 211 n33; advocate of *wu*, 33
Qing shi (History of love), 104–105, 110, 207 n28
qingchi (love maniac), 102
qu (arias), 25, 152
Qu Yuan, 16, 51–60, 140, 200 n33, 200 n41, 212 n47
Qu Yuan (modern play by Guo Moruo), 201 n41
queer studies, 7

R

Rambo, viii, 8
Records of the Historian, see *Shiji*
ren (humanity), 92, 159
romance, definition of, 34
Romance of the Three Kingdoms, see *Sanguo yanyi*
romanticism: in traditional Chinese literature, 35, 109
"rongzhi" ("Appearance and bearing"), 144
Rothstein, Eric, 43
Rou putuan (The prayer mat of flesh), 34, 119
Ruan Ji, 145
RuanZhao, 217 n49
Rubin, Gayle, 173

S

Saeki, Tomi, 81
Said, Edward, 9

Sanguo yanyi (The romance of the Three Kingdoms), 14, 17, 33, 40, 158–180, 181, 208 n49, 216 n36; definition of hero, 161; women in, 160, 179
Schoene-Harwood, Berthold, 4, 125
scholar-beauty, see *caizi-jiaren model*
"searching for real men", 8
se (all things that could move the senses), 157
Sedgwick, Eve K., 172–174, 183
"seven worthies of the bamboo grove", see "*zhulin qixian*"
sexual difference: as social construct, 1; and *yin/yang*, 15
sexuality, ix; absence in Chinese heroic discourse, 158, 172, 182; association with women, 6, 61, 171, 189; *caizi's* attitude toward, 14, 87–88, 98; in the *caizi-jiaren*, 16, 102–104, 183; control of, 94–95; Foucauldian understanding of, 2, 126, 191, 218 n50; and sentiment, 107–108, 207 n28; subversiveness to Confucian order, 108, 123. See also *nüse*; *yu*
seyin (indulgence in women as a means of reclusion), 108–109
Shakespeare, William, 77
Shang dynasty: oracle bones of, 46
Shang Xiaoyun, 214 n72
Shen Chun, 35. See also *Jiao Hong ji*
Shen Defu, 150
sheng, role of, 153–154, 156
"Shennü fu" (*Fu* on the goddess), 141, 212 n47
shi (scholar-officials): collective unconscious of, 40, 47, 60; definition of, 45, 72–73; "emasculation" of, 43–45, 131–133; origin and development of, 46–47; physicality of, 16, 47, 83–85; and textual production, 71–73; and *yin/yang*, 15–16, 45–60
Shi Xiu, 175–176. See also *Shuihu zhuan*
Shih, Chung-wen, 102
Shiji (Records of the Historian), 21, 51, 182, 201 n41, 204 n1, 216

n30
Shijing (The classic of odes), 45, 51, 57, 89, 99, 124, 207 n25
Shishuo xinyu (A new account of tales of the world), 21–22, 143–145
"*shu er bu zuo*" (transmitting insight, but never creating insight), 89
Shuihu zhuan (The water margin), 14, 17, 40, 158–180, 181, 217 n36; women in, 159–160, 168, 170–171, 175–176, 215 n14, 215 n18
Shuishi yuan (Marriage between water and stone), 33
Shu'nü (lady), 90, 111, 114
si (eunuch-preists), 45, 47
Silverman, Kaja, 67
Sima Qian, 21, 204 n1, 216 n30
Sima Xiangru, 21–22, 44, 59. See also *caizi*, prototype of; Zhuo Wenjun
Six Dynasties, 135, 143–146; homoerotic literature, 146–149, 156
sodomy, 133, 209 n5, 211 n33
Song dynasty, 22, 25, 27, 35, 40–41, 46, 52, 72, 80, 89, 92, 95–97, 187, 203 n62, 203 n64, 204 n28; cult of *wen*, 81–85; and national trauma, 65–66; southern, 58, 152, 213 n64
Song, Geng, 208 n54
Song Jiang, 159, 162, 165, 168–169, 173–174, 176, 215 n15, 217 n36. See also *Shuihu zhuan*
Song Ruohua, 206 n9
Song Yu, 16, 44, 140–142, 149, 201 n41, 212 n47
Southern Dynasties, 151; and homoeroticism, 138, 143
"southern wind", *see* homosexuality, and southern culture
spearhead: metaphor of, 64
Spring and Autumn period, 46, 47, 80, 142
Steelbright (Sister Hu), 159–160, 215 n14. See also *Shuihu zhuan*
Still, Judith, 43
"Story of Li Wa, The", *see* "Li Wa zhuan"
"Story of Huo Xiaoyu, The", *see* "Huo Xiaoyu zhuan"
"Story of Yingying, The", *see* "Yingying zhuan"

Story of the Western Wing, The, see *Xixiang ji*
Su Youbai, 74, 150. See also *Yu Jiao Li*
subjectivity, 3, 53, 64–67, 108, 113, 120, 171, 178, 194 n21
subversion and containment, 37; in premodern Chinese romances, 34, 38, 110–124. See also *caizi; qing; Xixiang ji;* Yuan *zaju*
Sui dynasty, 46, 82
Sun Cizhou, 200 n41
Sun Feihu, 26, 184; siege of the temple, 74–75. See also *Xixiang ji*
Sun, Lady, 160, 214 n6. See also *Sanguo yanyi*
Sun Lung-kee (Sun Longji), 9, 165
Sun Quan, 214 n6. See also *Sanguo yanyi*
Sun, Sister (the Ogress), 167, 215 n14
Sunzi, 80
syncretism: in Ming culture, 35
Szonyi, Michael, 150

T

Taiping guangji (Extensive gleanings of the reign of Taiping), 217 n49
Taizhou school, 104
Takakura Ken, 8
Taming of the Shrew, The, 77
Tang dynasty, 132–133, 204 n28
Tang Xianzu, 30, 104, 107
text, 38; definition of, 71, 198 n3; and discourse, 37
textuality: and Chinese masculinity, 41, 71–79
Tianhuazang zhuren (Master of the Heavenly Flower Studio), 32, 74
tianren heyi (the unity of Man and Nature), 49
Tiantai, Mount, 217 n49
Tie hua xianshi (The fairy tale of iron and flower), 73
Tie Zhongyu, 33, 35
Tosh, John, 7
touxiang qieyu (to philander, to womanize): origin of the idiom, 22–23
"twenty-four friends of Jia Mi", 144, 212 n52
Twitchett, Denis, 202 n55

V

Van Gulik, R. H., 69, 138, 143, 216 n32

Vitiello, Giovanni, 35, 194 n21, 197 n32

Volpp, Sophie, 139, 212 n42

W

Waley, Arthur, 56, 89

Wang Chengdi, 203 n62

Wang, David D. W., 182, 217 n37

Wang Gen, 104

Wang Gong, 145

Wang, Jing, 43–44

Wang, Lady, 122. See also *Honglou meng*

Wang Ruilan, 117. See also *Baiyue ting*

Wang Shifu, 24, 29–30, 116

Wang Shunu, 144

Wang Xizhi, 145

Wang Yan, 145

Wang Yangming, 104

Wang Yi, 51, 57

Wang Ying, 159. See also *Shuihu zhuan*

Wang Yueying, 117. See also *Liuxie ji*

Wang Yun, 175, 216 n27. See also *Sanguo yanyi*

Warring States period, 47, 51, 142, 201 n41, 204 n28

Wasserstrom, Jeffrey, 15, 50, 194 n21

Water Margin, see *Shuihu zhuan*

Waters, Geoffrey R., 51

Watson, Burton, 53

Wei Jie, 146, 150

Wei Yong, 108

Wei Zhongxian, 199 n28. *See also* eunuchs

Weiyang Sheng (Student Weiyang), 119. See also *Roupu tuan*

wen, see *wen/wu* paradigm

"*wen ru qi ren*" (writings mirror the writer), 74

Wen Qiao, 76–79. See also *Yu jingtai*

Wen Tianxiang, 65–66

Wen Yiduo, 201 n41

wen/wu paradigm, 11, 13–15, 41, 79–80, 87, 194 n21, 204 n25, 204 n28; limitations of, 13; division of *wen* and *wu*, 46; power of *wen*, 78–79, 165–166; primacy of

wen over *wu*, 16, 80–82, 126. *See also* gender, in Chinese culture; masculinity in Chinese culture; Song dynasty; *yin/yang* binary
wen wu shuang quan (being well versed in both *wen* and *wu*), 33, 35
wenren (scholars), 16
wenwusheng (the literary-military male): the role of, 33
wenwuxiu (the literary and military sleeves), 33
West, Stephen, 28, 39, 48, 63, 103, 154, 183, 185
Westernization, 5, 10–11, 128, 137
White Snake: performance of, vii
women: association with the colonized, 10; as bodily existence, 190–191; *caizi's* attitude toward, 14, 87–88, 98; Confucian moral prescriptions for, 178, 206 n9; exclusion from dominant discourse, 12, 90; and *junzi*, 91, 95; and male-male relations, 157, 174–175, 178–179; as material and local, 6; and Self/Other dichotomy, 160, 171, 180; "traffic" in, 173, 186
Worton, Michael, 43
wu, see *wen/wu* paradigm
Wu Bing, 31–32, 203 n11
Wu Cuncun, 38, 207 n28
Wu the Elder, 170. See also *Shuihu zhuan*
Wu Ren, 106–107
Wu Song, 159, 167, 170–171, 180. See also *Shuihu zhuan*
Wu Yong, 177. See also *Shuihu zhuan*
wulun (the five relationships), 48, 172, 182
wuxia (knight-errant fiction), 35
Wuxia Ameng, 139

X

xia (chivalry), 35, 46
Xiahou Zhan, 144
Xiancun Yuanren zaju benshi kao (Studies on the original stories of extant Yuan *zaju* plays), 28
xiangcao meiren (fragrant grass and beauty), 56–59, 131

xiao (filial piety), 50, 99–100, 105, 165, 171
Xiao Shulan, 29
Xiaomingxiong, 130
xiaoren (small man), 90–92, 118, 184, 189. See also *junzi*
xiaosheng (young male role), vii, 16, 33, 154. See also *naiyou xiaosheng*
Xihu xiaoshi (Romance of the west lake), 33
Ximen Qing, 167, 171
xin (faith): as Confucian morality, 114
Xin Qiji, 58–59, 203 n62
Xing minghua (Awakening under the peonies), 32
xiucai, 85. See also *keju*
Xixiang ji (The story of the western wing), viii, 17, 21, 28, 32, 34, 36, 44, 60–67, 69, 74–75, 97–104, 107–109, 140, 165–166, 181, 183, 212 n46; authorship of, 29; illicit affair between Zhang and Yingying, 99, 102–103, 190–191; influence of southern drama on, 153–154; legitimization of sexual transgression, 110, 113–116; parody of the official discourse, 98–100; prototypes of, 22–24; sexual innuendoes in, 103; *zaju* version; 29–30, 116; *zhugongdiao version*, 25–27, 29, 116
Xu, Gang, 217 n37
Xu Jifang, 216–217 n31
Xu Wei, 152–153
Xuanhe yishi (Anecdotes from the Xuanhe period), 217 n36
Xue Pan, 123, 135. See also *Honglou meng*
Xun Huisheng, 214 n72
Xun Zi, 74

Y

yabu (refined section), 155
ya'nei (son of a high official), 184
Yan Poxi, 168, 215 n14, 215 n15, 215 n18. See also *Shuihu zhuan*
Yan Qing (the prodigy), 14, 169–170, 176–177. See also *Shuihu zhuan*
Yang Xiong, 175–176. See also *Shuihu*

zhuan
Yang Yi, 171
Yang Yuhuan, 59
yanggang zhi qi, 9, 195 n51
Yao, Christina Shu-hwa, 196 n10
Ye Shuxian, 45
yi (justice, righteousness), 91, 159, 162, 168, 173–174, 178
Yijing (Book of changes), 47, 49–50, 89
yin (lewdness), 94–95
yin/yang binary:12–13, 80, 159; and androgyny, 45–60, 129–130, 210 n15; and pre-modern Chinese gender discourse, 15–17, 47, 50, 59–60, 129–132, 137; Confucianization of, 48, 172; fluidity of the identity, 15, 48–50, 59–60, 129; origin of the two characters, 47; as power hierarchy, 17, 48–50, 57, 131–135, 160, 178; in *Xixiang ji*, 118, 183. *See also* gender; *wen/wu* paradigm
Yin-yang school, the, 47
yingxiong (hero), 158
Yingying, 17, 24–26, 30, 61–63, 67, 74–75, 97–103, 111–116, 183–191; as *shu'nü*, 112; objectification of, 31, 103, 112–113, 189–191. See also *jiaren; Xixiang ji*
"Yingying zhuan" (The story of Yingying), 21, 24, 116
yinsheng yangshuai (the prosperity of the feminine and the decline of the masculine), 8
Yoshikawa Kōjirō, 197 n17
You Guoen, 197 n28
You Ruilang, 216 n31
You Sanjie, 121. See also *Honglou meng*
Young, Robert, 9
yu (lust), 106–107, 207 n28
Yu Jiao Li, 20, 32, 74, 108, 150, 203 n11
Yu jingtai (The jade mirror-stand), 29, 76–79
Yuan (Mongol) dynasty, 19, 27–28, 35, 40, 83–84, 96, 119, 152, 186–187, 202 n55–57; literati, 61, 64–67, 72, 151, 187, 202 n57
Yuanqu xuan (Selected Yuan plays), 40,

153
Yuan *zaju* (Yuan drama), viii, 21, 24, 25, 31, 32, 65, 76, 152–153, 155, 158, 175, 185, 217 n36; "coincidental marriage" in, 116–117; love plays in, 28–29, 35, 102; Ming editions of, 28, 39–40; and nationalism, 67; patronage of, 27, 63
Yuan Zhen, 21, 116
Yuankan zaju sanshi zhong (Thirty Yuan editions of dramatic works), 28
Yuanyang bei (The mandarin-duck quilt), 29
Yue, Gang, 215 n9
Yue Fei, 65
Yuexia zhan Diaochan (Killing Diaochan under the moon), 175
Yutai xinyong (New songs from a jade terrace), 146

Z

Zang Maoxun, 40
Zhan'guo ce (Intrigues of the Warring States), 211 n39, 211 n40
Zhang Fei, 14, 155, 159–161, 164–165, 168, 174, 180. See also *Sanguo yanyi*
Zhang Gong, *see* Zhang Sheng
Zhang Guiru, 74, 203 n11. See also *Yu Jiao Li*
Zhang Han, 147
Zhang Ji, 132–133
Zhang Jundi, 214 n73
Zhang Junrui, *see* Zhang Sheng
Zhang Qing (the Garderner), 167. See also *Shuihu zhuan*
Zhang Sheng (Student Zhang), viii, 14, 24–27, 29–30, 35, 60, 67, 74–75, 97–104, 110–116, 120, 124, 125, 149, 165–166, 181, 212 n46; as desiring subject, 31, 103; feminization of, 61, 69; initiation into official masculinity, 118; as a *junzi*, 110–111; rivalry with Zheng Heng over Yingying, 184–189; *qingkuang* (frivolity), 99; submission to dictates of love, 100–102; weakness of, 61–64. See also *caizi*; *Xixiang ji*

Zhang Xianliang, 194 n21
Zhao Feiyan, 59
Zhao, Henry Y. H., 175; on subcultural discourse, 181
Zhao Yun, 162, See also *Sanguo yanyi*
Zheng Heng, 26, 67, 184–189. *See also* homosociality, and rivalry between men; *Xixiang ji*
Zheng Sixiao, 202 n57
Zheng Zhenduo, 217 n41
zhengmo, role of, 153, 155
zhengren junzi (a man of honor), 95. See also *junzi*
zhong (loyalty), 105, 162, 165, 168, 171, 173, 178
Zhongshun, Prince, 123. See also *Honglou meng*
Zhong, Xueping, 8, 194 n21
Zhou dynasty, 45, 142
Zhou, Jianyu, 33, 35, 108, 155, 196 n5, 197 n29, 197 n34
Zhou Meixiang (The smart maid), 29, 117
Zhou Xiaoshi, 147–149
Zhou Yi, See *Yi jing*
Zhou Yu, 214 n6. See also *Sanguo yanyi*
Zhu Dake, 139, 156
Zhu Qingyu, 132
Zhu Xi, 95
Zhu Yingtai, 130
Zhu Yuanzhang, 159
Zhuge Liang, 161, 214 n6. See also *Sanguo yanyi*
zhugongdiao (all-keys-and-modes), 24, 25–27, 196 n11
"*zhulin qixian*", 144
Zhuo Wenjun, 21–22. See also *jiaren*, prototype of; Sima Xiangru
Zhuwu tingqin (Listening to the zither in a bamboo cottage), 29, 117
Zilu, 157. See also *Lunyu*
Zuiweng tanlu (Talks of an old drunken), 205 n40
zuohuai buluan (to retain presence of mind with a beauty sitting on the lap), 170
Zuozhuan (The Zuo documentary), 196 n5

译后记

我自小体弱，虽称不上多病，却一直不时遭遇言语与身体霸凌，理由就是不够有男子气概（manly）。无言以驳，大概觉得这些男权话语中自己就是原罪，唯有修炼身心，百毒不侵。年岁渐长，早已不再是文弱书生，渐渐感觉到随着年龄、阶层、财富、权力方面的变化，这些霸权话语所带来的恐惧感虽然从未消弭，但却有了文化资本上的底气。对性别文化认知越多，越想反抗这些既定规则。凭什么文弱纤瘦就得甘居边缘次席，凭什么性向不能流动，凭什么就不能用神仙水？要解决这一根深蒂固的矛盾，需要理解中国文化中男性气概是如何建构生发，才能更好地解释当今性别话语中诸多看似龃龉实则共谋的概念，才能更清楚为什么我们今天倡导的男性气概何以从未触及问题本质，反正口号山响，也不过是某种虚张声势。

宋耕老师所写的《文弱书生：前现代中国的男性气概》一书，就是一面解读中国式男性气概文化生成语境的镜子。我之所以对此书很感兴趣，来自初读其英文原版时的惊艳感：啊，原来这些问题的背后动力是这样运作的。那些隐藏在我内心深处的自卑与恐惧，似乎可以对症下药。这样的“揭秘”，值得更多读者思考知识、权力与身体之间的若干互动关联，而不必“独乐乐”私享。

本书的英文原版出版商香港大学出版社，在该书出版近20年之后，毅然决定刊行繁体中文版，推动学界关注性别研究的另一面向。无论是眼界胸襟，还是决心魄力，都值得推许。因此，后记中的致谢辞，首先献给香港大学出版社，也期待与香港大学出版社再度携手。

感谢本书作者宋耕先生。宋先生对此书中译提供了很多帮助，不仅校对全书文稿，还积极跟进底稿。这样沟通顺畅的著译者关系才是保证译著质量的重磅砝码，而不必是人情世故，虚与委蛇。我跟宋先生之前素未谋面，直至赴香港大学签订译者合约之际才有机会亲聆謦欬，如沐春风，以后还请教授继续指教。

感谢香港大学出版社社长邓万（Michael Duckworth）先生慷慨允诺出版此书的繁体中文版。港大社素以出版英文书为主营，没有他的全力支持，不会有此书繁体中文版的问世。最真诚的感谢要献给港大社版权专员张承禧先生。从选题到翻译，从版权到出版，禧哥全程参与其中。可以这样说，若不是他倾尽“一己之力”的话，本书可能还在漂泊之中。很多时候我们开玩笑说，我俩作为译者和版代，替作者和出版社打点了好多“分外之事”。我俩意气相投的基础在于，我们都希望把好书推入中文市场，仅此而已。有机会要跟禧哥把咖言欢。

此外，特别的感谢要献给出版简体中文版的上海书店出版社及旗下的“也人”工作室。简体中文版的编辑俞诗逸既有情怀眼力，又有魄力担当，使本书得以拥有更广泛的读者受众。

感谢几位参与书稿初译的研究生，董雪吟之于第二章、王劭康之于第四章、姬洁如之于第五章、朱雪宁之于第六章，皆下足功夫。初稿虽然稚嫩，却是学生深入文本、接触文献、思考文化的第一手经验累积。虽然终稿与他们的初稿已相去甚远、不复原貌，但我相信，于师生而言，都是增进彼此信任与拓展研究方向的难得经历，盼他们在性别研究与汉学研究上继续深耕细作。

感谢所有读到本书的读者，希望你们能与我分享阅读心得。

周　睿

2024 年 12 月

图书在版编目(CIP)数据

文弱书生 : 前现代中国的男性气概 / 宋耕著 ; 周睿译. -- 上海 : 上海书店出版社, 2025. 6.(2025.10重印)
ISBN 978-7-5458-2437-7

Ⅰ. C912.6

中国国家版本馆 CIP 数据核字第 2025GU2519 号

著作权合同登记号　图字:09 - 2025 - 0002 号

责任编辑　俞诗逸
营销编辑　王　慧
装帧设计　周伟伟

文弱书生:前现代中国的男性气概

宋　耕　著
周　睿　译

出　　版　上海书店出版社
　　　　　　(201101　上海市闵行区号景路 159 弄 C 座)
发　　行　上海人民出版社发行中心
印　　刷　江阴市机关印刷服务有限公司
开　　本　889×1194　1/32
印　　张　11.875
字　　数　240,000
版　　次　2025 年 6 月第 1 版
印　　次　2025 年 10 月第 2 次印刷
ISBN 978 - 7 - 5458 - 2437 - 7/C · 38
定　　价　88.00 元